PUBLICATION

DES FONDATIONS

Edouard AGACHE-KUHLMANN

ET

VERLY-LECOUTRE DE BEAUVAIS

Société d'Amateurs

Des Sciences et des Arts de Lille.

Séance du 26 Janvier 1816.

La Société d'Amateurs des Sciences et des Arts de Lille, département du Nord, librement instituée dans les premiers jours de l'an mil huit cent, après les formalités requises par ses Règlemens, admet monsieur Le Comte De Muyssart Maire De la Ville de Lille en qualité de Membre honoraire

Dusseir
Secrétaire général

Alavoine
Vice Président

SOCIÉTÉ DES SCIENCES
DE L'AGRICULTURE ET DES ARTS DE LILLE

MÉMOIRES. — Vᵉ SÉRIE

Fascicule VIII

HISTOIRE

DE LA

SOCIÉTÉ DES SCIENCES

de L'AGRICULTURE et des ARTS

DE LILLE (1802-1860)

PAR

Anatole DE NORGUET

Premier cachet
de la Société des Sciences
1802-1849

LILLE,
IMPRIMERIE L. DANEL.

1925.

AVANT-PROPOS

Anatole de Norguet, auteur de l'*Histoire de la Société des Sciences de Lille*, naquit en cette ville en 1823. Le goût des sciences naturelles était, pour ainsi dire, traditionnel dans sa famille ; il s'y livra de bonne heure avec succès, publia de nombreux articles et mémoires, et passa une grande partie da sa vie à se former une galerie d'ornithologie européenne, des collections de coléoptères, d'hémiptères et d'hyménoptères du Nord.

H. Verly a donné dans son *Essai de biographie lilloise* une liste des travaux d'histoire naturelle publiés par A. de Norguet, tant dans les *Mémoires de la Société des Sciences* que dans les *Bulletins du Comice agricole de l'arrondissement de Lille*. Cette liste est loin d'être complète, mais elle donne une idée de l'activité de l'auteur. Plus tard, A. de Norguet abandonna à peu près complètement le sujet de ses premières recherches pour se livrer à des travaux d'histoire locale.

En 1866, la Commission historique du Nord publia son étude sur *Anne Dubois fondatrice des Brigittines de Lille au XVIe siècle*. Il fut l'un des fondateurs et des principaux rédacteurs des *Souvenirs Religieux de Lille* où il fit paraître plus de cinquante notices sur différents psrsonnages et événements religieux de notre région.

Reçu comme membre de la Société des Sciences en 1862, il en devint bibliothécaire en 1867, puis secrétaire général en 1877, enfin président en 1885. Dans ces diverses fonctions, il avait eu entre les mains tous les documents concernant la vie et le développement de la Société, aussi avait-il projeté d'en écrire l'histoire. L'incendie de l'hôtel de ville en 1916, en détruisant toutes les archives de la Société, a rappelé l'attention sur le manuscrit d'A. de Norguet. Il n'a malheureusement pas été conservé en entier ; alors qu'il s'arrêtait vers 1885, ce qui en reste ne comprend que la période depuis la *fondation en 1802 jusqu'à 1860 ; encore s'y trouve-t-il plusieurs lacunes importantes impossibles à combler.*

Les renseignements qu'il contient étant devenus extrêmement précieux, la publication de ce manuscrit fut décidée. On peut regretter que n'étant pas prêt pour l'impression le travail n'ait pas été modifié dans certains de ses détails. Mais il est toujours délicat de retoucher une œuvre posthume, surtout, comme c'est le cas, lorsque la plupart des documents pouvant servir aux vérifications ont disparu.

Telle qu'elle est, cette histoire de la Société des Sciences a un grand intérêt et devait être publiée. Nous souhaitons que nos collègues présents ou futurs la complètent et la continuent.

Paul DENIS DU PÉAGE.

SOCIÉTÉ DES SCIENCES
DE L'AGRICULTURE ET DES ARTS DE LILLE

I

ORIGINE DE LA SOCIÉTÉ. — SOCIÉTÉS ANTÉRIEURES.
PREMIER RÈGLEMENT. — TRAVAUX DE L'ANNÉE 1803.
PREMIÈRE LISTE DES MEMBRES.

Dans le courant des années 1801 et 1802, quelques amateurs de physique et de chimie avaient pris l'habitude de se réunir pour causer de leurs sciences favorites et répéter ensemble diverses expériences. Un jour du mois d'octobre 1802, une discussion s'éleva entr'eux sur la cause d'un phénomène mal expliqué, ce qui les amena à approfondir les raisonnements sur lesquels la science s'était appuyée jusqu'alors, et leur fit reconnaître tout l'avantage qu'il y aurait à rechercher eux-mêmes la réalité de certains faits.

Ils pensèrent que pour coordonner leurs travaux, et mettre en commun les résultats de leurs découvertes, il leur serait très utile de se former en société et de se donner un règlement. Ce moyen se présenta à eux comme favorable non seulement à leur instruction « mais encore au bonheur de l'humanité, puisque le but de cette réunion tendrait à recueillir des vérités qui auraient pu échapper aux savants dont s'honore notre globe ». Cette phrase tirée textuellement du procès-verbal de la première séance, nous paraît naïve aujourd'hui, mais retrace bien les idées et les formules un peu emphatiques de l'époque.

Il serait sans doute ambitieux de rechercher une concordance quelconque entre ces modestes commencements de la Société de Lille et les événements qui s'accomplissaient au dehors ; remarquons cependant combien le moment était heureusement choisi, et avec quelle force le mouvement intellectuel entraînait alors tous les bons esprits.

La période révolutionnaire avait presque paralysé ce mouvement dans toute la France ; le terrible niveau qui égalisait les têtes, avait aussi passé sur les intelligences, et au milieu des invasions, des levées en masse, des guerres civiles et étrangères, des assassinats juridiques et des massacres, bien peu de place était resté aux préoccupations scientifiques et artistiques.

Le Gouvernement lui-même, s'appliquant à faire table rase de ce qui existait avant lui, avait montré le peu d'intérêt qu'il prenait aux institutions n'ayant pas un but essentiellement utile à la politique du moment, et, par un décret du 8 août 1793, la Convention avait aboli toutes les Académies et Sociétés littéraires patentées ou dotées par la Nation, et leurs biens, par un autre décret, avaient été réunis au domaine de l'État.

Or l'année 1802 commençait une ère d'apaisement qui laissait la France respirer plus à l'aise : le traité d'Amiens (mars 1802) avait pacifié l'Europe ; on aimait à se faire illusion, et à voir dans cette paix si désirée un gage de longue tranquillité ; le Consulat à vie, décerné presqu'unanimement à Bonaparte (mai 1802), présageait la stabilité du pouvoir ; la prospérité commerciale renaissait, et tous les historiens s'accordent avec les souvenirs de nos pères pour représenter la France, à cette époque, dans un état de calme apparent qui faisait oublier le passé et voilait l'avenir — Etienne GEOFFROY-SAINT-HILAIRE préludait à ses beaux travaux d'anatomie philosophique ; CUVIER publiait ses admirables leçons ; LAPLACE travaillait à son Traité de Mécanique céleste : on s'enthousiasmait pour les découvertes de Galvani et de Volta et les savants de l'expédition d'Egypte coordonnaient les matériaux qu'ils avaient amassés.

Lille était plus intéressée que beaucoup d'autres villes à profiter de cette renaissance ; non pas qu'elle ait plus souffert, mais, il faut bien le dire, sa réputation, sous le rapport littéraire et scientifique, était mal établie ; on s'était habitué à ne regarder notre ville que sous deux aspects, comme place de guerre et comme centre commercial. C'était vraiment un préjugé, et il suffit, pour en donner la preuve, de rappeler ces 277 auteurs nés à Lille, cités dans un manuscrit de la Bibliothèque de la ville (1) ; mais ce préjugé était enraciné et portait ses fruits.

Douai, fière de son Université du XVIe siècle, venait d'être désignée, dans l'application de la loi du 11 floréal an X, sur l'Instruction publique,

---

(1) Collection d'auteurs nés à Lille, in-folio, N° 247 du cat. Leglay.

comme siège du Lycée régional institué pour les départements du Nord, du Pas-de-Calais et de la Sambre-et-Meuse, et enlevait à Lille son Ecole centrale ; « Il est difficile de trouver une ville qui convienne plus à cet établissement, dit M. Dieudonné, alors préfet du Nord ; elle jouit d'un air sain, possédant les avantages d'une grande ville, sans en éprouver le fracas et le bruit, parce que les rues y sont très larges et bien percées et que le commerce n'y est pas actif.... »

Ne semble-t-il pas que cet éloge de Douai est en même temps une critique s'adressant à Lille, qui avait paru indigne d'être le siège d'un établissement central d'instruction et le chef-lieu du département ?

En outre, Douai possédait une Société d'Agriculture et des Arts de 30 membres, récemment créée, et une *Société libre d'amateurs des Sciences et des Arts*, qui datait des premiers jours de l'année 1800 et comptait *15 associés résidants et 9 correspondants* ; cette Société avait, chaque année, une séance publique et distribuait des récompenses aux œuvres littéraires et scientifiques..

Douai avait de plus un *Cabinet d'histoire naturelle,* un *Musée d'Antiquités* et un *Musée de Tableaux,* alors que Lille n'avait aucune collection de ce genre (1).

On voit, par cette comparaison entre les deux villes les plus importantes du département, que Lille avait beaucoup à gagner pour rejoindre sa rivale et que l'institution d'une Société destinée à la pousser vers les œuvres de l'intelligence était une idée vraiment patriotique.

Ce fut aux derniers jours de septembre 1802 que la Société de Lille commença à tenir des séances régulières dans le cabinet de physique de M. Becquet de Mégille, amateur éclairé, qui avait réuni une très belle collection d'instruments ; M. Lamrert, chimiste, commissaire des poudres et salpêtres, lui prêtait son laboratoire pour les expériences de chimie.

Elle était composée de dix membres dont voici les noms :

Becquet de Mégille (Pierre-Maurant-Valéry-Joseph), propriétaire ;

Dehau (Louis), propriétaire ;

Lambert (Louis-François-Marie), commissaire des poudres et salpêtres ;

Testelin (Louis-Stanislas-Joseph), professeur de mathématiques ;

Judas, pharmacien ;

Trachet (François-Joseph), chirurgien ;

---

(1) Le Musée de Tableaux de Lille ne fut constitué qu'en 1803.

Maquet, négociant ;

Malus (Etienne-Louis), commandant du génie ;

Peuvion (Romain), négociant ;

Drapiez, pharmacien.

Les trois premiers mois furent une période d'essai pendant laquelle la Société inaugura ses travaux un peu au hasard, sans bureau constitué et sans procès-verbaux ; mais le 10 nivose an XI (31 décembre 1802) un premier règlement fut adopté et de ce jour date l'existence réelle et définitive de la Société.

Ce règlement fut arrêté en ces termes :

Article premier. — La Société prend le nom de *Société des Amateurs des Sciences et des Arts*.

Art. 2. — La Société s'occupe généralement de tout ce qui a rapport aux Sciences et aux Arts ; principalement de ce qui concerne la Physique, la Chimie et l'Histoire naturelle.

Art. 3. — La Société est composée de membres résidants et de membres correspondants. Le nombre des uns et des autres est illimité.

Art. 4. — Le bureau est composé d'un *Président* et d'un *Secrétaire*, nommés à la majorité des suffrages. Ils sont renouvelés chaque année.

Art. 5. — La Société charge ses membres de lui faire un rapport sur les objets à discuter ; elle nomme une commission lorsque l'objet le comporte.

Art. 6. — Les travaux manipulatoires se font en commun.

Art. 7. — A l'ouverture de chaque séance, le Secrétaire donne lecture du procès-verbal de la séance précédente.

Art. 8. — Les membres sont tenus de faire part à la Société de leurs ouvrages scientifiques, avant de les rendre publics.

Art. 9. — Les mémoires, discours ou rapports seront déposés aux archives dont la garde est confiée au secrétaire.

Art. 10. — Les candidats seront reçus à la majorité des suffrages ; ils seront tenus de présenter pour leur réception un mémoire sur les sciences ou les arts dont le sujet sera de leur choix.

Après l'adoption de ces dix articles, on passa au scrutin pour la nomination du bureau ; M. Becquet de Mégille fut nommé président à l'unanimité et M. Drapiez, secrétaire.

C'est ici le lieu, avant d'entrer plus avant dans l'histoire de la Société naissante, de jeter un coup d'œil en arrière sur les associations du même genre qui l'avaient précédée avant la Révolution, et de chercher si quelque lien ne les rattachait pas entr'elles, d'autant plus que d'après une sorte de tradition longtemps acceptée une filiation directe la ferait descendre du *Collège des Philalèthes*, académie créée à Lille en 1785.

Sans remonter aux confréries littéraires qui, à l'époque de la Renaissance, s'établirent en grand nombre et dont une au moins paraît avoir existé à Lille vers 1480, sous le nom de *Petit puy du mois*, on trouve, vers le milieu du siècle dernier, une Société, fonctionnant à Lille assez péniblement, et qui n'a laissé d'autres traces que quelques vers et un plaidoyer en sa faveur par le poète MATHON, l'un de ses membres.

Dans un recueil de cet auteur (1), on lit une pièce de vers adressée au prince de SOUBISE à son arrivée à Lille comme gouverneur, en 1751, où, entr'autres vœux indiqués par le poète, se trouve l'institution d'une Académie. Le prince se montra sans doute favorable à ce désir, car, peu de temps après, MATHON composait l'épigramme suivante :

> « Lille, à genoux devant son protecteur,
> » Demandait une académie ;
> » J'y consens, dit le Prince, et tiens à grand honneur
> » D'être utile à votre génie ;
> » Mais sur ce point que la Cour soit d'accord,
> » Qu'aux frais, ainsi que moi, subvienne la province,
> » Quel choix de bons sujets m'offrirez-vous d'abord ?
> » Bon, bon, faites toujours, mon Prince,
> » Nous ne risquons que de tirer au sort. »

L'Académie fut créée ; elle produisit quelques mémoires qui ne furent point publiés ; dans ces temps de troubles et de fermentation, dit MATHON, les auteurs craignirent le grand jour. Elle fut bientôt en butte à la satire. Un écrit anonyme intitulé : *Lettre d'Euphémon à Adraste*, chercha à la ridiculiser, et, malgré la généreuse défense de MATHON, elle ne put résister à ses détracteurs.

En 1785, VALENTINO, professeur de chimie, membre d'une loge maçonnique dont les adeptes portaient comme beaucoup d'autres, en France, le nom de *Philalèthes*, conçut le projet de joindre les travaux littéraires à ceux de la franc-maçonnerie et proposa à quelques-uns de ses collègues, de former une Société à cet effet. Ainsi fut fondé le *Collège des Philalèthes*, qui prit bientôt une certaine extension, tint des

---

(1) Prose et vers par M***, Amsterdam 1759.

séances publiques, proposa des questions d'histoire et de philosophie et décerna des prix aux meilleures réponses.

Pendant les deux premières années, la nouvelle Société conserva les attaches qui la retenaient à l'institution maçonnique dont elle ne formait qu'une annexe ; mais bientôt elle s'aperçut que ces liens retardaient sa marche et empêchaient l'admission de beaucoup de membres. On résolut de les rompre et de formuler un règlement spécial.

Ce fut, sans doute, en vue d'accentuer davantage la séparation qu'un religieux bénédictin de la Congrégation de Saint-Maur, dom DEVIENNE, fut chargé d'exposer les vues générales qui avaient présidé à la transformation du Collège et à l'esprit des statuts nouveaux.

Dom DEVIENNE, qui travaillait alors à son *Histoire d'Artois,* venait de passer à Lille plusieurs mois à la recherche de documents dans les Archives de la Chambre des Comptes.

Il prononça dans la séance du 29 avril 1787, un long discours où après avoir félicité le Collège du caractère tranché qu'il cherchait à se donner et des moyens qu'il adoptait pour s'assurer de solides fondements, il montrait quelles doivent être les lois de toute Société de ce genre : déterminer l'objet de son établissement, les moyens par lesquels elle se propose de le remplir, fixer son état et la tâche imposée à chacun de ses membres, empêcher qu'aucun ne puisse se soustraire à l'empire de la loi, se procurer les fonds qu'exigent les dépenses indispensables, et établir une administration régulière.

L'orateur insista ensuite sur la distinction des *lois* et des *usages ;* les premières doivent être immuables, les seconds peuvent et doivent se modifier suivant les circonstances ; en les confondant, on s'accoutume à les voir du même œil, et à transgresser une loi essentielle comme on a violé un usage sans conséquence.

Les excellents préceptes suivants sont ensuite développés : l'esprit qui convient au Collège des Philalèthes consiste à mettre la plus grande simplicité dans tout ce qui émanera de lui, à rejeter tout ce qui donnerait atteinte aux bons principes et aux mœurs, quelque agréable que fût la forme sous laquelle on pourrait le lui présenter, à ne louer les écrits qui lui seront remis qu'autant qu'ils établiront des vérités intéressantes, qu'ils combattront des erreurs ou proposeront des projets utiles, à prévenir tout ce qui pourrait altérer l'union qui doit régner entre les membres, à montrer assez de douceur pour ramener ceux qui ne s'égareraient que par faiblesse et assez de fermeté pour *réduire* ceux qui croiraient trouver dans l'opiniâtreté de quoi soutenir leurs écarts.

Les statuts qui furent votés à la suite de ce rapport contiennent, outre les dispositions générales communes à toutes les Académies, quelques articles qui méritent d'être notés.

La Société conserve le nom de Collège des Philalèthes, elle prend pour devise : *Magis amica veritas*, et pour emblème une ruche surmontée des mots : *Utile dulci*.

Nul ne pourra être reçu qu'après s'être fait connaître par quelqu'ouvrage imprimé ou communiqué au Collège ; tout Philalethe sera obligé de composer deux mémoires chaque année, les membres correspondants pourront n'en donner qu'un.

Il y aura chaque semaine une assemblée de travail, tous les mois deux assemblées d'administration, et, tous les ans, deux séances publiques.

Dans une des séances publiques, on décernera trois prix : un sur des questions proposées par le Collège ; un sur des questions dont le sujet sera du choix de l'auteur, et un qui sera décerné au membre qui, dans l'année, aura donné le plus grand nombre de bons mémoires.

Un associé, qui aurait manqué trois fois de suite aux assemblées de travail, recevra une lettre d'avertissement.

Malgré les éloquents conseils de Dom Devienne et la sévérité des statuts, les Philalèthes n'eurent qu'une courte existence, car, dès 1789, on ne trouve plus trace de leurs travaux. Il est probable que le grand mouvement qui commença cette année là et s'étendit si vite à toute la France, absorba les esprits et *arrêta* toute autre préoccupation que celle de la politique ; sans doute ils n'attendirent pas pour se dissoudre de fait le décret conventionnel de 1793.

Il est resté d'eux les procès-verbaux des séances publiques de 1787 et 1788, un Mémoire de Delory, officier de dragons, membre correspondant, sur un projet *d'Histoire Universelle des Sciences ;* un *éloge du Prince de Soubise* et un autre de *M. Poisson des Londes* par le chevalier Le Gonidec de Traissan, Secrétaire ; une dissertation sur *l'enchaînement des êtres,* par le chevalier Aubert de Bournois, résidant ; un discours sur le *Commerce,* par Bonvallet des Brosses, ancien trésorier de la marine ; un discours sur une association de bienfaisance, par Lagarde, conseiller du roi au Bailliage, et une liste des membres en 1789, qui donne 15 résidants et 17 correspondants (1).

Y eut-il une relation de descendance directe du Collège des Philalèthes

---

(1) Voir Mémoires de la Société, 1859, p. 206.

avec la *Société des Amateurs des Sciences et Arts,* ou, autrement, celle-ci, en se fondant, eut-elle la pensée de reprendre une tradition abandonnée et de se greffer sur les débris dispersés d'une Société antérieure ? La réponse doit être indubitablement négative. Rien, dans les premiers procès-verbaux qui sont un exposé des fondateurs, ne révèle cette pensée ; le nom de *Philalèthe* n'y est jamais prononcé ; parmi les dix premiers membres qui ont été désignés plus haut, un seul, le commissaire des poudres LAMBERT, faisait partie de l'ancien Collège, mais ce titre ne lui est jamais donné ; parmi les membres qui ne tardèrent pas à grossir la Société, un seul, M. BÉCU, avait été Philalèthe.

On vient de voir d'ailleurs que le plan que la nouvelle Société s'était tracé à l'origine était exclusivement scientifique, tandis que les travaux des Philalèthes ne paraissent jamais être sortis d'un cadre historique et philosophique.

Il est vrai que la Société adopta l'emblème du Collège : la ruche avec les mots *utile dulci ;* mais, en l'absence de toute indication contraire, ce choix doit signifier que l'association naissante trouvant cet emblème juste et conforme à son but, se l'appropria, sans le regarder comme un héritage.

Il est vrai aussi que dans la première séance publique, en 1806, M. BOTTIN, alors président, établit dans son discours d'ouverture une comparaison entre les deux Sociétés qui pourrait laisser supposer une parenté intime ; mais d'une conformité de règlement et de but, il ne résulte pas nécessairement une descendance directe et de parti pris.

Certes la Société des Sciences actuelle n'a rien à renier dans sa devancière, telle que l'a constituée le règlement de 1787, mais elle est assez riche de ses *quatre-vingt-huit années* de féconde et laborieuse existence, et il n'est pas nécessaire de forcer son histoire pour y faire entrer quelques années d'une antiquité au moins incertaine.

Pendant les mois de janvier, février et mars 1803, la Société se réunit à peu près chaque semaine, s'occupant tantôt de sa constitution intérieure, tantôt d'observations de physique.

Les premiers correspondants furent nommés, MM. HÉCART, naturaliste à Valenciennes, Louis POTIEZ, employé à la Préfecture de Douai et Louis DUQUESNE, propriétaire à Douai; M. DIEUDONNÉ, Préfet du Nord, fut nommé membre honoraire ; un grand nombre de notabilités lilloises sollicitèrent l'honneur de s'adjoindre à la Société à titre de membres résidants et, dès le 21 janvier, un nouveau règlement plus explicite que le premier, fut reconnu nécessaire ; il fut voté le 4 février dans la teneur suivante :

Article I. — La Société conservera le nom de Société des Amateurs des Sciences et Arts.

Art. II. — Elle est divisée en trois classes : la première comprenant les sciences physiques et mathématiques ; la seconde, l'histoire naturelle ; la troisième, les arts et belles lettres.

Art. III. — La Société est composée de membres honoraires, de membres résidants et de membres correspondants.

Art. IV. — Nul ne sera admis s'il n'est connu par ses talents, ses ouvrages, ou s'il n'appartient à quelque Société savante.

Art. V. — Pour être reçu dans la Société, il faudra êtré présenté par *un* membre, mis en expectative trois séances et réunir la majorité des suffrages.

Art. VI. — L'Assemblée ne pourra faire ni nomination, ni réception, ni prendre aucune délibération, si elle n'est composée de deux tiers au moins de ses membres résidants.

Art. VII. — Aucun sociétaire résidant ne pourra, dans ses ouvrages, prendre la qualité de membre de la Société sans en avoir obtenu l'agrément.

Art. VIII. — *Provisoirement,* chaque sociétaire résidant subvient aux frais par une cotisation annuelle payable par trimestre et d'avance.

Art. IX. — La Société s'assemblera *le premier et le troisième vendredi* de chaque *mois à cinq heures.*

Art. X. — Le bureau est composé d'un *Président,* d'un *Vice-Président,* de *deux secrétaires* et d'un *trésorier ;* leurs fonctions *durent six mois.*

Art. XI. — Le Président est chargé de maintenir l'ordre établi par le règlement, et d'ouvrir et fermer la séance. Il est dépositaire des sceaux.

Art. XII. — L'un des secrétaires rédige les procès-verbaux et garde les archives. L'autre est chargé de la correspondance. Il n'expédiera aucune réponse sans l'avoir communiquée à l'Assemblée.

Art. XIII. — Le trésorier est chargé de la recette et de la dépense ; il en rend compte à la fin de chaque trimestre.

Art. XIV. — Les discours, mémoires et rapports seront déposés aux archives.

Art. XV. — Tout membre qui, sans motifs, aura manqué pendant trois mois aux séances, sera réputé démissionnaire.

Art. XVI. — La Société ne recevra ni lettres, ni paquets qui ne soient affranchis.

Art. XVII. — Le tableau des membres sera imprimé chaque année.

On voit aisément combien ces constitutions définitives diffèrent du règlement provisoire du 10 nivôse ; celui-ci n'était qu'un simple jalon, une sorte de prise de date ; l'autre donnait à la Société un véritable code, calqué sur celui de l'Institut et qui devait, avec quelques modifications de détail, durer jusqu'à nos jours.

Il fut signé de trente-un membres ; c'était, en un mois, un accroissement de vingt et un associés. Leurs noms sont, outre ceux des dix premiers fondateurs : Saladin, Barny, A. Lefebvre, Mallebrancq, Boulet, Leroy, Herman, Duhamel, Alavoine, Lancel, Decroix, Charpentier, Van Bavière, Dourlen, Bécu, Cavalier, Pionnier, de Mortain, Lenglart fils, Féron et Defosseux-Virnot.

Le règlement fut revêtu, aussitôt son adoption, des approbations officielles suivantes :

Le Maire de la ville de Lille, département du Nord, vu le règlement qui précède :

« Considérant que l'établissement d'une Société, au maintien de laquelle ce règlement doit concourir, mérite d'autant plus la bienveillance des autorités supérieures qu'il tend au progrès des Sciences et des Arts, qui sont en ce moment un des plus grands objets de la sollicitude du Gouvernement,

» Déclare qu'il verra avec une vive satisfaction que cette association obtienne la sanction des premiers magistrats de ce département et que le règlement susdit soit par eux approuvé. »

A Lille, le 18 pluviôse, an XI de la République (9 février 1803).

Signé : Gentil-Muiron.

Le Sous-Préfet du troisième arrondissement du département du Nord,

« Vu le présent règlement et la déclaration du Maire de Lille ;

» Considérant que l'établissement de la Société des Amateurs des Sciences et des Arts ne peut être qu'avantageuse à la ville de Lille ;

» Que le règlement proposé ne contient rien qui doive le faire rejeter ;

» Estime qu'il y a lieu de l'approuver. »

A la Sous-Préfecture, à Lille, le 19 pluviôse, an XI de la République (8 février 1803).

Par indisposition du Sous-Préfet :

Le Secrétaire délégué,

Comère.

Vu par Nous, Préfet du département du Nord et approuvé le règlement ci-dessus.

A Douai, à l'Hôtel de la Préfecture, le 22 pluviôse an XI (11 février 1803).

Le Préfet,   *Le Secrétaire général,*

DIEUDONNÉ.   BOTTIN.

Conformément à l'article X de son règlement, la Société procéda immédiatement à l'élection de son bureau ; le dépouillement des cinq scrutins donna le résultat suivant :

Président .... M. BECQUET DE MÉGILLE.

Vice-Président .... M. MALUS.

Secrétaire d'Assemblée .... M. DRAPIEZ.

Secrétaire de correspondance .. M. FÉRON.

Trésorier .... M. LAMBERT.

Le premier soin de ce bureau fut de compléter le règlement par plusieurs dispositions accessoires de police intérieure. On arrêta l'emblème de la Société : une *ruche* dans un paysage avec la devise : " *Utile dulci* " ; le cachet fut composé du nom de la Société entouré d'une guirlande de chêne à gauche, d'olivier à droite.

Il fut décidé que des aspirants sociétaires pourraient être nommés, avec les mêmes formalités que les membres résidants et correspondants ; ils eurent le droit d'assister aux séances, mais avec voix consultative seulement ;

Qu'un diplôme revêtu du sceau de la Société et signé des membres du bureau serait délivré à chaque membre ;

Que les scrutins se feraient par boules blanches et boules noires ;

Que la cotisation serait provisoirement de *six francs* par trimestre;

Que les séances seraient convoquées par lettres particulières ;

Qu'un commissionnaire, dont le salaire serait réglé par le bureau, serait attaché à la Société.

Le local privé dans lequel on s'était réuni jusque là étant devenu insuffisant, le Maire accorda à la Société le ci-devant bureau des finances pour ses séances particulières ; la trésorerie du Conclave et l'ancienne annexe du bureau des pauvres, pour le laboratoire de chimie et la salle du Conclave pour les séances publiques, s'il y avait lieu.

La division des membres en trois classes, conformément à l'article 11 du règlement, l'admission de trois nouveaux résidants : MM. Sachon P.B. Waeles et Scheppers et de cinq correspondants : MM. Bouvet, ingénieur-géographe à Aix-la-Chapelle ; Delalande, inspecteur des domaines, président de la Société des Sciences et Arts de Douai, Bottin, secrétaire général de la Préfecture à Douai, Lafuite, à Valenciennes et Sylvi, littérateur à Douai, complétèrent les travaux intérieurs de la Société pendant le premier trimestre de 1803.

Quant aux travaux scientifiques, une analyse succincte va les faire connaître. Sans doute, il n'y faut pas chercher une importance générale que leurs auteurs ne pouvaient avoir l'ambition de leur donner ; mais ils ont l'intérêt qui s'attache toujours aux débuts ; et pour tous ceux qui aiment à suivre les effets de la décentralisation intellectuelle et à s'en rendre compte, surtout chez leurs concitoyens, ils ont un mérite incontestable, celui d'avoir ouvert la voie et d'y avoir appelé leurs successeurs.

En physique, la Société se livra à l'analyse et à l'examen approfondi des écrits sur l'électricité de Franklin, d'Æpinus, de Coulomb et de Libes. Elle répéta et approfondit toutes les expériences relatives aux phénomènes électriques dans le vide et à la décomposition de l'eau par l'appareil qu'indique Lavoisier au Chapitre IV de son *Traité élémentaire de Chimie*.

Malus, membre résidant, communiqua un mémoire très étendu sur l'analyse du fluide lumineux, qui marque un des premiers pas de l'auteur vers la belle découverte de la polarisation de la lumière.

Il y développe les propriétés générales de la lumière et conclut, d'après des expériences multipliées, qu'il est très probable que la lumière est la substance même de l'oxygène raréfié à un degré éminent, par une combinaison particulière avec le calorique. Il fait ensuite l'analyse des parties colorantes de la lumière d'où résulte pour lui la grande probabilité que la réunion de toutes les couleurs n'est pas nécessaire pour produire la sensation du blanc, qu'elle peut provenir de la réunion d'une grande quantité de rayons de la même couleur ; que tous les rayons colorés sont de la même nature, qu'ils agissent tous de la même manière et que leurs densités ne diffèrent que par la proportion des composants, que les parties de la lumière soumises aux mêmes lois que les autres fluides élastiques ont plus ou moins d'élasticité, selon la plus ou moins grande quantité de calorique avec laquelle elles sont combinées, d'où dépend la diversité de réfraction et de coloration.

Il fait ensuite connaître l'action mécanique de la lumière, les effets de la réfraction et de la réflexion ; l'action de la lumière sur les surfaces courbes opaques est intimement démontrée par des calculs géométriques.

En chimie, la Société reçut communication de l'analyse d'une variété d'*Arsenic oxidé aciculaire* trouvée dans une carrière de Lezennes, par M. DRAPIEZ.

En histoire naturelle, M. DECROIX exposa, dans un mémoire etendu, les rapports de reproduction qui existent entre les animaux et les végétaux ; il conclut que, s'il n'y a pas certitude, il y a au moins tout lieu de croire que la génération s'opère d'une façon semblable dans les deux règnes. Ce travail, qui contient des observations ingénieuses, ne dépasse pas le titre *d'essai* que son auteur lui a modestement donné.

M. TRACHEZ présenta, sous forme de cercles concentriques gradués, une concordance des anciennes mesures métriques, nouvel essai après tant d'autres, pour faire pénétrer dans les mœurs le système décimal qui progressait très lentement.

En histoire, il y eut un travail de M. BOULET, résidant, sur la chronologie préhistorique, où l'auteur, appuyé sur des textes d'Hippocrate, d'Hésiode et d'Homère, cherche à faire remonter l'apparition de l'homme sur la terre à plus de 25.000 ans. Voici son argument : admettant par des observations astronomiques qu'Hippocrate et Hésiode ont une antiquité de 13.000 ans, il est nécessaire de placer l'origine de l'humanité à une époque qui double cet âge, puisque ce n'est pas trop de dix à douze mille ans pour permettre aux hommes de sortir de l'état sauvage, bâtir des villes et des temples, les orner de monuments astronomiques et arriver enfin à la complète civilisation.

On voit que M. BOULET abordait avec hardiesse un problème très obscur qui restera bien longtemps voué aux discussions. A cette époque, les chercheurs qui voulaient l'approfondir étaient attirés vers les arguments astronomiques et historiques, par les découvertes dûes à l'expédition d'Égypte, comme aujourd'hui ils se portent vers les preuves géologiques et paléontologiques, à la suite de MM. Boucher de Perthes, Lartet, Dupont. Les trois quarts de siècle qui séparent ces deux ordres d'idées, n'ont pas dévoilé le mystère ; le sera-t-il jamais ?

En littérature, la Société entendit la lecture d'une paraphrase en vers du Psaume 136, par M. FAUBERT, candidat correspondant, et une agréable fantaisie de M. HÉCART, intitulée l'*Éloge du Chardon*.

A partir du mois d'avril, les séances prirent leur cours réglementaire bi-mensuel, et le continuèrent sans interruption notable pendant le reste de l'année.

Les travaux se multiplièrent, en se diversifiant ; la médecine y prit une place importante. Sur une proposition de M. Boulet, la classe des sciences physiques et mathématiques, chargée en même temps de la partie médicale, s'engagea à présenter tous les mois un état des maladies régnantes et de la condition sanitaire de la ville. L'engagement ne fut pas tenu rigoureusement, mais deux fois, le 10 juin et le 14 décembre, M. Dourlen vint récapituler la situation météorologique et médicale, et donna le tableau des naissances, des décès de la ville, des entrées et sorties à l'hôpital Saint-Sauveur.

M. Drapiez, dans un mémoire qui est une sorte d'introduction à l'étude de la pharmacie, montra la parfaite concordance qui existe entre cette science et la chimie ; la pharmacie, qui peut s'honorer d'avoir donné naissance à la chimie, gémirait sous le poids d'une incapacité flétrissante si elle ne recevait d'elle appui et perfectionnement, de même la chimie serait encore bornée à quelques faits particuliers et équivoques si elle n'avait puisé dans les laboratoires de pharmacie les éléments d'une utilité générale.

M. Drapiez rendit compte ensuite de quelques analyses pharmaco-chimiques, concernant le composé connu sous le nom de mercure doux, l'extrait de douce-amère et l'extrait de Saturne.

M. Trachet entretient la Société d'un point de physiologie relatif au fonctionnement des muscles moteurs des mâchoires. Il développe une proposition qu'il avait déjà exposée à la Société de médecine de l'Ecole militaire cinq ans auparavant. « Toutes les parties du corps vivant sont-elles sensibles et irritables, et à quelles causes peut-on attribuer les différents degrés de sensibilité et d'irritabilité que nous montrent les parties animales ? »

M. Decroix aborda un sujet d'hygiène encore neuf aujourd'hui, l'abus du tabac ; il en détailla les accidents et conclut d'une manière bien sévère en n'autorisant l'usage du tabac que dans le cas d'une nécessité absolue.

Le même membre lut un mémoire sur *l'aération des chambres de malades, et les ravages occasionnés par l'air vicié qu'ils respirent* : circulation large de l'air extérieur, feu modéré, exposition fréquente des literies à l'air libre, arrosement des planchers, dépôt de vases remplis d'eau, tels sont les conseils indiqués par l'auteur.

MM. Reynard et Faquet, d'Amiens, candidats correspondants, présentèrent une note contenant l'analyse de l'air d'une citerne d'huile où deux ouvriers avaient péri asphyxiés ; l'accumulation de l'acide carbonique à la partie inférieure avait occasionné l'accident. Les auteurs concluent que les moyens mécaniques peuvent seuls prévenir les malheurs de ce genre.

La physique et la chimie continuèrent à occuper souvent la Société. M. Petit montra un baromètre de construction nouvelle, accompagné d'un mémoire où il donne la théorie des calculs qui ont servi à le graduer.

Malus, en présentant un rapport sur les travaux de la section de physique et de mathématiques, exposa d'intéressantes expériences sur le calorique et ses rapports avec le fluide électrique ; il en tira les conclusions suivantes : le calorique ne s'oppose pas dans les corps conducteurs, à la circulation du fluide électrique ; au contraire, il la favorise. Le fluide, accumulé à la surface de l'eau, ne s'oppose pas à la congélation pas plus que lorsqu'il circule à travers le liquide. Ces observations, ajoute Malus, ont besoin d'être beaucoup multipliées pour jeter un jour sensible sur la théorie du calorique ; ce sont des matériaux qu'il faut réunir avec patience avant de commencer à bâtir l'édifice.

M. Testelin présenta des filtres inaltérables inventés par lui d'après les principes connus, mais réunissant au bon marché une grande facilité de construction.

M. Saladin lut un mémoire sur le *tempérament* dans les instruments à touches, contenant une méthode pour la division de ces instruments avec une justesse parfaite, au moyen d'un compas divisé conformément à une table de progression insérée au mémoire.

M. Drapiez donna l'analyse d'une pierre rapportée d'Egypte par M. Malus, et celle de sept échantillons de chaux carbonatée ferrifère, avec manganèse. Il développa, en outre, les opinions émises jusqu'alors sur la cause des mouvements gyratoires du camphre à la surface de l'eau, en rendant compte des principales expériences qu'il avait faites à ce sujet.

M. Duhamel, mit sous les yeux de la Société, les résultats de tentatives faites en vue de perfectionner le procédé par lequel Berthollet donnait aux filasses de chanvre et de lin l'apparence et les propriétés du coton ; M. Duhamel avouait que le but cherché n'était pas encore atteint, mais que la science espérait faire disparaître bientôt les inconvénients qui existaient.

M. Charpentier, à propos d'une analyse du moût de raisin, présentée par lui, fait naître l'espérance de pouvoir augmenter chimiquement la qualité des vins médiocres et les amener à la perfection des meilleurs crus.

Un orage épouvantable avait éclaté sur Lille le 20 prairial (9 juin 1803), M. Féron qui l'avait étudié, en exposa tous les détails ; les grêlons qui affectaient les formes les plus diverses pesaient en majeure partie trois et quatre décagrammes ; plusieurs atteignaient un hectogramme ; leur eau présenta à l'analyse des traces de sulfate et de muriate calcaires.

L'histoire naturelle, qui devait plus tard tenir une grande place dans les œuvres de la Société, y fit ses débuts par un mémoire de M. Judas, exposant un plan d'ensemble sur *l'étude des productions naturelles* du département du Nord. Il proposait à la Société, d'en former une collection complète, qui servirait de base à un catalogue méthodique. Les invertébrés surtout, étaient, selon lui, dignes de toute son attention, surtout au point de vue des dommages qu'ils nous causent et des avantages que nous en retirons.

Ce programme fut immédiatement adopté, et les membres qui s'occupaient d'histoire naturelle se divisèrent en cinq classes, dont la première comprit la *minéralogie,* la seconde la *botanique,* la troisième l'étude des *mammifères* et des *oiseaux,* la quatrième celle des *poissons* et des *reptiles,* la cinquième les *insectes.* Le relevé général fut bientôt ébauché, et si, aujourd'hui même, après quatre-vingt-sept années d'études il n'est pas entièrement terminé, on peut affirmer néanmoins que la Société ne l'a jamais perdu de vue.

Un phoque (Phoca vitulina), pris sur la côte de Gravelines et amené à Lille, fournit à M. Dehau le sujet d'une communication sur la forme et les mœurs de cette espèce, et une plante, *Lopezia racemosa,* que Cavanille venait de décrire dans son *Icones,* fut l'objet d'une savante dissertation de M. Lestiboudois ; il en disséqua la fleur et prouva que les organes regardés comme pétales, n'étaient qu'une sorte de gaine des parties sexuelles, avant l'épanouissement, et ceux qui étaient regardés comme étanimés par Vantenat, des *nectaires pétaliformes.*

. La proposition de M. Judas sur l'histoire naturelle du département, fut suivie peu de temps après d'un projet plus vaste de M. Drapiez ; il engagea la Société à travailler à une description complète du Département qui comprendrait, non seulement les produits de la nature, mais ceux des arts et de l'industrie, l'histoire, le commerce et les mœurs, une statistique générale, en un mot. La réunion d'hommes actifs et laborieux, pouvait seule, d'après M. Drapiez, entreprendre ce monument. Il se trompait : dès l'année suivante, le monument était élevé par M. DIEUDONNÉ, préfet du Nord, avec un succès qui en a fait le modèle des statistiques venues après lui.

M. HÉCART, membre correspondant, envoya une savante dissertation sur le *jugerum* des Romains, qui équivaudrait à un demi-arpent de nos anciennes mesures, et sur leur *modius* qui était notre boisseau.

M. SALADIN, dans un examen très savant de l'ouvrage de Carnot intitulé : *Réflexions sur le calcul infinitésimal,* réfuta le système de la compensation des erreurs par l'élimination des quantités excédentes, et s'attacha à développer la théorie de D'ALEMBERT sur les grandeurs infinitésimales des mathématiciens. Ce travail de M. SALADIN, renvoyé à une commission dont MALUS faisait partie, amena cette déclaration de ce dernier. « Il est étonnant que M. CARNOT ait écrit récemment sur le calcul infinitésimal, puisqu'il y a vingt ans que ce calcul n'existe plus comme méthode et qu'il est regardé comme une tachygraphie algébrique.... il ne doit plus être question de ce calcul que dans l'histoire de la science, et celui qui en fait un traité fait un ouvrage de même utilité qu'une grammaire de la langue gauloise » (1).

M. DE RÉCICOURT, officier du génie, communiqua une note contenant ses vues personnelles sur l'amélioration de la navigation et du régime des eaux dans le Nord, combiné avec la défense stratégique. La jonction de l'Escaut à la Scarpe, de celle-ci à la Lys, de l'Escaut à la Deûle, de Lille à Nieuport par Ypres, sont les principaux points indiqués. Ces travaux sont aujourd'hui ou exécutés ou en voie de l'être.

Le même membre présenta une autre note qu'il avait fait insérer dans le *Bulletin de la Société d'encouragement pour l'industrie nationale,* sur un appareil imaginé par lui pour comparer les vitesses des divers systèmes de bateaux mus par une force rendue constante, et juger les avantages que peut avoir la marche de petits bateaux contigus sur celle d'un grand porteur. Ces expériences avaient surtout en vue la propagation de la navigation sur les canaux de petites dimensions.

L'histoire n'était pas oubliée, mais elle ne fut représentée, pendant cette première année, que par un mémoire de M. VANBAVIÈRE sur les *Bohémiens,* leur origine, leur histoire et leurs mœurs.

La poésie eut plus de succès : M. MOUCHERON, membre correspondant, envoya une fable, *la fauvette et le moineau de ville* ; M. HÉCART, *un impromptu à Mlle du F...* et une pièce intitulée *les Parias* ;

---

(1) Voir le dictionnaire de Larousse.

M. Adveniez-Fontenille, membre correspondant, *une épitre à la Rose;*
M. Louet, une *autre* épitre à *l'Immortalité de l'âme « dédiée aux cœurs
sensibles et aux philosophes vertueux »*.

La plupart de ces poésies qui ne manquent ni d'élégance ni de
facilité, sont dans le goût et le style de l'époque avec force emprunts
à la mythologie ; elles méritaient de figurer dans quelque amanach à
la mode des Muses et des Grâces.

Une dissertation sur l'origine de la langue française par M. Hécart ;
Tout est compensé, songe, par le même ; *l'Amour et les Français*, poème
héroïque en prose par M. Louet, complètent le contingent littéraire ;
il convient d'y ajouter une dissertation de M. Boulet sur une méthode
simple et naturelle d'instruction des enfants, mise en pratique à Lille
par un instituteur au nom de Dolet ; la Société voulut l'apprécier
directement en faisant comparaître devant elle et en interrogeant à
deux reprises différentes une élève âgée de huit ans qui l'étonna par la
précision de ses réponses.

Au milieu de tous ces travaux qui font de cette première période une
des époques les plus fécondes de la Société, le soin de sa constitution
intérieure n'était pas négligé. L'article VI du réglement qui exigeait
pour tout vote la présence des deux tiers des membres fut reconnu
impraticable ; il fut décidé que la moitié plus un des membres résidants
pourrait statuer pourvu que l'objet eut été désigné dans les convoca-
tions et quand les trois quarts des suffrages exprimés seraient
favorables.

Pour se tenir au courant de l'état de la science la Société s'abonna
au *Journal de Galvanisme* de Nauche et au *Journal de Physique* de
de Lamettrie, et il fut décidé que, trois jours par semaine, de trois à
cinq heures, la salle des séances serait ouverte aux associés qui
voudraient en prendre connaissance ; en même temps, la bibliothèque
s'inaugurait par l'envoi des ouvrages des membres correspondants
et par des dons généreux.

Dans la séance du 28 juin on procéda au renouvellement semestriel
du bureau ; tous les titulaires furent réélus.

Enfin un certain nombre de membres aspirants, résidants et
correspondants furent admis ; M. Arborio, sous-préfet de Lille,
fut nommé membre honoraire, ainsi que M. Gentil-Muiron, maire,
M. Decroix, doyen des membres résidants et J.-B. Lestiboudois,
auteur de la botanographie belgique. A la fin de 1803, la Société

se trouvait composée de 5 membres honoraires, 9 aspirants, 43 résidants et 30 correspondants dont voici le tableau :

HONORAIRES

MM. DIEUDONNÉ, préfet, à Douai.
ARBORIO, sous-préfet de Lille.
GENTIL-MUIRON, maire de Lille.
DECROIX, pharmacien-chimiste.
LESTIBOUDOIS, J.-B., docteur en médecine, professeur de botanique.

RÉSIDANTS

MM. BECQUET DE MÉGILLE, propriétaire.
DRAPIEZ, pharmacien.
LAMBERT, commissaire des poudres et salpêtres.
TESTELIN, docteur en médecine, professeur de mathématiques.
JUDAS, pharmacien à l'hôpital militaire.
TRACHEZ, chirurgien.
MAQUET, négociant.
DEHAU, propriétaire.
MALUS, commandant du génie.
PEUVION, industriel.
HERMAN, ex-commissaire des guerres.
SALADIN, professeur de mathématiques, bibliothécaire de la ville.
FÉRON, J.-B., docteur en médecine, attaché à l'hôpital militaire.
ALAVOINE, industriel.
BÉCU, médecin en chef de l'hôpital militaire.
DUHAMEL, pharmacien.
LEFEBVRE, Amédée-André-Joseph, notaire.
BARNI, opticien.
MALLEBRANCQ, pharmacien.
BOULET, J.-B., chirurgien.
LEROY, pharmacien.
LANCEL-SCHEPPERS, négociant.
DEFOSSEUX-VIRNOT, adjoint au maire, négociant.
DOURLEN, Albert-Marie-Joseph, docteur en médecine.
CAVALIER, chirurgien.
LENGLART, fils, négociant.
CHARPENTIER, pharmacien en chef à l'hôpital militaire.

MM. Vanbavière, professeur d'histoire.
Pionnier, chirurgien.
Scheppers, Albéric, négociant.
Boutry, docteur en médecine.
Sachon, receveur municipal.
Demortain, docteur en médecine.
Waeles, professeur de langues anciennes à l'école communale.
Lenglart, père, négociant.
Petit, J.-B., ancien officier du génie.
Tribout, chirurgien militaire.
Brunet, médecin vétérinaire.
Lestiboudois, François-Joseph, docteur en médecine.
Macquart, Justin, propriétaire.
Comère, secrétaire de la sous-préfecture, avocat.
Duriez, professeur de physique.
Poret, archiviste communal.
De Récicourt, directeur des fortifications.

ASPIRANTS

MM. Blaise, chirurgien.
Cottin, chirurgien.
Clainpanain, propriétaire.
Desmazières, Henri, négociant.
Desmazières, Charles, négociant.
Lambert, Carlos.
Malo, négociant.
Gihoul, fils, propriétaire.
Thouesny, peintre.
Deligny.

CORRESPONDANTS

MM. Duquesne, propriétaire, à Douai.
Potiez, employé à la préfecture, à Douai.
Hécart, G.-A.-J., professeur d'histoire naturelle, à Valenciennes.
Lafuite, directeur de collège, à Valenciennes.
Bouvet, ingénieur géographe, à Aix-la-Chapelle.
Delalande, inspecteur des domaines, à Douai.
Bottin, secrétaire général de la préfecture, à Douai.

MM. Silvy, littérateur, à Douai.

Van Mons, professeur de chimie, à Bruxelles.

De la Villarmois, naturaliste, à Rennes.

Reynard, pharmacien militaire, à Amiens.

Lendormi, docteur en médecine, à Amiens.

Lapostole, professeur de physique et de chimie, à Amiens.

Poiret, naturaliste, à Paris.

Faubert (l'abbé), à Verlinghem.

Plet, pharmacien, à Hesdin.

Drappier, ingénieur en chef des Ponts et Chaussées, à Douai.

Hécart, littérateur, à Valenciennes.

Louet, avocat, à Paris.

Thibaut, docteur en médecine, à Dunkerque.

Taranget, docteur en médecine, à Douai.

Maret, secrétaire d'Etat, à Paris.

Léone, professeur de chimie, à Turin.

Balbi, professeur d'histoire, à Turin.

Dekin, professeur d'histoire naturelle, à Anvers.

Facquet, pharmacien, à Amiens.

Palisot de Beauvois, membre de l'Institut, à Paris.

Voets, professeur de musique, à Dunkerque.

Moucheron, employé à la Préfecture, à Douai.

Leroy, commissaire des poudres et salpêtres, à Montpellier.

Adveniez-Fontenille, capitaine du génie, à Paris.

Lemaitre, inspecteur général des poudres, à Paris.

Vandensande, professeur de chimie, à Luxembourg.

II

TRAVAUX DES ANNÉES 1804, 1805, 1806.
PREMIÈRE SÉANCE PUBLIQUE.
CHANGEMENTS DANS LE PERSONNEL.
NOTICES NÉCROLOGIQUES.

La première année de la Société des Amateurs des Sciences et Arts avait été remarquablement féconde ; sous l'influence de la nouveauté et de l'attachement à un règlement tout récent, les travaux avaient marché régulièrement et les membres étaient venus aux séances dans une proportion suffisante. Un certain relachement se remarqua dans les années suivantes, sans que rien dans les documents qui sont restés en puisse faire découvrir la cause. Les séances s'espacèrent au point que huit réunions seulement eurent lieu en 1804, et qu'il fallut consacrer le fait par une modification du règlement qui ne fixa plus qu'une séance tous les deux mois.

Elles réunissaient si peu de monde qu'il devint nécessaire de reviser une seconde fois l'article VI ; dorénavant ce ne fut plus les deux tiers des membres inscrits qui fut nécessaire pour la validité des votes, comme on l'avait prescrit à l'origine, ni même la moitié, comme il avait été récemment établi, il suffit que la majorité réunit les deux tiers des membres présents.

L'article XV qui réglait que tout membre ayant manqué pendant trois mois sera réputé démissionnaire, fut changé en celui-ci :

Tout membre qui aura manqué à trois séances consécutives sera censé démissionnaire.

Mais en même temps que l'on espaçait les séances générales, on cherchait à ramener le zèle dans les travaux des sections en multipliant leurs réunions ; il fut réglé que la première classe se réunirait tous les lundis, la seconde tous les mercredis, la troisième tous les vendredis.

Le renouvellement du bureau de janvier 1804 désigna pour la présidence M. MALUS ; pour la vice-présidence M. SACHON ; les autres titulaires conservèrent leurs fonctions pour la troisième fois. Au mois de juin M. Sachon devint président ; M. Lefebvre, vice-président ; M. Vanbavière, secrétaire général ; M. Féron, secrétaire de correspondance ; M. Poret, trésorier

Pendant cette année, la chimie fut une des branches scientifiques les mieux cultivées. M. Lambert présenta un tableau des combinaisons chimiques les plus connues et de leurs résultats, disposé de manière à montrer d'un même coup d'œil les nomenclatures anciennes et modernes. Ce n'était que le prélude de travaux du même genre, beaucoup plus importants, qu'il composa plus tard.

M. Drapiez, qui préparait un travail général sur l'analyse des végétaux pharmaceutiques, fit l'analyse des principales variétés de quinquina, accompagnée d'une dissertation sur l'emploi et l'action de ce célèbre fébrifuge, et de recherches sur quelques-uns de ses succédanés ; une notice particulière fut consacrée par l'auteur à l'écorce d'*Angostura*.

A cette époque la gélatine était prônée comme un remède efficace contre la fièvre ; sur une invitation de M. le Sous-Préfet, la Société s'occupa de l'analyse de quelques échantillons fournis par M. Seguin, et de leurs effets sur les malades ; d'après le rapport de M. Drapiez, il fut constaté que l'action avait été nulle, et que, s'il n'est pas impossible de regarder la gélatine comme un febrifuge, il faut lui accorder une efficacité beaucoup inférieure à celle du quinquina.

M. Decroix communiqua l'analyse de plusieurs calculs de la vessie, et M. Féron celle des eaux de la ville de Lille, notamment d'une fontaine réputée minérale de la citadelle. Il la reconnait pour ferrugineuse, mais la quantité de carbonate de fer qu'elle contient n'est point assez considérable pour que l'on puisse accorder à cette eau quelques vertus médicinales.

Le même membre présenta quelques observations sur un fait d'empoisonnement à l'hôpital militaire et sur un cas très curieux d'obstétrique.

La classe d'histoire naturelle commença cette année à mettre à exécution le plan d'un relevé général des productions du département. M. Macquart débuta à ce sujet dans la Société par un tableau des oiseaux du Nord, en collaboration avec M. Drapiez. Ce travail, qui formait un manuscrit volumineux, contenait une méthode de classification naturelle, une histoire de chaque espèce et des observations de mœurs et d'habitudes. Le compte rendu qui en fut fait à la première séance publique fait vivement regretter qu'il ait disparu des archives.

M. Drapiez y ajouta un tableau synoptique des substances minérales d'après la méthode d'Haüy.

Deux mémoires d'Histoire furent présentés : le premier, de M. Poret, était une critique du livre de Régnault-Varin intitulé *Lille ancienne et moderne.*

Le second est de M. Vanbavière ; il est destiné à relever l'erreur de la plupart des écrivains et des géographies qui désignent le Catsberg sous le nom de Mont des Chats, au lieu de Mont des Cattes qu'il a reçu d'un peuple de l'ancienne Germanie. Les locutions *'t is de Catte van de Daen ; 't is een groot Catte,* employées encore dans le pays, rappellent la bravoure de ce peuple dont un des chefs, Godevaert, aurait, suivant l'auteur, donné son nom au village de Godevaersweld.

Enfin M. Waëles lut un fragment d'un atlas grammatical de toutes les langues auquel il travaillait ; c'était le traité des genres, fondés sur la signification des mots.

Tel fut avec quelques rapports sur des ouvrages présentés, et avec l'hommage d'un pot pourri pour le piano par M. Carlos Lambert, le contingent scientifique et artistique de l'année 1804.

Le ralentissement momentané du zèle de la Société se révéla par un autre fait, la diminution du personnel : MM. Petit, Dourlen, Boutry, Boulet, Barni et Demortain furent démissionnaires : MM. Becquet de Mégille, Dehau, Malus, Judas, Charpentier, Saladin, Tribout et de Récicourt, devinrent correspondants par suite de leur départ de Lille.

La préfecture du Nord ayant été transférée à Lille, le 1er vendémiaire (23 septembre 1804), la liste des membres honoraires fut diminuée du nom du Sous-Préfet, elle cessa aussi de compter celui de M. J.-B. Lestiboudois, décédé le 20 mars.

Cette perte fut vivement ressentie par la Société, bien que M. Lestiboudois, âgé de 90 ans, n'ait pas pu prendre part à ses travaux ; MM. Bottin, Vanbavière et Hécart composèrent chacun une biographie du célèbre botaniste ; la première fut plus tard insérée dans les Mémoires de la Société (1).

M. J.-B. Lestiboudois, né à Douai le 30 janvier 1715, fit dans sa ville natale des études de pharmacie et de médecine pendant lesquelles il se prit d'un goût très vif pour la botanique. Son premier ouvrage fut une *Carte de botanique,* restée inédite. Il passa trois années à l'armée du Bas-Rhin comme pharmacien-major et vint ensuite à Lille où il

---

(1) Année 1823-24, page 357.

fonda avec quelques amateurs un jardin des plantes. En 1770, il fut nommé par le magistrat professeur de botanique et publia peu de temps après, avec le médecin RIQUET, la *Pharmacopée de Lille*. En 1772, il prit chaleureusement la défense de la pomme de terre, très attaquée, comme on sait, à son début ; sa dissertation à ce sujet, parut dans le *Journal de Physique* au mois de mai 1774.

Il travaillait en même temps à la *Botanographie belgique*, qui parut en 1781 et pour laquelle il fut aidé de son fils, François-Joseph LESTIBOUDOIS ; cet ouvrage mérita l'approbation de DE CANDOLLE qui l'appela l'ouvrage élémentaire le plus facile peut-être de toute la littérature botanique.

En 1794, LESTIBOUDOIS fut chargé par les administrateurs du district de transférer son jardin botanique de la rue Sainte-Catherine au terrain des Récollets où il resta jusqu'à la construction du lycée actuel. Nommé professeur d'histoire naturelle à l'École Centrale, il y professa malgré son grand âge jusqu'à la suppression de cet établissement, et composa pour son cours des *Principes de Zoologie* qui parurent en l'an 7 sous le nom d'*Abrégé élémentaire d'histoire naturelle des animaux, à l'usage de l'École Centrale établie à Lille*.

Il s'éteignit, chargé d'années, mais conservant jusqu'à la fin sa passion pour les plantes, qu'il déterminait encore quelques heures avant sa mort.

Sa réputation de botaniste s'étendit au loin, elle est restée consacrée dans la science par deux noms de genres : *Lestibudesia* donné par DUPETIT-THOUARS à un groupe d'arbrisseaux de la famille des Amarantacées croissant à Madagascar, et *Lestibodœa* que NECKER appliqua à un groupe de ses composées ou Actinophytés.

Ces pertes de la Société ne furent compensées que par l'admission de trois membres résidants : MM. RAMONET, chirurgien militaire, POIRETTE, professeur à l'École communale, et BOTTIN, Secrétaire général de la Préfecture, membre correspondant de Douai, qui avait suivi à Lille M. le Préfet DIEUDONNÉ.

La liste des correspondants s'enrichit des noms de MM. BLAISE et COTTIN, médecins militaires, membres aspirants, que leur départ pour l'armée éloigna de Lille, de M. Carlos LAMBERT, également aspirant, nommé receveur des droits réunis à Lannoy, DE WAVRECHIN, propriétaire à Douai, WORBE, médecin à Roanne, VANDIER, médecin à Douai, DEQUEUX-SAINT-HILAIRE, Sous-Préfet d'Hazebrouck, POWERS, chimiste à Dunkerque, COUPRANT, officier de santé à Seclin, VAN WYN, architecte à La Haye, des sept membres résidants qui avaient quitté Lille pendant le courant de l'année et de MM. Arborio et Masclet, anciens sous-préfets et membres honoraires.

L'année 1805 n'eut que six séances, conformément à la nouvelle clause du règlement qui fixait une réunion tous les deux mois. Le bureau du premier semestre fut composé de MM. Sachon, président, Bottin, vice-président, Van Bavière, secrétaire général, Féron, secrétaire de correspondance, Poret, trésorier. Il resta le même pendant le second semestre.

Les travaux qui déjà, en 1804, tendaient à abandonner la ligne primitivement tracée par les fondateurs, celle des sciences physiques, la quittèrent tout à fait cette année. La médecine et l'histoire furent à peu près seules cultivées.

M. Féron lut un mémoire sur l'exostose scorbutique contenant les signes caractéristiques de cette affection dont la plupart n'avaient pas encore été décrits.

M. Couprant, correspondant, communiqua des détails sur la guérison d'un coup de feu à la tête, qui avait enlevé une partie des dents. et de la voûte palatine.

M. Féron présenta une notice sur la *Chaude Rivière* dont un large extrait sera lu avec intérêt, bien que Derode l'ait déjà résumée au chapitre II de son histoire de Lille :

En sortant de Lille par la porte de l'est, appelée porte de Fives, on arrive au faubourg de ce nom ; les bâtiments qui le composent sont séparés par un superbe vallon orné jadis de plusieurs maisons agréables que la guerre a fait détruire. On y remarquait entr'autres l'église de Notre-Dame et ce noble prieuré de Fives, de l'ordre de Saint-Benoît où le roi Charles tint une assemblée de princes ecclésiastiques et séculiers, dans laquelle présidèrent l'évêque de Tournay et le Prince Olderic. Ce prieuré fut fondé l'an 1104, sous le règne de Philippe et il fut réuni à l'abbaye de Saint-Nicaise de Reims en 1420.

Les religieux de ce prieuré furent sans doute les premiers qui tirèrent partie des sources naturelles qui arrosaient ce vallon. On leur attribua des vertus curatives contre la fièvre et les maux d'yeux. L'eau non consommée était conduite à Lille par des buisses, terme vulgaire qui a donné son nom à une rue où aboutissaient les conduites. La ville payait une redevance au prieuré.

La quantité d'eau ayant augmenté à la suite de forages, les tuyaux ne purent plus la contenir et les religieux firent ouvrir un canal à ciel ouvert qui prit le nom de La Phalèque ou Chaude Rivière parce qu'elle semble couverte de fumée pendant l'hiver et qu'elle ne gèle pas près de sa source.

A la révolution, les religieux furent supprimés ; l'église et le prieuré disparurent. Maintenant la Chaude Rivière prend son origine dans un étang situé dans le jardin d'un particulier séparé seulement de celui de l'ancien prieuré par le chemin communal. Cet étang est lui-même alimenté par trois sources forées dans ce jardin ; au commencement de la rivière, le canal est large d'environ 4 à 5 mètres, il en a 10 à 13 près de la porte de Fives ; une vanne placée dans les fossés de la ville retarde le cours de l'eau et la tient dans le canal à la hauteur de 2 à 3 mètres. Elle entre dans la place à plusieurs endroits et va se perdre dans la Deûle au moulin du Château.

Les sources artificielles de la Chaude Rivière sont au nombre de 12 à 13 ; plusieurs tarirent il y a quelques années ; on attribue ce fait au peu de soins, et au nouveau cours de la Marcq, petite rivière qui passe dans les marais à peu de distance de Fives.

Les sources qui donnent naissance à la Chaude Rivière sont forées à la profondeur de 13 à 14 mètres. Pour y arriver, on traverse 10 mètres de marne, 1 mètre ou 2 de chaux carbonatée, un lit de cailloux mêlés de marne, suivi d'une couche de marne plus pure et au-dessous une pierre dure, de couleur grisâtre, veinée et posée dans sa cassure que les ouvriers nomment la table ou le toit. Cette pierre qui, à Fives, n'a qu'environ $0^m,1624$ (6 pouces) d'épaisseur, en a plus de $0^m,3247$ (12 pouces) dans les fortifications de Lille. Cette table repose sur du sable qui est soutenu par un lit d'argile sur lequel les eaux circulent.

Les sources ont tari une première fois, il y a cinquante ans, une seconde, il y a trois ans.

La température de l'eau est toujours au-dessus de glace, elle ne gèle que lorsqu'elle approche de la ville, à 500 toises de son origine ; elle est limpide et légère ; 8 grammes du résidu de l'évaporation ont fourni :

	Grammes.
Carbonate de chaux	5,000
Muriate de soude	1,000
Muriate de chaux	0,750
Sulfate de chaux	0,345
Muriate de magnésie	0,260

Silice... 0,250
Nitrate de potasse......................... 0,120
Fer et magnésie .... quantités inappréciables

Le reste des mémoires présentés à la Société en 1805 appartient à l'histoire. M. PORET lut une note sur l'*Epier* de Lille, bureau établi pour percevoir les redevances en nature de certaines parties du domaine souverain ; une série d'autres notes sur la Châtellenie de Lille, son étendue et ses principales productions, sur les établissements de la ville de Lille, sur l'origine de la procession, instituée par la comtesse Marguerite en 1279, et célébrée depuis chaque année, le dimanche qui suivait la fête de la Trinité.

M. VANBAVIÈRE s'occupa d'ALAIN DE LILLE, le *Docteur universel* qu'il n'hésite pas à déclarer enfant de Lille malgré certaines prétentions contraires. Il fixe la date de sa naissance aux environs de 1114 et celle de sa mort à 1203, époques controversées sur lesquelles cette notice eût peut-être jeté quelque lumière, mais il n'en est resté autre chose que trois lignes de procès-verbal (1).

M. BOTTIN, auteur de l'Annuaire statistique du département du Nord, publié annuellement depuis le 1er vendémiaire an XI (23 septembre 1802) et que l'auteur ne manquait jamais d'offrir à la Société, fournit un mémoire sur la population du Nord, dont quelques chiffres méritent d'être reproduits. En l'an IX (septembre 1800 à Septembre 1801) la population du département, pour les 671 communes, était de 794.872 habitants ; en vendémiaire an XIII (septembre 1804), elle était de 831.478; augmentation en quatre ans 36.606.

L'arrondissement de Lille comptait 5.231 habitants par lieue carrée, quand la répartition moyenne de toute la France n'était par lieue carrée que de 1086.

La population totale des villes donnait 267.656 habitants ; celle des campagnes 563.822 ; proportion 47 à 100.

Voici quels furent les changements que subit le personnel de la Société en 1805 : M. DRAPPIER, ingénieur en chef des Ponts et Chaussées, correspondant à Douai, ayant suivi à Lille l'établissement de la préfecture devient membre résidant. Il en fut de même de M. SILVY.

Les membres aspirants furent supprimés ; cette institution n'avait pas atteint les résultats qu'on en avait espéré. Le petit nombre de ceux

---

(1) Voir : *Notice sur la vie, les écrits et la doctrine d'Alain de Lille,* par M. DUPUIS (Mémoires de la Société, 1849, p. 709).

qui avaient été admis à cette espèce de stage s'était montré peu empressé à fournir les travaux que l'usage exigeait pour l'admission définitive. Ils furent mis en demeure de les présenter, aucun n'ayant répondu, ils furent réputés démissionnaires. Plus tard, en 1817, l'un d'eux, M. Henri DESMAZIÈRES, rentra comme membre résidant et devint une des notabilités scientifiques de la Société.

M. DIEUDONNÉ, préfet du Nord, membre honoraire, mourut le 19 octobre 1805, à Saint-Saulve, près Valenciennes. Né en 1757, à Maisnil-les-Sénones, dans la principauté de Salm-Salm, il fit ses études à l'abbaye de Sénones, et fut reçu avocat au Parlement de Nancy; il fut élu député à l'Assemblée Constituante, puis devint membre du Conseil des anciens et du Tribunat. Nommé par le premier Consul préfet du Nord, il trouva le département épuisé, les routes abandonnées, les établissements de bienfaisance dans le dénuement, les églises sans pasteurs, le cahos partout.

Ses efforts ayant pour objet la réorganisation du département furent immenses et souvent couronnés de succès, mais ce n'est pas l'administrateur qu'il convient de voir ici ; la Société avait aussi à regretter en lui le protecteur et l'ami éclairé des sciences et des arts.

La Société des Sciences et la Société médicale de Douai, la Société d'émulation de Cambrai s'étaient fondées sous son inspiration ; ses mémoires au Conseil général, ses rapports de tournées aux ministres et surtout sa statistique du département du Nord, terminée trois mois à peine avant sa mort, attestent chez lui un bon écrivain en même temps qu'un fonctionnaire zélé.

M. BOTTIN, son collaborateur et son ami, lui a consacré une notice détaillée dans l'Annuaire statistique de 1806.

Une terrible catastrophe priva la Société de deux de ses membres résidants. Le docteur BÉCU, médecin en chef de l'hôpital militaire, se faisait bâtir une maison rue Basse (maison plus tard habitée par M. FAUCHILLE, n° 44) ; une salle de bains voûtée venait d'être construite au fond du jardin, donnant sur le canal ; le 19 août M. BÉCU, avec M. TESTELIN, son ami, visitait cette salle dont la solidité ne paraissait pas suffisante ; tout-à-coup la voûte s'effondra et les écrasa sous son poids. On ne retira que deux cadavres (voir : *Promenades lilloises,* p. 435).

M. François-Joseph BÉCU était né à Esquermes, le 2 mars 1757, il avait fait ses études de médecine à l'Université de Douai et avait occupé successivement l'emploi de médecin des hôpitaux militaires de Bapaume, d'Arras, de Lille et le 20 septembre 1793, celui de médecin en chef de l'armée du Nord. Il fut ensuite envoyé aux armées d'Italie, des Pyrénées Orientales et en Belgique, avec des missions d'organisation. Il revint dans son pays natal, après ces laborieuses occupations successives, reprendre ses fonctions à l'hôpital militaire où il s'acquit la réputation d'un éminent praticien.

M. Testelin, professeur de mathématiques à l'Ecole secondaire communale, était déjà, jeune encore, un zélé travailleur ; un mémoire sur l'*identité des fluides électrique et galvanique* lui avait valu de l'Académie de Turin une médaille et le titre de correspondant ; il s'était occupé d'expériences aérostatiques, et quand la mort le surprit (à 26 ans), il préparait un travail comparatif sur les poids et mesures locaux (1).

Trois membres correspondants furent adjoints à la Société : MM. Dargelas, naturaliste, professeur de botanique à l'École médicale de Bordeaux, correspondant du Muséum de Paris ; Lemaire, César-Florimond-Joseph, Ingénieur des mines à Pezaï, et Mabru, Auguste, naturaliste à Clermont-Ferrand.

On vient de voir que les deux années 1804 et 1805 avaient été une époque de stagnation où les travaux alimentaient avec peine les séances clairsemées et où les recrues nouvelles ne comblaient pas les vides causés par la mort, les départs ou les démissions. Les six premiers mois de 1806 n'apportèrent aucun changement. Les trois séances qui eurent lieu dans cet intervalle furent presque sans intérêt ; mais la séance publique du 13 août marqua l'instant du réveil, car il n'est pas douteux que la plus grande part dans le mouvement de reprise qui se manifesta à partir de cette époque dans le zèle de la Société doit être attribué au stimulant que lui donna cette solennité.

Qu'est-ce en effet qu'une société scientifique qui ne travaille que pour elle-même, sans initier le public à ses œuvres, et qui renonce par là à sa principale raison d'être, l'expansion et le progrès des connaissances ? Non seulement, en restant inconnue, elle devient responsable du bien qu'elle ne fait pas, mais elle perd l'excitation de la publicité, indispensable à sa durée, et chacun de ses membres renonce bientôt à mettre en commun des travaux qui ne sortent d'une appréciation toute privée que pour aller s'enfouir dans les cartons.

---

(1) Ce travail a été imprimé à la suite de l'*Exposition du Système métrique*, par Delezenne, 1807.

Le besoin de se faire connaître avait été réclamé dès l'origine ; à deux reprises différentes ; des propositions de séance publique avaient été faites, mais elles étaient restées sans résultat.

Enfin dans la réunion du 30 mai 1806, conformément aux conclusions d'une commission composée de MM. LAMBERT, PEUVION, DRAPIEZ, LENGLART fils, BOTTIN et VANBAVIÈRE, *il fut décidé qu'une séance publique* serait tenue le 13 août. Le programme en fut arrêté en ces termes :

1° Discours d'ouverture par le président.

2° Exposé analytique des travaux de la Société depuis son origine, par le secrétaire général.

3° Réflexions critiques sur l'histoire de Lille, de Regnault-Varin, par M. PORET.

4° Notice historique sur le peuple nomade, vulgairement connu sous le nom de Bohémiens, par M. VANBAVIÈRE.

5° Notice sur la Chaude-Rivière, par M. FÉRON.

6° Épitre à la Rose, par M. ADVENIEZ-FONTENILLE, membre correspondant.

7° Notice biographique sur M. Fourmentel, poète, décédé à Lille, par M. BOTTIN.

Ces lectures seront précédées et terminées par des symphonies à grand orchestre et autres morceaux de musique de la composition de M. VOETS, membre résidant.

On voit qu'à défaut de rapports de concours comme ceux qui plus tard occupèrent les séances, quand la Société institua des primes, on avait choisi parmi les œuvres des premières années, celles qui avaient paru devoir offrir le plus d'intérêt au public.

La séance eut lieu conformément à ce programme, dans la salle du Conclave, qui se trouva trop étroite pour contenir les assistants. M. BOTTIN, président (1) l'ouvrit par un discours où il fit l'histoire abrégée des sociétés littéraires et scientifiques qui avaient existé autrefois à Lille et raconta les commencements de la Société actuelle ; il exposa sa constitution et son but clairement défini dans la devise : *Utile dulci.*

---

(1) Le bureau avait été renouvelé ainsi pour le premier semestre de 1806 : Président : BOTTIN ; Vice-président : LENGLART père ; secrétaire général : VANBAVIÈRE ; secrétaire de correspondance : FÉRON ; trésorier : PORET. Il était resté le même pour le second semestre, sauf M. VANBAVIÈRE parti de Lille en mars et remplacé par M. DRAPIEZ.

« La Société que j'ai l'honneur de présider, dit-il en terminant, s'est fait une habitude de s'abstenir d'aborder les questions spéculatives qui jamais n'ont rendu l'homme meilleur. Rarement on la verra traiter directement des sujets de morale ; mais elle s'attachera à multiplier les moyens de travail, le plus éloquent de tous les moralistes ; mais elle cherchera dans les ressources de la physique et de la chimie des armes pour combattre l'insalubrité qui toujours dévore la classe la plus nombreuse, des remèdes qui soulagent l'infirmité humaine ; mais elle préservera de l'injure du temps les noms des citoyens qui auront fait l'honneur de leur pays par la pratique des vertus, la culture des sciences, la chance heureuse d'une belle action.

» Toujours constante à suivre le plan qu'elle s'est tracé, elle préparera les matériaux de cette description complète du département qui est déjà si heureusement ébauchée dans le grand ouvrage d'un homme en qui les six arrondissements ont eu à pleurer un administrateur chéri, et nous un collègue respectable (1) ; elle travaillera avec la ténacité de la patience à remplir les cadres de cette collection complète des produits bruts et industriels des trois règnes de la nature... Parfois enfin, ses membres s'abandonneront à ces aimables jeux du Parnasse qui délassent et font le charme de la société... c'est surtout en alliant le culte des Grâces avec celui des Muses que la Société remplira vraiment sa devise : *Utile dulci* ».

M. DRAPIEZ, secrétaire général, donna ensuite le résumé des travaux de la Société depuis son origine, puis, après les autres lectures annoncées, M. BOTTIN lut sa notice sur *Fourmentel,* le satirique lillois, mort de misère le 4 mars précédent, à l'hôpital de Lille.

Agathon Fourmentel, né à Lille en 1772, avait montré dès sa jeunesse une répugnance invincible pour toute espèce de contrainte, et une vive disposition à la causticité. Ses premières poésies furent des épigrammes mordantes contre ses maîtres et un appel aux armes adressé aux élèves du Collège de Lille lors de l'armement des gardes nationales ; il composa le premier chant d'un poème de la liberté à propos des révoltes populaires de Paris ; il s'arrêta à la prise de la Bastille ; un de ses biographes suppose que ce fut pour ne pas chanter les excès qui suivirent ; mais l'esprit qui règne dans la partie achevée ne permet pas d'admettre cette supposition.

Incorporé en 1792 au quatrième bataillon du Nord, il se distingua à

---

(1) La statistique du département du Nord, par M. Dieudonné.

Wormhoudt, à Hondschoote et au siège d'Ypres ; envoyé à l'armée d'Italie, il se trouva au blocus de Mantoue, où une satire violente contre la vie militaire, intitulée les *Dégoûts du Métier*, faillit le faire fusiller. Il quitta l'armée, devint secrétaire du consul de France à Rome, professeur de mathématiques à Marseille, maître d'école au Bosset, garde-magasin à Livourne, traînant partout une existence malheureuse qui se termina prématurément à l'hôpital de sa ville natale.

Ses poésies qui ont été recueillies forment le plus bizarre assemblage ; après des stances religieuses sur la fête de Noël, on trouve des épitres d'une impiété révoltante et des épigrammes lubriques ; après des chants guerriers et révolutionnaires, les vers suivants adressés à la garde nationale :

> Nationale brigade,
> Sots et grotesques soldats,
> Plutôt faits pour la parade,
> Que formés pour les combats,
> Guerriers d'argile ou de plâtre,
> Puissiez-vous, vrais freluquets,
> Puissiez-vous n'avoir jamais
> Que des poussins à combattre.

Les *dégoûts du métier* qui faillirent lui devenir si funestes, sont ses meilleurs vers, mais ils donnent une triste idée de l'esprit militaire du satirique, qui bafouait les gloires les moins contestables de la France, Louis XIV et le grand Condé (1).

Tel était le personnage peu recommandable dont M. Bottin s'était chargé d'écrire l'histoire. Il est impossible de ne pas reconnaître qu'il adoucit beaucoup trop sa peinture et qu'il fut et sera probablement le seul qui osera proclamer Fourmentel *un homme de génie*.

Le procès-verbal très détaillé de la séance publique du 13 août fut rédigé par le secrétaire général ; on y joignit la reproduction *in-extenso* du compte rendu des travaux de la Société, suivi d'un aperçu des ouvrages qui, à cette époque, formaient sa bibliothèque naissante, et le tout fut imprimé sous le titre de *Séance publique de la Société d'Amateurs des Sciences et Arts de Lille* (*1ᵉʳ Cahier*).

Cette brochure de 61 pages, tirée à deux cents exemplaires (2) fut la

---

(1) Voir : Œuvres de Fourmentel, manuscrit de la bibliothèque de Lille, n° 384.

(2) Ce fascicule est devenu presque introuvable ; c'est une rareté bibliographique.

première publication de la Société et le point de départ des nombreux volumes qui l'ont suivie ; elle fut envoyée aux principales associations savantes de la France et de l'étranger et inaugura le système d'échanges qui n'a pas cessé de se développer.

Une autre innovation importante se fit à cette époque, l'institution des primes. La modicité des ressources de la Société ne lui avait pas permis d'entrer jusqu'alors dans cette voie, mais en mai 1806, la députation chargée de présenter au nouveau préfet du Nord, M. de POMMEREUL, le diplôme de membre honoraire, lui ayant dépeint la pénurie du trésor, obtint la promesse d'une allocation de 1.200 francs. Il est vrai que le Conseil général ne crut pas devoir ratifier cet engagement tout entier, et n'accorda que 400 francs, mais cette somme suffit pour la création d'une médaille d'or qui fut promise à l'auteur du meilleur mémoire sur cette question :

» Le vinaigre de bière que l'on fabrique dans le département du
« Nord retient toujours une matière muqueuse qui s'oppose à sa
» conservation. Indiquer un procédé économique pour débarrasser le
» vinaigre de bière des principes étrangers qu'il contient, et lui donner
» des qualités qui le rapprochent du meilleur vinaigre de vin » (1).

Les réunions qui suivirent la séance publique, jusqu'à la fin de l'année 1806, furent occupées par d'intéressantes communications d'histoire, de littérature et de sciences.

M. SILVY lut un fragment d'une histoire de Lille qu'il composait pour faire suite à celle de Montlinot arrêtée, comme on sait, à 1434. D'après le compte rendu qui est resté de ce fragment, l'auteur s'étendait bien au delà des limites de son sujet; il faisait un tableau des sciences et des arts au XVe siècle où entraient Froissart, Pierre Michaut, Monstrelet, Philippe de Comines, Olivier de la Marche, les Van Eyck, Hemmelinck, Lombard, Metsys, célébrités sur lesquelles Lille ne peut malheureusement exercer aucune revendication.

M. BOTTIN attira l'attention de la Société sur un monument celtique, appelé *Pierre Brunehault*, bloc de grès brut sur la chaussée romaine de Saint-Amand à Tournay, sur la rive gauche de l'Escaut, entre Epain et Hollain, aujourd'hui territoire belge.

M. TONNELIER, garde du cabinet du Conseil des mines, à Paris, candidat correspondant, envoya une note sur le *Diopside*, subtance

---

(1) La question ne fut pas suffisamment résolue ; remise au concours en 1806, elle en fut définitivement retirée en 1809.

minéralogique qu'un autre candidat correspondant de la Société, M. BONVOISIN, avait découverte dans les Alpes prémontaises et qu'Hauy devait plus tard réunir aux pyroxènes (1).

M. WARTEL, récemment nommé membre honoraire, communiqua quelques observations sur la lumière et le calorique, leur analogie et leur différence d'action.

M. DELEZENNE, dont le nom apparaît pour la première fois dans les procès-verbaux, fit hommage à la Société, en sollicitant son admission, d'un *Traité de gnomonique élémentaire*, où la construction des cadrans est ramenée à cet énoncé de géométrie descriptive : déterminer sur un plan donné les intersections de 12 plans dont l'un est le méridien du lieu, qui ont une intersection commune et qui font entr'eux des angles égaux (voir la notice sur Delezenne par M. Gripon).

L'auteur expose les moyens de construction dans l'hypothèse où le cadran serait incliné et déclinant ; il développe les méthodes employées dans les différentes circonstances du tracé des courbes, telles que les solstitiales et la méridienne du temps moyen. Il a soin d'indiquer les corrections des erreurs relatives à la réfraction qui sont très sensibles vers l'horizon, et donne la méthode pour connaître l'inclinaison et la déclinaison du plan.

C'était le début du savant professeur qui, selon l'expression d'un de ses biographes, créa l'enseignement scientifique à Lille à une époque où la science, tout entière à ses découvertes, n'avait pas encore pénétré dans le monde extérieur, ni affirmé sa puissance et son utilité par ces applications sans nombre dont nous jouissons aujourd'hui (2).

A propos d'un article du *Journal de Médecine* où M. Vermandois, chirurgien à Bourges, cherchait à établir l'insuffisance du bandage Dessault dans le traitement de la fracture de la clavicule, M. TRACHET lut des réflexions très étendues sur ce traitement et rapporta un grand nombre d'observations à l'appui de l'efficacité du bandage en question.

Le même membre, laissant de côté pour un instant la chirurgie, soumit au jugement de la Société quelques idées sur l'élocution, la diction, la clarté et la simplicité du style, qui paraissent être le résumé d'un ouvrage complet que préparait l'auteur.

Il rendit aussi compte d'expériences faites conjointement avec

---

(1) Voyez *Journal de physique*, tome 57, pages 266 et 275.

(2) Notice sur les travaux de M. Delezenne, par M. Gripon, Mémoires de la Société, 1866, p. 509.

M. Drapiez sur la possibilité de faire entendre aux sourds-muets des sons par la bouche.

La philosophie fut représentée à la Société pendant cette période par des *réflexions sur l'âme,* de Decroix et une dissertation de M. Hécart, membre correspondant, en réponse à cette question : Qu'est-ce que la société? la poésie par une pièce fugitive de M. Duhamel sur l'anecdote de Frédéric II et du meunier de Sans-Souci, qui ne fait pas oublier Andrieux.

Enfin, il convient de noter spécialement un mémoire de M. Drapiez sur l'amélioration des bêtes à laine dans le département du Nord, parce que ce fut le premier pas de la Société dans la carrière agricole où elle devait marcher plus tard à grands pas. Il serait superflu d'analyser ce travail qui n'est pas exempt d'erreurs et qui a été refait depuis avec une autorité bien *supérieure* (1) ; mais il a son importance comme indice d'une préoccupation nouvelle de la Société de Lille, au moment où celle de Douai venait de se fondre avec la Société départementale d'agriculture et s'apprêtait à traiter les questions agronomiques, au moment où le besoin se faisait partout sentir de remettre l'agriculture en honneur et de lui demander la réparation des pertes que tant d'années de calamités avaient causées à la France.

Le personnel de la Société subit en 1806 les changements suivants :

M. Wartel, Georges-Joseph, ex-chanoine régulier de l'abbaye de Saint-Eloi-lez-Arras, membre de l'Académie d'Arras, fut nommé membre honoraire. Il était l'auteur de divers opuscules d'histoire naturelle dont voici quelques titres : *Mémoire sur quelques fossiles de l'Artois ; Des limaçons terrestres de l'Artois ; Réflexions sur une brochure intitulée : Les singularités de la nature, par M. de Voltaire ; les bêtes sensitives.*

MM. Voets, compositeur de musique ;

    Macors, général de division, commandant la place et l'arrondissement de Lille ;

    Marlier-Vidal, bibliothécaire ;

    Delezenne, professeur de mathématiques à l'Ecole communale ;

    Rohart, secrétaire de la mairie.

furent nommés membres résidants.

---

(1) *Essai sur l'amélioration des bêtes à cornes dans le département du Nord,* par M. Loiset. Mémoires de la Société. Année 1819-1822, page 275.

On admit comme correspondants :

MM. Laboulée, membre de la Société médicale de Bordeaux ;

Baudet-Lafarge, naturaliste à Maringues (Puy-de-Dôme) ;

Debazoches, naturaliste à Séez ;

Bonvoisin, membre de l'Académie de Turin ;

Lucas, fils, garde des galeries du Muséum d'histoire naturelle de Paris, auteur d'un *Tableau méthodique des espèces minérales ;*

Hennet, chef de Division au ministère des finances, auteur d'un ouvrage intitulé : *Poëtique Anglaise ;*

Hauy, minéralogiste, membre de l'Institut ;

Latreille, naturaliste, correspondant de l'Institut ;

Tonnelier, garde du cabinet du Conseil des mines ;

Douette-Richardot, propriétaire-agriculteur à Langres ;

Liégeard, professeur de mathématiques au lycée de Douai ;

Prevost, Bénédict, naturaliste à Montauban ;

Durand, conservateur du Jardin des Plantes à Montpellier ;

Miché, ingénieur des mines à Mons.

MM. Vanbavière et Trachet devinrent aussi correspondants par suite de leur départ de Lille.

On remarquera que la plupart des nouveaux correspondants étaient naturalistes ; il y avait, évidemment, à cette époque, dans la Société une vive impulsion donnée par MM. Drapiez et Macquart vers l'étude de l'histoire naturelle ; elle tendait à remplacer celle des sciences physiques et chimiques de plus en plus délaissées.

III

TRAVAUX DE 1807 ET 1808.
DEUXIÈME ET TROISIÈME SÉANCE.
CHANGEMENTS DANS LE PERSONNEL.
NOTICES NÉCROLOGIQUES.

Le mouvement de reprise que la première séance publique avait communiqué aux travaux de la Société, s'accentua davantage en 1807. On n'en revint pas encore au premier règlement qui prescrivait deux séances mensuelles, les premier et troisième vendredis, mais on abandonna la modification qui ne fixait qu'une séance tous les deux mois, et l'article IX fut conçu ainsi :

La Société tient une assemblée générale tous les mois et une séance publique dans le courant de l'année.

Il y eut même quatorze réunions en 1807, y compris la séance publique du 28 août.

Le double renouvellement du bureau n'a pas été mentionné dans les procès-verbaux ; probablement sa composition resta ce qu'elle était en 1806. Il est certain que M. Bottin fut président jusqu'au 25 septembre, jour où il donna sa démission et fut remplacé par M. Lefebvre, et que M. Drapiez continua à remplir les fonctions de secrétaire général.

Ce fut ce dernier qui offrit à la Société le plus grand nombre de communications : la première fut relative à un procédé de préparation de l'émétique. L'auteur s'était convaincu que les émétiques du commerce variaient beaucoup dans leur composition et leurs effets, et voulait, en perfectionnant leur fabrication, arriver à donner à ce médicament, alors si précieux, une plus grande pureté et une plus grande sûreté d'effet sur l'économie animale. Une commission spéciale, sur le rapport de M. Duhamel, jugea que le procédé nouveau atteignait son but.

M. Drapiez présenta ensuite l'analyse d'une substance minérale connue sous le nom de *Lépidolithe,* longtemps regardée comme espèce particulière, et qu'il trouva être un aggrégat de quatre substances : mica, feldspath, talc et tourmaline apyre.

M. Dargelas, membre correspondant, ayant communiqué à la Société une rhubarbe d'espèce nouvelle du Sénégal, M. Drapiez fit l'analyse comparative de cette espèce et de celle de Chine *(Rheum palmatum)* ; il leur trouva des caractères chimiques très différents et une différence plus grande encore dans l'effet thérapeutique, l'action de la première étant presque nulle.

Il présenta un tableau analytique des *coléoptères* pentamères et un autre des hétéromères ; puis un spécies général des espèces trouvées dans le département au nombre de 1200, chiffre considérable pour l'époque, mais qui aujourd'hui arrive à peu près à 3000.

Alors comme aujourd'hui les champs de colza du département étaient endommagés par les larves du *Meligethes Aneus* qui rongent l'intérieur des siliques. M. Drapiez fit sur cette espèce un mémoire très détaillé où il décrit l'insecte sous le nom de *Nétidule bronzée,* et rend compte avec exactitude des ravages considérables qu'il cause dans nos champs. Malheureusement le moyen de destruction qu'il indique, l'aspersion des plantes avec de l'eau chargée de potasse caustique, n'a pas préservé depuis ce temps une seule silique de colza.

L'entomologie fut encore représentée à la Société par deux autres travaux : un tableau analytique de tous les genres d'insectes compris dans l'ouvrage de Geoffroy *(Histoire naturelle des insectes qui se trouvent dans les environs de Paris)* par M. Scheppers et un mémoire sur l'éducation des abeilles rédigé par M. Bottin, sur les notes que lui avait fournies M. Fontaine, apiculteur des environs de Lille. En outre, M. Macquart produisit la traduction d'un ouvrage italien de Zinanni sur les *sauterelles,* annotée, corrigée et mise à la hauteur des connais-sances qui depuis Zinanni avaient éclairci plusieurs points obscurs de l'histoire de ces *Orthoptères.*

Signalons encore, en histoire naturelle : un rapport de M. Bottin sur des essais de *semis d'arbres exotiques* faits dans le département du Nord, au moyen de graines envoyées par le Jardin des plantes de Paris ; premiers symptômes de la propagande d'acclimatation qui a fait depuis tant de progrès ; les promenades *botaniques et minéralogiques* de M. Hécart, dans l'arrondissement de Valenciennes, et un *Indicateur minéralogique,* du même correspondant ; des observations sur *l'opération sur la greffe des arbres*, par M. Drapiez ; et des rapports sur d'importants ouvrages (1) envoyés par des correspondants, tels que *Flore d'Oware et de Beunin*, et *insectes recueillis en Afrique et en Amérique*, par Palisot de Beauvois ; le *Botaniste cultivateur* de Dumont de Courset, la *Météorologie des cultivateurs*, par le même ; *Catalogus stirpeum horti botanici Taurinensis*, par M. Balbi ; *Note sur les Pseudomorphoses*, par M. Tonnelier, etc...

L'agriculture tint le premier rang, après l'histoire naturelle : M. Taranget, correspondant, adressa une notice sur l'*Ergot du seigle*, contenant de nouvelles observations sur sa nature, sa formation et ses propriétés vénéneuses ; M. Burette, des observations d'agronomie générale ; M. Liégeard, correspondant, un mémoire sur le rouissage, ses avantages et ses inconvénients en eau dormante, comparés à ceux obtenus dans l'eau courante, et ses procédés chimiques ; M. Douette-Richardot, correspondant à Langres, un *Traité pratique d'agriculture* dont il était l'auteur ; M. Bagot, des *Idées nouvelles sur le topinambour*.

Dans les autres branches scientifiques on trouve : *Une exposition du système métrique et du calcul décimal*, par M. Delezenne, destinée à vulgariser les nouvelles mesures adoptées légalement, mais dont l'usage ne pénétrait que très péniblement dans les habitudes. Le même membre fut l'auteur d'une *Notice sur la mnémonique ;* cette science, alors très en vogue, se réduit, suivant lui, à cette proposition : faire un choix d'objets qui, rangés dans la mémoire en un certain ordre, et d'une manière fixe, fassent retrouver au besoin tout ce qu'on lui aura confié ; condition très nettement exprimée, mais qui ne résout pas la difficulté d'application.

M. Lambert soumit de nouveaux *tableaux méthodiques de chimie* et une suite d'autres tableaux synoptiques des substances employées en teinture.

M. Bottin présenta le relevé des vaccinations faites dans le département depuis l'an IX, époque à laquelle cette pratique y fut introduite ; il établit la différence entre le nombre des enfants décédés depuis ces six dernières années précédentes comparé à celui des six années précédentes. Il constate 13.688 vaccinations en 1807 dans le Nord.

----

(1) Une note sur la fontaine intermittente dite : Fosse Broyon, à Leuze (Aisne), par M. Féron.

Un relevé statistique de la population du département pendant l'année 1806 fut aussi présenté par M. Bottin, constatant une légère augmentation de 3249 individus.

M. Silvy fit lecture d'un écrit intitulé : *Coup d'œil sur l'organisation actuelle de l'instruction publique*, répondant à cette question que se pose l'auteur : le plan de l'instruction publique peut-il garantir au gouvernement que l'on verra sortir des écoles des élèves capables de justifier ses espérances ? Non, répond M. Silvy, car l'instruction des maîtres ne garantit pas qu'ils possèdent l'art d'enseigner, car rien n'alimente l'émulation parmi les instituteurs et il n'y a pas assez de motifs d'encouragement pour les élèves. A ces critiques, M. Silvy exposait un plan personnel qui devait donner à l'enseignement public toute la perfection dont il est susceptible.

Le projet de M. Silvy n'a pas été conservé ; quant à sa critique, elle n'était que trop fondée et la Société s'y associa tout entière ; elle eût même la pensée de remédier directement à l'insuffisance de l'instruction publique en instituant des cours gratuits ; elle fut arrêtée par la crainte de prévenir indiscrètement l'organisation du système universitaire qui s'élaborait en ce moment dans les conseils de l'Empereur.

La partie historique des travaux de 1807 comprit une série de chapitres de la continuation de Montlinot par M. Silvy ; ils traitaient du commerce de Lille aux quinzième et seizième siècles et du droit de bourgeoisie.

M. Silvy ne se contentait pas de continuer Montlinot, il lut à la Société un éloge biographique de cet historien. D'après le compte rendu, ce travail doit être sorti des limites de l'impartialité, sort naturel de tous les éloges, qui bien souvent ne voient que le beau côté du sujet.

On sait que Montlinot, engagé dans les ordres et chanoine de Saint-Pierre, écrivit son Histoire de Lille dans un sens philosophique qui cadrait fort mal avec l'habit de l'auteur. Il dut résigner son bénéfice, quitta la contrée, devint libraire, agronome, directeur d'un dépôt de mendicité et journaliste. Les opinions de M. Silvy concordaient trop bien avec celles de son héros pour lui permettre une appréciation dégagée de préjugés, et lui montrer la ridicule situation d'un chanoine voltairien (1).

Il faut noter aussi une critique des critiques de M. Poret sur

---

(1) Voir Histoire de l'Académie d'Arras par l'abbé Vandrival, page 284.

Regnault-Varin, envoyée par M. Hécart, dont il n'existe qu'une simple mention au procès-verbal.

La poésie « répandit des fleurs sur le sentier aride qui conduit au sanctuaire de la science » pour employer l'expression de l'époque : MM. Duhamel, Silvy, Adveniez-Fontelelle, G. Liegeard, Chaudruc, Hécart cadet, adressèrent ou lurent à la Société diverses pièces de vers, et M. Wartel lut une dissertation intéressante sur La Fontaine considéré comme imitateur, et sur les poètes qui, eux-mêmes, imitèrent l'immortel fabuliste.

La séance publique eut lieu le 28 août conformément au programme suivant arrêté par une commission :

Discours d'ouverture par le Président.

Exposé analytique des travaux de la Société depuis sa dernière séance publique, par le secrétaire général.

L'art d'être heureux, ode philosophique, par M. Silvy.

Suite des réflexions critiques sur l'histoire de Lille de Regnault-Varin, par M. Poret.

Notice biographique sur M. Vernimmen, de Bergues, par M. Bottin.

Du droit de cité ou de bourgeoisie à Lille, par M. Silvy.

Vers sur le retour de l'Empereur et la continuation de la guerre avec l'Angleterre, par M. Faubert.

Symphonies, de la composition de M. Voets.

Le discours du Président, M. Bottin, après avoir remercié le public éclairé qui l'écoutait de sa bienveillance encourageante, s'attacha à prouver que les sociétés littéraires et scientifiques sont redevables de leurs succès à l'utile émulation que fait naître chez elles cette sympathie de leurs concitoyens ; puis par un de ces tours de force qui se rencontrent à chaque pas, quand on suit le cours des idées dans les premières années de l'Empire, il mélange le domaine inaliénable de la pensée, et la marche des idées libérales avec les flatteries les moins déguisées à l'adresse du gouvernement, « qui oserait jamais, s'écrie-t-il, se hasarder à violer ce domaine sacré dans le siècle du grand homme, dans les états et sous l'empire d'un prince qui fonde sa plus grande force sur les lumières autant que sur l'amour de la nation généreuse à laquelle il commande ? ».

Il rappela ensuite le but de la Société qui est de cultiver les connaissances qui sont le plus liées à l'utilité publique, et l'institution des primes qu'elle offrait aux mémoires sur des questions proposées.

A la question relative au vinaigre et qui n'avait point été résolue, la Société en ajoutait une autre : notice sur les personnages célèbres ou d'un mérite distingué que Lille a produits, avec indication de leurs principaux ouvrages en tout genre.

M. Drapiez, secrétaire général, rendit compte ensuite des travaux, depuis la dernière séance publique et le programme suivit son cours. Les ouvrages lus avaient été choisis, comme la première fois, parmi les communications les plus intéressantes entendues par la Société dans la dernière année, sauf toutefois la biographie de Vernimmen, par M. Bottin.

Le procès-verbal de cette seconde séance publique fut imprimé comme le premier et forme le second cahier des séances publiques de la Société d'Amateurs des Sciences et des Arts de la Ville de Lille.

Trois membres résidants nouveaux avaient été reçus en 1807 :

MM. Durig, Jean-Joseph, graveur, à Lille.

Ducellier, capitaine du génie.

Burette-Martel, propriétaire, commandant des canonniers sédentaires.

La Société perdit M. Leroy, démissionnaire.

Un grand nombre de membres correspondants vinrent grossir la liste :

MM. Coget, J.-B., pépiniériste, à Thumeries.

Chaudruc, C.-A., littérateur, secrétaire perpétuel du Conseil d'agriculture et de l'Athénée du Gers, à Auch.

Dumont de Courset, botaniste et agronome, à Courset (Pas-de-Calais).

Corbet, statuaire, à Paris.

Verly, architecte de la ville d'Anvers.

Guilbert, Ph.-J.-Et.-V., littérateur, à Rouen.

Bagot, cultivateur, à Champigny (Seine).

Pictet, Marc-Auguste, président de la Société des sciences de Genéve, correspondant de l'Institut, membre du Tribunat.

Bonelli, naturaliste, à Turin.

Moissier, naturaliste, membre du jury médical de Clermont-Ferrand.

Liégeard, aîné, littérateur à Audenarde.

MM. Clavery, littérateur à Paris.

Beckmann, professeur d'histoire naturelle à l'Université de Göttingue.

Jurine, professeur d'histoire naturelle à Genève.

Jockisch, Christian-Friedrich, naturaliste à Nuremberg.

Schreibers, naturaliste, professeur de chimie à Vienne.

Michel, procureur général impérial près la Cour d'appel de Douai.

Duponchel, chimiste, membre de la Société médicale de Liège.

Il ne faut pas oublier de noter que la Société commença en 1807 une sorte de musée industriel dont l'idée ne fut pas poursuivie alors, mais qui peut être regardée comme une première ébauche de la précieuse collection qui, sur l'initiative du docteur Gosselet, fut inaugurée en 1853, et est encore aujourd'hui confiée aux soins de la Société des Sciences.

Une machine à filer le coton que la municipalité avait acquise d'un étranger en 1789, considérée comme un des premiers essais tentés dans les constructions de ce genre, fut offerte par le Maire de Lille.

M. Scrive fit don d'une machine à carder le coton qui avait obtenu une médaille d'or à l'Exposition de 1806, à Paris.

M. Marescaux, de Dunkerque, envoya le modèle d'une pelle à cylindre pour enlever la tourbe *submergée*.

La Société fit aussi cette année construire à ses frais une machine électrique dont un de ses membres, M. Peuvion, fournit le plateau et le conducteur.

Enfin elle inaugura une collection anthropologique par l'acquisition d'un monstre humain à deux têtes, qui, joint à quelques échantillons de géologie, commença le Musée d'histoire naturelle dont Lille est justement fier aujourd'hui.

L'année 1808 eut onze séances où les travaux originaux des membres résidants ne furent pas abondants mais les nombreux correspondants que la Société s'adjoignait étaient devenus une grande ressource. Beaucoup envoyaient leurs œuvres, publiées ou inédites, lesquelles, renvoyées à l'examen de commissions compétentes, donnaient lieu à des rapports qui alimentaient les réunions et y entretenaient le courant scientifique.

C'est ainsi que M. Clavery communiqua un rapport raisonné sur le mausolée de Marie-Christine, exécuté à Rome par Canova, et posé à

Vienne en 1805, et un discours prononcé à l'Académie des Philalethes de Venise sur les avantages de l'étude des Lettres. Un rapport très élogieux fut présenté sur les deux ouvrages.

M. Thouin, professeur d'agriculture au Muséum de Paris, envoya plusieurs traités d'agronomie et des tableaux synoptiques d'économie rurale, analysés par M. Drapiez ; M. Prévost, un mémoire sur la carie des blés, analysé par M. Duhamel.

M. Leschevin, une notice sur les fouilles faites à Pontarlier en 1807, M. Chaudruc, une dissertation sur un tombeau antique trouvé dans le département du Gers, et M. Jurine, une méthode de classification des hymenoptères et des diptères (1).

Parmi les œuvres personnelles des membres résidants, il faut citer une note de M. Delezenne sur l'altitude de la ville de Lille au-dessus de la mer. En 1752, l'ingénieur Ramsault avait indiqué 19 mètres ; depuis de nombreux relevés donnaient une hauteur de 56 mètres et au-delà. M. Delezenne, sans indiquer le résultat de ses propres expériences, prouve que ces derniers chiffres sont exagérés et indique les défauts des baromètres qui ont servi à les établir. On ignorait donc encore en 1808 la véritable altitude de Lille. Aujourd'hui elle n'est plus douteuse, la côte prise au seuil d'entrée de l'église de La Madeleine donne 21,929.

M. Delezenne présenta une autre note sur la règle *d'arithmétique* dite *des deux fausses positions*. Tous les traités publiés jusqu'alors indiquaient bien des calculs à faire pour obtenir le résultat cherché, mais cette indication était si vague que la méthode se trouvait souvent en défaut. M. Delezenne, au moyen de formules nouvelles, complète les démonstrations, résout par l'arithmétique les problêmes du premier degré à deux inconnues, et étend même l'usage des fausses positions aux opérations du second degré.

La météorologie fut l'objet d'une troisième notice du même membre. Convaincu que les progrès de cette science dépendent en grande partie de l'art de rapprocher par des combinaisons raisonnées les phénomènes observés et les situations respectives du soleil, de la terre et de la lune, il représente par des courbes les mouvements des instruments météorologiques, les déclinaisons de la lune et du soleil, leur lever, leur coucher, leurs passages au méridien, la force et la direction des vents, de telle

---

(1) Voyez : *Journal de Physique*, tome 64, p. 467.

sorte que d'un coup d'œil on aperçoit leurs relations à un instant quelconque et à des époques différentes.

M. LAMBERT produisit la suite de ses tableaux méthodiques de chimie.

M. DRAPIEZ analysa un produit minéral trouvé à Fresnes et qu'il reconnu comme une variété d'anthracite feuilletée à lames flexibles et cristallisées. Il chercha dans son travail à faire concorder cette attribution avec l'avis de Delomieu que l'anthracite ne se rencontre que dans les terrains primitifs ; il constata en outre le degré de combustibilité de ce produit, ses points d'analogie avec le diamant, et les caractères qui séparent cet anthracite du Nord de celui des Alpes.

Le même chimiste donna l'analyse de plusieurs minerais de fer du département du Nord et celle des diverses variétés de ses terres végétales ; après avoir établi en règle générale que les terres de culture sont d'autant meilleures que la proportion des principes qui les constituent, alumine, chaux et silice, se rapprochent davantage, il détaille les fonctions que remplit chacune de ces substances.

De temps immémorial un auxiliaire puissant est donné en Flandre à ces bases de tout terrain cultural, c'est la *gadoue* si bien nommée engrais flamand. M. BOTTIN se chargea de la venger des accusations de ses détracteurs. On s'en rapportait encore quelquefois à cette époque, au passage de Robert de Hesseln qui en 1771 imprimait que : « les vuidanges qui se vendent journellement et que l'on charrie librement depuis les portes ouvertes jusqu'à dix heures du matin, rendent l'odeur regnante dans la ville de Lille, insupportable, malfaisante, contraire à la santé et à la prolongation des jours (1). »

On croyait encore dans les villes que la gadoue communiquait aux fruits et aux légumes une odeur désagréable, qu'elle enlevait le parfum des fleurs ; M. BOTTIN réfute ces préjugés, fait l'histoire de cet engrais à partir des Grecs, expose son mode d'emploi et tous les avantages qu'il procure à la culture du Nord et qui devraient servir de leçon à tous les agriculteurs de la France (2).

M. BOTTIN lut encore une notice sur la culture de l'*Orme dans le département du Nord*, et un fragment de statistique du Tyrol d'après des notes recueillies autrefois dans ce pays. Quelques détails sur le *commerce des serins* par les habitants d'Imst, ont un intérêt particulier :

Il existait à Imst une Société d'environ trente personnes qui

---

(1) Dictionnaire universel de la France 1771.

(2) Voir *Recherches sur l'engrais flamand*, par M. Corenwinder ; Mémoires de la Société, 1864, p. 297.

s'occupait exclusivement de ce trafic d'exportation, dirigé surtout vers la Russie et la Turquie. Au jour fixé les voyageurs se mettent en route, après une assemblée d'adieux, où ils prennent congé de leurs familles, le verre à la main. Chacun porte sur son dos une cage contenant jusqu'à trois cents oiseaux achetés par des commissionnaires dans la *Souabe*. Les associés trouvent à Saint-Pétersbourg et à Constantinople des maisons appartenant à la Compagnie, les serins y sont lâchés dans une chambre et les acheteurs viennent les visiter. Un beau serin se vendait à St-Pétersbourg neuf roubles, à Constantinople jusqu'à trente francs ; les gains sont partagés au retour et il est rare que la Société ne fasse pas des bénéfices sérieux.

Le 2 février 1808 un cétacé vint échouer sur la côte du département de la Lys, près Blankenberg ; M. DRAPIEZ présenta à la Société une notice sur cet animal qu'il reconnut être le *Balaenoptère rorqual* de Lacépède.

Le Docteur TONNELIER, résidant, fit une double communication : sur les maladies régnant le plus habituellement à Lille, sur le traitement de la *manie* et des affections mentales en général, avec d'excellents conseils sur les qualités morales nécessaires au médecin qui se dévoue à soigner les aliénés.

Les communications littéraires fournirent une dissertation de M. WARTEL sur l'orthographe et la prononciation de la langue française, la suite des tableaux de l'atlas grammatical de M. WAELES, commencé en 1804, et quelques pièces de vers de MM. HÉCART cadet, G. LIÉGEARD, GRIVEAU, SILVY et DUHAMEL dont deux reçurent les honneurs de la *séance publique*.

Cette réunion eut lieu comme les deux premières fois avec un programme arrêté en commission. Le discours d'ouverture du Président, M. LEFEBVRE, commença par prévenir les auditeurs que cette année on avait élagué les longs mémoires « qui avaient le désavantage de n'être pas à la portée du plus grand nombre et de déplaire par leur monotonie »; ils sont réservés pour le procès-verbal qui sera publié. La Société avait eu un instant l'intention de faire en public des expériences de physique; elle y avait renoncé en se réservant de les produire devant ses invités dans une de ses séances particulières.

On peut supposer que le début du Président était une simple précaution oratoire, car un long mémoire avait échappé à l'élimination, c'était la notice de M. BOTTIN sur la culture de l'orme dans le département du Nord, qui répondait sans aucun doute à l'*utile* de la devise de la Société, mais qui dut paraître aux auditeurs très étrangère au *dulci* de cette même devise.

Le Président annonça ensuite qu'aucun mémoire n'avait été envoyé au concours pour les deux sujets de prix proposés et que les deux sommes avaient été réunies pour former une prime unique destinée aux notices sur les personnages célèbres du département. Ce prix devenait donc une médaille d'or de 300 francs.

Puis le secrétaire général, M. DRAPIEZ, présenta son rapport annuel sur les travaux de la Société, qui, entremêlé de citations et d'articles nécrologiques ne prend pas moins de 52 pages du procès-verbal, prolixité nécessaire et dont on aurait tort de se plaindre aujourd'hui, puisqu'à cette époque la Société ne publiait pas de mémoires et que ce compte rendu était le seul moyen qu'elle possédait de communiquer avec le public et de laisser à ses membres futurs les souvenirs de ses premiers travaux.

M. le Président lut ensuite un épître de Julie à Ovide par M. GRIVEAU, membre correspondant ; M. DRAPIEZ lut un éloge de M. Edme LIÉGEARD, correspondant, décédé récemment, et la séance se termina par des vers assez légers : l'Aveugle en belle humeur, œuvre de M. G. LIÉGEARD, frère du défunt, qui détonnent comme une note aigüe dans la gravité d'un chant.

La brochure, qui contient le procès-verbal de la troisième séance publique (1), se termine par une liste des membres de la Société qui comptait alors quatre membres honoraires, 36 résidants et 96 correspondants.

Pendant l'année 1808, la Société avait perdu M. M. DUCELLIER, capitaine du génie, admis l'année précédente, et qui devint correspondant, par suite de changement de garnison.

Elle reçut cinq membres résidants :

MM. TONNELIER, docteur en médecine ;

    LEGROS, avocat, chef du bureau central de police ;

    DE NORGUET, Louis, propriétaire ;

    SAINT-SAUVEUR, inspecteur de la loterie ;

    FAUBERT, correspondant à Verlinghem, qui était venu résider à Lille (2).

---

(1) Ce troisième cahier, tiré à 350 exemplaires, est un peu moins rare aujourd'hui que les deux précédents.

(2) A cette époque les personnes ayant leur domicile dans la ville pouvaient seules être admises au titre de membre résidant.

Et 15 membres correspondants :

MM. Thouin, professeur d'agriculture au Muséum de Paris ;

    Vauquelier, chimiste, à Paris ;

    Luce de Lancival, littérateur, à Paris ;

    Millin, archéologue, membre de l'Institut ;

    Leschevin, commissaire des poudres, à Dijon ;

    Prevost, Bénédict, naturaliste, à Genève ;

    Cotte, correspondant de l'Institut, à Montmorency ;

    Lair, agronome, secrétaire de la Société d'agriculture de Caen ;

    Chenevix, membre de l'Académie royale de Londres ;

    Mac Leay, secrétaire de la Société linneenne de Londres ;

    Kirby, naturaliste, à Londres ;

    Griveau, littérateur, ancien officier ;

    Deyeux, membre de l'Institut, à Paris ;

    de Hoffmansecq, naturaliste, à Berlin ;

    de Lacépède, naturaliste, membre de l'Institut et du Sénat (1).

Trois membres décédés dans l'année furent l'objet de notices nécrologiques : MM. J.-B. Coget, Faubert et Edme Liégeard.

J.-B. Coget, né à Mons-en-Pevèle en 1733, se livra d'abord à l'étude des sciences exactes et y acquit des connaissances qui lui procurèrent de bonne heure l'avantage de pouvoir travailler à sa fortune par des entreprises sagement combinées.

A l'âge de 30 ans il se livra par goût aux plantations, qui devinrent bientôt l'objet de ses méditations et de ses travaux. Il planta de vastes pépinières et prit l'entreprise du reboisement de plusieurs propriétés considérables, entre autres celui des bois de l'abbaye d'Anchin, qu'il fit à ses frais moyennant la première coupe des taillis pour toute rétribution.

Ses connaissances en administration forestière lui valurent à plusieurs reprises des missions importantes ; en l'an 3 il fut nommé inspecteur général des forêts de la Belgique. Coget fut le premier qui introduisit dans la Flandre française la plantation en grand et l'acclimatation des arbres et arbustes exotiques ; il le fit avec un succès complet: le robinier

---

(1) Les nominations de plusieurs de ces membres ne sont pas mentionnées aux procès-verbaux et n'ont pas de date certaine.

(Robinia pseudo acacia) et le peuplier noir d'Amérique sont deux de ses conquêtes; sa dernière grande plantation fut celle du marais des Six-villes dans la vallée de la Scarpe composée de 17.000 arbres.

Coget n'a publié que quelques courtes notices dans l'annuaire statistique de Bottin, mais il existe de lui dans les cartons de l'administration départementale, du service des Ponts et chaussées et du Génie militaire des mémoires intéressants sur les plantations en général, celle des grandes routes et des dunes de Dunkerque, qui attestent qu'il était aussi bon théoricien que praticien heureux.

Pierre-Eloi-Joseph Faubert naquit à Lille, le 29 juillet 1767, d'une famille peu aisée; placé comme enfant de chœur à la Collégiale de St-Pierre, il s'y distingua par ses heureuses dispositions, et obtint une bourse qui lui permit de faire tout à la fois des études ecclésiastiques et médicales.

Il se destinait à la prêtrise quand la Révolution vint contrarier ce projet; devenu officier de santé, il suivit l'armée française en Hollande, mais à la paix il reprit son premier dessein et fut ordonné prêtre. Faubert fut un des rares ecclésiastiques du diocèse qui prêtèrent le serment exigé par la constitution civile du clergé; il fut nommé à la cure de Verlinghem et l'occupa jusqu'au commencement de 1808, peu de mois avant sa mort; il venait d'être mis par le Préfet du Nord à la tête du 3e bureau de la préfecture quand il mourut à l'âge de 41 ans.

Ses poésies qu'il communiquait fréquemment à la Société n'offrent rien à signaler.

Edme Liégeard était né à Auxerre le 19 juillet 1772 ; il montra dès son jeune âge un goût prononcé pour l'étude et fit ses classes avec distinction ; appelé sous les drapeaux à la première invasion, il fut blessé à la bataille de Fleurus, et faillit peu de temps après succomber à une fièvre maligne. Admis à l'Ecole polytechnique, il voulut à sa sortie embrasser la carrière de la marine, mais sa santé s'y opposa et il obtint la chaire de physique et de chimie de l'Ecole centrale de Boulogne, puis celle de mathématiques, à la création du lycée de Douai. Ce fut dans ce poste qu'il mourut à l'âge de 35 ans.

Il avait communiqué à la Société un *Discours d'ouverture du cours de chimie*, et : *Avantages et inconvénients du rouissage à l'eau dormante.*

IV

TRAVAUX DES ANNÉES 1809 a 1812.
CHANGEMENTS DANS LE PERSONNEL.

Les trois séances publiques des 13 août 1806, 28 août 1807 et 14 septembre 1808 avaient été, comme on l'a vu, un vif stimulant pour les travaux de la Société ; on constate un peu de ralentissement pendant les années suivantes. Il n'y eut pas de séances publiques en 1809 et en 1810 ; les séances ordinaires eurent lieu réglementairement, mais on trouve des plaintes sur le petit nombre des membres qui les fréquentaient et toute l'activité se concentrait autour de quatre ou cinq sociétaires et des travaux envoyés par les correspondants.

A la fin de 1809, quelques membres firent un appel énergique au règlement à la suite duquel on prit les résolutions suivantes :

Le bureau qui n'avait pas été renouvelé depuis plusieurs semestres fut remis au scrutin :. après plusieurs tours M. Bottin fut élu président; M. Lefebvre, vice-président; M. Drapiez, secrétaire général; M. Marlier, secrétaire de correspondance; M. Poret, trésorier;

Dorénavant les séances se tiendront le premier lundi de chaque mois;

Chaque séance sera terminée par un ordre du jour pour la séance suivante;

Dans toutes les séances, il sera déposé sur le bureau un registre de présence où chaque membre sera tenu de s'inscrire.

Voici le résumé des principales communications de 1809 : M. Macquart lut un mémoire sur les plantations dans le département du Nord, destiné à propager la culture des arbres dans les enclos, les vergers, sur les bords des chemins. Aujourd'hui que nos comices agricoles poussent à l'abatage de ces mêmes arbres comme éminemment nuisibles au sol cultivé, le mémoire de M. Macquart serait regardé comme un anachronisme, mais à l'époque où il fut composé la cherté des locations n'avait pas encore forcé le fermier à tirer de la terre jusqu'à la dernière parcelle de ses produits, la culture intensive n'était pas en usage et les variations en plus ou en moins dans le rendement d'une récolte n'avaient pas toute l'importance qu'elles ont acquise depuis. D'ailleurs M. MACQUART s'adresse surtout aux propriétaires et ne dissimule pas les préventions et la malveillance des fermiers contre les plantations qui bordent les champs.

Après avoir exposé les avantages qu'il attribue à la présence des arbres, comme abris contre les vents et le soleil, comme moyens de construction et de chauffage, comme agrément d'ombrage et de perspective et surtout comme revenu pécuniaire, l'auteur donne les préceptes les plus utiles pour bien planter et indique les meilleures essences relativement aux terrains ; puis il parcourt les sept arrondissements et décrit leurs plantations existantes et les ressources qu'ils contiennent pour leur extension.

M. DRAPIEZ présenta l'analyse de vingt-deux espèces de houille et d'une quantité presqu'égale de bois bitumineux et établit la différence entre ces deux productions. D'après lui, la formation de ce qu'il appelle bois bitumineux appartient toujours aux terrains de transport et est de beaucoup inférieure à celle des houilles qui toutes tirent leur origine du fond des mers.

Il communiqua encore un travail complet sur le chromate de plomb, contenant l'histoire de ce sel, ses propriétés, ses applications à la peinture, les procédés de fabrication et des recherches personnelles sur le moyen de l'obtenir à bon marché.

M. DECROIX traita de la fabrication de l'acide sulfurique, surtout au point de vue de l'insalubrité des ateliers et indiqua les moyens les plus propres à prévenir les accidents ou à remédier au danger.

M. BOTTIN décrivit le tombeau de marbre de Louis de Melun, prince d'Epinoy, connétable de France, mort en 1704, blessé par un cerf dans une partie de chasse à Chantilly. Ce monument qui se trouvait avant la Révolution dans la Chapelle des Dominicains à Lille était alors en la possession de M. le comte de Fournes. MILLIN l'avait dessiné et décrit dans ses *Antiquités Nationales*, mais avec quelques erreurs que M. BOTTIN releva et des lacunes auxquelles la description suppléait.

M. BOTTIN raconta la vie et détailla les œuvres de Nicolas-François-Joseph MASQUELIER, dit le Jeune, graveur, décédé le 20 juin 1809. Né au Château-du-Sars (Flers) chez M. DE FOURMESTRAUX dont son père était jardinier, MASQUELIER montra de bonne heure d'excellentes dispositions pour le dessin qui engagèrent M. DE FOURMESTRAUX à le placer à l'Ecole de Lille ; il y remporta tous les premiers prix ; le

Magistrat de Lille l'envoya à Paris avec une pension. Louis MASQUELIER, l'illustre graveur, son parent, le prit dans son atelier et lui apprit l'art de la gravure où l'élève marcha bientôt sur les traces du maître. MASQUELIER a gravé beaucoup de portraits et a collaboré à de nombreuses publications ; il mourut, à Paris, âgé de 49 ans.

A ces communications peu nombreuses des membres résidants il faut joindre beaucoup d'envois de correspondants ; les uns furent simplement déposés à la Bibliothèque, d'autres furent l'objet de rapports et de discussions. Il faut citer parmi ces derniers :

Miscellanea altera botanica, par M. BALBI, fragment d'une liste des plantes du Piémont dont M. FÉRON fit un compte rendu.

Des poésies fugitives par M. CLAVERY, lues ou analysées par M. DRAPIEZ.

Un tableau comparatif de la petite vérole naturelle, de la petite vérole inoculée et de la vaccine par le docteur John Addington, traduit par M. TARANGET. C'est un excellent plaidoyer en faveur de la vaccine, alors objet de nombreuses discussions, et sur laquelle les derniers préjugés étaient loin d'être détruits.

Il n'est pas inutile de noter ici que la Société fondée quatre ans seulement après l'apparition du fameux traité de Jenner : *recherches sur les causes et effets de la variole-vaccine, 1798,* avait toujours suivi avec le plus grand intérêt la propagation de cette découverte : M. DRAPIEZ et les membres médecins avaient été à Lille ses plus ardents promoteurs, et il n'est pas douteux que si elle avait disposé, à son origine, d'une publicité régulière, elle ne l'eût fait servir à l'extension de la vaccine, conjointement avec les autorités départementales dont le zèle à cet égard ne se ralentit jamais.

Tableau littéraire de la France, pendant le 13e siècle, par M. Joseph DE ROSNY.

Un fragment de la *géologie de la Guadeloupe,* par M. LESCALIER, préfet maritime du Havre (1).

En 1810 les communications scientifiques furent relativement nombreuses, mais trois membres seulement, MM. DELZENNE, BOTTIN et DRAPIEZ en firent à peu près tous les frais.

On reçut du premier une note sur des expériences relatives au fluide électrique, préliminaires d'un important mémoire qui fut communiqué

---

(1) Voyez : *Journal de Physique,* tome 67, page 373.

l'année suivante, et un rapport sur l'utilité des paratonnerres, à propos d'un violent orage qui avait éclaté sur Lille, le 11 juin 1810, et pendant lequel la foudre avait frappé la salle de spectacle et plusieurs autres bâtiments.

L'auteur y exposait d'abord la théorie de l'électricité et des phénomènes de la foudre, et entrait ensuite dans de minutieux détails sur la manière dont s'était comporté le fluide en atteignant le théâtre, la marche qu'il avait suivie le long des conduites métalliques et les dégâts occasionnés. Sa conclusion est un chaleureux appel en faveur de l'établissement des paratonnerres sur tous les édifices publics.

Ce fut en cette année 1810 que M. DELEZENNE songea à ouvrir à Lille un cours de physique sous le patronage de la Société ; on trouve dans le procès-verbal de la séance du 13 novembre, la mention suivante :

M. DELEZENNE demande l'autorisation de faire annoncer un cours public et gratuit d'électricité, de galvanisme et d'optique qu'il se propose de donner dans le salon de la Société. L'Assemblée lui accorde l'objet de sa demande.

Les communications de M. BOTTIN eurent pour objets l'agriculture et l'histoire locale. Il s'occupait alors d'un tableau historique de la culture du département ; les fragments qu'il en en détacha pour la Société méritent qu'on s'y arrête un instant.

Le pastel (Isatis tinctoria, Linné) était autrefois cultivé en grand dans nos contrées sous le nom de wede, wedde, wouede ou guesde ; dans un dénombrement de 1549, on cite 26 communes de l'arrondissement de Lille, qui, entr'elles, comptaient 54 cultivateurs de wede et six moulins ; mais, déjà en 1561, Guichardin, qui vante la qualité du pastel de la Flandre gallicane, constatait que cette récolte se réduisait à bien peu de chose. En 1810, on ne cultivait plus qu'à Herrin et à Allennes-les-Marais. Cependant, à cette époque, le blocus continental ayant arrêté les arrivages d'indigo, le Gouvernement s'occupait de rendre à la production indigène du pastel son ancienne activité.

Des encouragements et des prix furent proposés et il parut plusieurs notices sur cette plante tinctoriale : M. BOTTIN les résumait en indiquant le choix du terrain, l'époque de la semaille, la préparation après la récolte et les bénéfices du produit. D'après lui les quelques cultivateurs qui se livraient encore à cette culture la pratiquaient avec entente et ils y eussent trouvé des produits suffisants s'ils n'avaient abandonné à des marchands la manipulation qu'ils auraient pu aisément pratiquer eux-mêmes.

La chicorée (*Cichorium intybus Linné*) a comméncé à être cultivée industriellement dans le Nord en 1798, par M. Giraud, à Onnaing près de Valenciennes ; la routine et le préjugé s'opposèrent d'abord à cette innovation ; on accusait la chicorée dont les racines s'enfoncent profondément dans la terre de rendre celle-ci moins propre aux autres cultures. M. BOTTIN essaya de refuter cette accusation et de prouver qu'un hectare pouvait produire 46 myriagrammes de poudre et assurer un bénéfice considérable ; mais il ne faut pas oublier qu'en ce moment le café avait atteint un prix exorbitant qui influait évidemment sur celui de la chicorée.

M. BOTTIN s'occupe aussi de la chicorée endive (*Cichorium endivia Linné*) cultivée en grand à Lezennes. A cette époque on utilisait pour la transplantation de ce légume, les vastes carrières qui depuis ont été employées à la culture du champignon.

Dans une troisième notice, M. BOTTIN traita de la pomme de terre. La première trace bien certaine de son introduction dans l'arrondissement de Lille remonte à 1735, époque à laquelle elle fut apportée à Mons-en-Pevèle par un fermier nommé Rose ; dans le même temps un M. Coget en apporta de Tournai à La Neuville : son extension fut rapide sur tous les points du département, cependant il fallait encore l'encourager dans l'arrondissement d'Avesnes en 1763.

L'auteur s'étend surtout sur l'utilité de la pomme de terre, comme nourriture des bestiaux et comme objet de distillation ; bien qu'il rappelle les services importants qu'elle a rendus aux habitants de Lille, comme aliment supplémentaire, dans les temps difficiles de la Révolution, on s'aperçoit aisément que son usage culinaire était loin d'être alors ce qu'il est devenu depuis. La note se termine par un véritable traité de la distillation agricole de la pomme de terre, telle qu'elle se pratiquait surtout dans le département du Mont Tonnerre. Elle insiste beaucoup sur les avantages que procurerait cette industrie dans le Nord : outre celui de former une source de revenus considérables, cette distillation rendrait à l'alimentation publique une grande masse de céréales qui en est détournée pour être livrée à l'alambic.

Les autres ouvrages de M. BOTTIN sont relatifs à l'histoire ou à l'archéologie et ne sont pas moins intéressants.

Il raconta la découverte à Antreuille du tombeau d'un général espagnol dont le cadavre parfaitement conservé avait été regardé quelque temps comme le corps d'un saint. La terre d'Antreuille, dépendance d'Avelin, appartenait au XVIIe siècle à la famille de Guevara qui avait sa sépulture dans l'église. Pendant la Révolution des ouvriers, en démolissant cette église, avaient rencontré, devant l'autel, un cercueil de chêne et de plomb qui contenait un cadavre de vieillard dont les chairs et les vêtements n'avaient subi aucune altération.

Une foule de curieux arriva aussitôt et cria au miracle, on se partagea comme reliques les morceaux du cercueil, les vêtements, et le cadavre allait être dépecé si l'autorité ne l'avait fait réinhumer dans le cimetière d'Avelin. C'était celui de Don Louis Ladron de Guevara, mestre de camp, seigneur d'Antreuille et de Pont-à-Marcq, gouverneur de la ville et du port d'Ostende, décédé en 1639, âgé de 81 ans. Une épitaphe inscrite sur le cercueil ne laissait aucun doute à ce sujet.

En 1809, les fouilles pratiquées dans les ruines de l'abbaye de Saint-Amand firent découvrir quelques tombes d'âges différents, dont l'une, en pierre meulière, paraissait remonter à une époque très ancienne. M. Bottin les visita et en fit l'objet d'un rapport à la Société. Parmi les ossements d'une des tombes les plus modernes on trouva un bouton de métal avec la devise : honni soit qui mal y pense ; elle avait probablement appartenu à un anglais mort dans une des batailles des siècles derniers.

Un tertre de gazon appelé le Mont Vanoite, à deux kilomètres de Comines (Belgique), fut aussi l'objet d'une dissertation de M. Bottin. C'était, quelques années avant 1810, une élévation régulièrement circulaire de 129 mètres à la base, de 80 au sommet, élevée d'environ 16 mètres. Déjà, à l'époque où M. Bottin en entretint la Société, elle était en partie nivelée, les travaux y avaient fait découvrir des fragments de poteries antiques, de nombreux madriers de chêne non équarris, ayant servi de pilotis ; en outre, la tradition parle d'armures, de coins, de hâches et de traits. Etait-ce un caveau gaulois, un tombeau, un monument religieux ? Aujourd'hui le monticule a disparu, les objets trouvés sont dispersés, il est bien difficile de résoudre la question que M. Bottin lui-même a laissée indécise.

M. Bottin fit encore lecture d'une notice sur la fête des *Nieules* à Armentières, sorte de farce qui se célébrait tous les ans le premier lundi de mai. Il la décrit ainsi : les membres de l'autorité locale paraissent au balcon de l'Hôtel de ville et jettent au peuple une grande quantité de nieules, espèces de petits pains semblables aux hosties ; les enfants se précipitent pour les ramasser, les pompiers s'avancent alors avec leurs pompes et inondent les enfants ; pendant ce temps les hommes du peuple cherchent à surprendre les pompiers pour leur noircir le visage ; ce combat d'adresse entre les mouillés, les mouilleurs et les noircissants offre un tableau grotesque qui ne manque jamais d'attirer beaucoup de spectateurs.

Il paraît que cet usage remonte à un grand repas que donnait un jour le comte de Luxembourg, seigneur du pays ; au dessert, on jeta des nieules au peuple. Plusieurs convives s'avisèrent d'arroser ceux qui les ramassaient, et ce spectacle fut trouvé si plaisant qu'il fut répété, depuis, tous les ans, à la même époque.

Les travaux de M. DRAPIEZ, pendant cette année, ne furent pas moins nombreux que ceux de M. BOTTIN. La peinture sur verre, portée à un si haut degré de perfection pendant le moyen âge, puis entièrement délaissée, était au commencement de ce siècle l'objet de recherches qui en essayaient la résurrection. M. DRAPIEZ se joignit à ces efforts, il traça l'historique de cet art, exposa les travaux récents qui tentaient de le faire revivre en France et, notamment, un mémoire de M. Brongniart dont il fit l'analyse et la critique. Puis, il retraça les nombreuses expériences que lui-même avait entreprises pour constater l'action intime et réciproque qu'exercent les oxides métalliques et les fondants, à tous les degrés de températures connus.

M. DRAPIEZ donna encore l'analyse très détaillée d'un minéral envoyé de Bourgogne par M. Leschevin, et que celui-ci regardait comme du chrome oxydé natif. Les analyses de M. DRAPIEZ le portent à croire qu'il s'agit d'une variété de diallage verte (1).

Un autre échantillon minéralogique, venant de la Guyane, envoyé par M. Dargelas, fut aussi analysé par le même chimiste qui reconnut un fer oligiste écailleux, substance qui n'avait encore été rencontrée que disséminée en paillettes brillantes dans les laves volcaniques.

Un accident analogue à celui qui, en 1803, avait fait l'objet d'une communication de MM. REYNART et PAQUET, correspondants, s'était reproduit à Lille, dans une citerne de la rue Grande-Chaussée : deux ouvriers y avaient été asphyxiés. M. DRAPIEZ produisit, à ce sujet, une note ou il analyse l'air vicié et attribue la mort des ouvriers à la présence d'une grande quantité d'azote, 71 %, accumulé par un dépôt de résidus d'épuration d'huile.

A ces communications des trois membres les plus féconds de la Société se joignirent une note de M. ALAVOINE, complétant et généralisant les tables concentriques de réduction des anciennes mesures en

---

(1) Voyez *Journal de Physique*, tome 70, p. 372.

nouvelles, que M. Trachez avait présentées en 1803, et un mémoire de M. Féron sur un monstre double composé de deux enfants du sexe féminin réunis antérieurement de la tête au sternum. Il le décrivit minutieusement et rapporta tous les détails de sa naissance. Le dépôt en fut fait dans les collections de la Société.

Enfin, une note de M. Sachon sur le rapprochement de la longueur du mètre et du pendule à secondes. Après avoir raconté toutes les tentatives faites depuis longtemps pour établir une uniformité de mesure, les efforts de Picard et de La Condamine pour fixer les variations du pendule, M. Sachon indiquait la moyenne de ces variations comparée à la longueur du mètre et ne trouvait qu'une différence de 0,07 lignes.

Tous les autres travaux furent des envois de membres correspondants et des rapports sur ces ouvrages. Ceux-ci du reste atteignaient quelquefois l'importance de mémoires originaux.

M. Trachez, qui avait dû abandonner son titre de membre résidant pour suivre les armées en campagne, envoya une dissertation sur le tétanos, résultat des observations qu'il avait faites sur les blessés d'Essling et de Wagram. Il y faisait connaître la maladie dans tous ses détails, ainsi que les moyens thérapeutiques presque toujours inutiles qui étaient ordinairement employés. De nombreuses tentatives lui avaient indiqué un traitement dont il s'était bien trouvé et qui consiste surtout dans l'administration du laudanum à fortes doses, en potion et en injection dans les plaies. Ce moyen lui paraissait le meilleur de tous ceux en usage, et il s'était assuré que les praticiens qui s'en étaient le plus rapprochés avaient toujours été les plus heureux.

M. Duhamel, ingénieur à Saarbruck, adressa un aperçu minéralogique des départements de la Sarre, du Rhin-et-Moselle et du Mont-Tonnerre, où il décrit les mines de houilles de Saarbruck, les schistes ardoiseux, les minerais de cuivre et de plomb des environs de Trèves, les laves poreuses de Priem, les basaltes d'Andernach, les mines de mercure du Mont-Tonnerre, les variétés d'agathes de Berkenfeld, en un mot toutes les principales richesses minérales de cette contrée, une de plus curieuses, sous ce rapport, de l'Europe centrale.

M. Leschevin envoya la traduction des *Tableaux de Chimie* de Tromsdorff, professeur à l'Université d'Erfurt, des *Tableaux Synoptiques de pharmacie* du même auteur; il l'accompagna de notes rectificatives et d'indications complémentaires. Ce travail fut l'objet d'un rapport de M. Duhamel, le chimiste poète qu'il ne faut pas confondre avec son homonyme le minéralogiste.

M. Baudet-Lafarge fit hommage d'un *essai sur l'entomologie du Puy-de-Dôme*, comprenant une monographie des coléoptères lamillicornes, et M. Chabrier de curieuses observations sur la tarentule *(Lycosa tarentula Latr.)* où il rectifie, d'après ses propres recherches, plusieurs erreurs des naturalistes antérieurs sur cette célèbre araignée. Toutefois il n'ose pas réfuter les contes ridicules qui ont été faits sur sa morsure, sur l'agitation qu'elle occasionne et les airs de musique qui ont la propriété de la guérir. Aujourd'hui la science en a fait justice, mais elle n'est pas encore parvenue à déraciner ces croyances de l'esprit du vulgaire.

M. Tordeux adressa une note sur la décomposition de l'eau par le charbon, et M. Tessier une *Instruction sur les bêtes à laine et particulièrement sur la race des mérinos*, publiée par ordre du Ministre de l'Intérieur; ce travail fut l'objet d'un rapport très étendu de M. Drapiez.

De tous les envois des correspondants celui qui fut l'objet de la discussion la plus sérieuse est une *notice sur Alain de Lille*, par M J. de Rosny. Cet historien émettait des doutes, qui du reste ne lui étaient pas personnels, sur l'origine lilloise du *Docteur universel,* M. Poret prit fait et cause pour une de nos gloires; il prouva que deux auteurs seulement : Manriquez et Jonghelle ont voulu contester à la ville de Lille, la naissance d'Alain, prétendant que le mot latin *de insulis* ou *insulensis* était un nom de famille; cette affirmation est détruite par le témoignage d'un autre religieux de Citeaux, Charles de Visch, que M. de Rosny n'accepte pas et qui cependant s'appuyait sur l'autorité d'Henri de Gand. Ce dernier vivait au milieu du 13ᵉ siècle, était archidiacre de Tournai et avait dû puiser à leur vraie source les notions qu'il a laissées sur le Docteur universel; or, il dit positivement d'Alain : *Alanus Insulis oriundus....*

Après Henri de Gand, M. Poret trouve que Sixte de Sienne, religieux de l'ordre des Frères prêcheurs qui écrivait en 1310, dit dans son quatrième livre de la Bibliothèque Sainte : *Alanus insulensis, germanus, orator.....* Il cite aussi Robert Holkoth, religieux du même ordre, docteur de Paris, écrivain du milieu du même siècle qui s'exprime en ces termes.. *Alanus magnus de Insulà, doctor.....*

Enfin Jean Trithème, abbé de Spanheim, de l'ordre de Saint-Benoit, mort en 1518, dit *Alanus de Insulis, natione Teutonicus.....* Ces mots de *Insulà, insulensis,* joints à ceux de *Germanus, Teutonicus* prouvent bien qu'il ne peut être question d'autres villes du nom de

Lille, comme M. DE ROSNY est porté à le croire, mais bien de Lille, situé en Flandres, province anciennement nommée *Germania inferior*.

M. DE ROSNY dit plus loin que dans son traité contre les Vaudois, dédié à Guillaume de Montpellier, Alain l'appelle son seigneur, et qu'Etienne de Narbonne parle d'Alain comme ayant enseigné la théologie à Montpellier d'où il infère que le Docteur était languedocien.

Pour répondre à cette supposition, M. PORET prouve que le titre de Monseigneur était une qualification en usage dans ce temps là comme de nos jours et qu'il ne fallait pas être né vassal d'un grand pour la lui donner. Alain n'a dédié son livre à Guillaume que parce qu'il le connaissait, ainsi qu'il le dit dans sa préface comme un des seigneurs de son temps les plus amis des lettres et des sciences. Il prouve encore qu'au 12ᵉ siècle l'Université de Montpellier ne consistait que dans une école de droit et que la théologie n'y a été enseignée qu'en 1422 ; d'ailleurs de ce qu'Alain aurait professé à Montpellier, s'en suit-il qu'il n'est pas né à Lille ?

Enfin, M. DE ROSNY, avant de terminer, dit, « ce qu'il y a de plus certain, c'est que ce même Alain se retira sur la fin de ses jours à Citeaux où il se fit frère convers et qu'il y mourut en 1202 ; son épitaphe y existait encore avant la révolution. M. PORET pense que cette épitaphe ne peut convenir à notre Alain, mais à un autre personnage du même nom, décédé à Citeaux quatre-vingt-douze ans après lui, savoir en 1294 : *mille ducenteno nonageno quoque quarto*, et non 1202, comme le veut M. DE ROSNY.

D'un examen attentif de la date de ses ouvrages, il résulte pour M. PORET que Alain de Lille écrivait et fleurissait vers la fin du douzième siècle et qu'il est bien mort en 1202 ; donc l'épitaphe de Citeaux ne peut lui convenir ; enfin comme dernier argument M. PORET constate qu'aucun des manuscrits d'Alain ne s'est trouvé ni à Citeaux, ni dans le midi de la France, mais qu'à l'exception de deux rencontrés à Paris, tous les autres ont été recueillis en Belgique, ce qui le confirme dans l'opinion qu'Alain était belge et que le surnom de Lille ne peut provenir que du lieu où il est né.

Pendant les deux années 1809 et 1810 la Société perdit M. TONNELIER, décédé le 11 juillet 1809 sur lequel M. DRAPIEZ écrivit une notice nécrologique. Il était né à Tournai, le 15 mai 1773 ; après des études préliminaires faites dans sa ville natale, il se rendit à l'Université de Louvain, revint étudier la théologie au séminaire de Tournai, puis décidé à se vouer à la médecine partit pour Paris où il fréquenta les cours des plus célèbres professeurs. Il se lia avec Bichat et se concilia l'estime et la bienveillance de Corvisart. Ce dernier avait formé une Société d'instruction médicale composée de ses meilleurs élèves. Tonnelier en fut successivement le secrétaire et le président.

En l'an 10 il allait soutenir sa thèse, lorsqu'il fut mis au nombre des six médecins que le Gouvernement avait demandés pour seconder M. Desgenettes dans la mission d'arrêter une épidémie qui ravageait l'Orléanais.

Tonnelier revint ensuite à Lille ; ses talents distingués, joints à des qualités rares, lui valurent bientôt la considération des savants, la confiance des malades et l'estime de tout le monde.

On a trouvé dans ses manuscrits de nombreux travaux auxquels il manque la dernière main : des extraits de littérature, des pensées, des réflexions sur différents sujets, des matériaux considérables sur toutes les parties de la médecine, des notes sur les maladies pour lesquelles il avait été consulté. Il avait spécialement étudié la *manie* sur laquelle il communiqua un mémoire à la Société ; il faisait aussi une étude spéciale du croup et ne négligeait aucune occasion d'en étudier la marche et d'y opposer de nouveaux obstacles.

La Société perdit encore MM. Scheppers, de Norguet (1) et Saint-Sauveur, démissionnaires ; M. Sylvy, cessa aussi en 1810 de faire

---

(1) M. de Norguet, en cessant de faire partie de la Société, ne perdit pas de vue ses travaux et les amis qu'il y avait laissés. Il resta intimement lié avec M. Macquart, qui le jour de sa mort, 7 janvier 1850, envoya les lignes suivantes à un des journaux de Lille :

La ville de Lille vient de perdre un de ses citoyens honorables, qui réunissait tous les titres capables de lui mériter la considération et l'estime du public, les regrets et un long souvenir de ses nombreux amis.

M. Louis de Madre de Norguet a eu toute sa carrière animée, échauffée par les qualités de son esprit et de son cœur, par ses goûts et ses talents, par la vivacité du sentiment et par la chaleur de ses affections et de ses convictions.

Ennemi implacable de toutes les perversités qui depuis si longtemps désolent la France, et courageux défenseur des saines doctrines, autant il portait haine aux turpitudes qui désolent les âmes honnêtes, autant il avait d'affection pour tout ce qui sympathisait avec son noble cœur.

Ce caractère droit, franc, généreux, cette vivacité de sentiments donnaient le plus grand charme aux relations que ses amis avaient avec lui. Aimant et aimable, il apportait dans la Société toutes les saillies de son esprit, toutes les inspirations de son cœur.

Ce qui rehaussait encore ses excellentes qualités, ce qui charmait encore son partie de la Société. Il avait été un de ses travailleurs les plus assidus, cultivant à la fois l'histoire et la poésie, et avait intéressé ses séances par la lecture de plusieurs notices historiques et nécrologiques qui ont été indiquées, et de pièces de vers pouvant être citées parmi les meilleures de celles qui venaient de temps en temps s'entremêler aux travaux plus sérieux. M. SILVY mourut peu de temps après sa démission.

Parmi les membres correspondants que perdit la Société dans le cours de ces deux années, il faut citer LUCE DE LANCIVAL, l'auteur d'*Hector*, décédé le 15 avril 1810. Il était né à Saint-Gobain en 1766 et se fit connaître très jeune encore par des poèmes latins et français qui lui valurent à 22 ans la chaire de rhétorique au Collège de Navarre.

Il l'abandonna pour embrasser l'état ecclésiastique et s'acquit une certaine célébrité comme prédicateur ; mais au moment de la Révolution il abandonna la prêtrise pour reprendre la profession de professeur de belles lettres. Il fit représenter plusieurs tragédies qui eurent peu de succès, sauf *Hector* qui lui valut une pension de 6.000 francs et la croix de la Légion d'Honneur.

Deux membres résidants, MM. MALLET, commissaire des poudres et LELORRAIN, juge au Tribunal civil, et un grand nombre de nouveaux correspondants furent nommés ; en voici la liste sur laquelle il n'est

---

existence, c'était un sentiment exquis du beau (cette splendeur du vrai et du bon) dans la nature et dans les arts.

Appréciateur éclairé du mérite en peinture, peintre lui-même, il joignait à la pureté du dessin, un coloris charmant, une touche fine, moelleuse et légère, il excellait dans les paysages ; il approchait d'Ommegank dans la peinture des bestiaux dont il les animait.

Ses connaissances artistiques le placèrent longtemps dans la commission administrative du Musée de Lille, et il contribua à donner à cet établissement ce haut degré de richesses et de bon choix qui le caractérise. Admirateur du beau, il y recherchait surtout ce qu'il lui présentait de fin, de délicat, parce qu'il y voyait l'indice de ces qualités dans l'esprit et dans le cœur.

Ce même sentiment lui fit aimer passionnément les fleurs, les emblèmes de la beauté ; il les cultiva avec distinction, il s'en fit une collection très remarquable par le choix et le nombre des espèces. Ce goût, constant comme toutes ses affections, remontait à l'époque où il se lia avec le baron de Courset, l'auteur du Botaniste cultivateur, l'horticulteur le plus célèbre de France ; il fournit des matériaux pour cet excellent ouvrage et entretient avec lui des relations les plus cordiales.

Une cruelle cécité mit fin à toutes ces jouissances des yeux ; mais il avait conservé toutes ses facultés intellectuelles, toute son affection pour sa famille et ses amis ; il avait surtout conservé ses convictions religieuses et sa mort fut chrétienne comme l'avait été sa vie.

pas besoin de signaler plusieurs célébrités dans les arts et dans les sciences ; on y remarquera le nom de Wicar reçu le 27 novembre 1809 :

Le comte de Louxbourg, naturaliste, à Francfort ;

Bavière, chirurgien-major au 5ᵉ hussards ;

Marcel de Serres, naturaliste, à Montpellier ;

de Rosny, Joseph, capitaine pensionné, contrôleur de la navigation, à Valenciennes ;

Léonhart, de la Société des sciences de Hanau ;

Gaertner, de la Société des sciences de Hanau ;

Delviesenhusen, ancien colonel, à Francfort ;

Bocking, médecin, à Deux-Ponts ;

Favier, Mathieu, ordonnateur en chef des armées d'Espagne ;

Garassini, Hyacinthe, médecin à Toirano (Montenotte) ;

Poitevin, secrétaire de l'Académie des jeux floraux, à Toulouse ;

Rodrigues, naturaliste, fondateur du Muséum d'instruction publique de Bordeaux ;

Neubourg, médecin, à Francfort ;

Pétersin, naturaliste suédois ;

Lescalier, géologue, préfet maritime du Havre ;

Roland, Philippe-Laurent, statuaire, à Paris, membre de l'Institut ;

Wicar, artiste, à Florence ;

Masquelier, aîné, Louis-Joseph, graveur, directeur de la Galerie de Florence ;

Duhamel, ingénieur en chef, directeur de l'Ecole pratique des mines de Saarbruck ;

Farez, secrétaire perpétuel de la Société d'émulation de Cambrai, membre du corps législatif ;

Lecocq, commissaire des poudres à Clermont-Ferrand ;

Bruloy, pharmacien en chef de l'armée du Nord ;

Noel, membre de l'Université, à Paris ;

Comte Laumond, conseiller d'État, directeur général des mines, à Paris ;

Chabrier, naturaliste, à Montpellier ;

François de Neufchateau, sénateur, agronome, à Paris ;

Tessier, membre de l'Institut ;

Tilman, chirurgien-major de l'armée d'Espagne ;

Guilmot, bibliothécaire, à Douai ;

Tordeux, pharmacien-chimiste, à Avesnes ;

Sprongli, naturaliste, à Berne.

L'année 1811 différa peu par la nature de ses travaux des deux années précédentes. Elle eut ses douze séances réglementaires et une séance publique. Les envois des correspondants continuant à être nombreux, donnèrent de plus en plus d'importance à la bibliothèque ; aussi fut-il décidé qu'un cabinet de lecture serait ouvert pour les membres de la Société, dans une pièce voisine de la salle des séances, où chacun pourrait, à jour fixe, venir prendre connaissance des livres, journaux et documents que possédait la collection ; M. le Maire de Lille mit une somme de 300 francs à la disposition du bureau pour l'arrangement de ce salon.

Quelques uns de ces envois des membres correspondants méritent d'être signalés : le sculpteur Roland fit hommage d'un plâtre du buste de l'Empereur, étude qui lui avait servi pour la statue colossale de marbre que l'Institut avait placée dans la salle de ses séances publiques.

M. Guilmot, bibliothécaire de la ville de Douai, offrit un mémoire sur l'Hermoniacum de la carte théodosienne. Il attribue ce nom à un temple dédié au Génie des eaux, placé sur une hauteur escarpée, le long de la voie romaine de Cambrai à Bavai, au village de Vendegies. Un cabaret situé près de là, porte le nom de Clairmenage, corruption de de Hermenage qui lui-même vient de Hermoniacum ; quant à la dédicace de l'édifice au Dieu des eaux, M. Guilmot s'appuie sur une étymologie très contestable : *Iseer,* seigneur ; *moon,* génie ; *ack,* eau. Aujourd'hui, il résulte de nouveaux travaux, notamment de ceux de M. Leglay qu'Hermoniacum était une station militaire des Romains protégeant les communications entre Bavai et Cambrai, un lieu d'étape pour les mouvements de troupes que les conquérants entretenaient dans le pays.

M. Lucas envoya un tableau synoptique d'oréognosie composé en collaboration avec M. Tondi, où les montagnes sont classées d'après leur composition minéralogique, MM. Morel de Vindé et Vanmons, d'importants travaux d'agronomie et de chimie.

Les membres résidants qui alimentèrent le plus les séances furent comme précédemment MM. Delezenne, Bottin et Drapiez.

Le premier lut un important mémoire sur l'électricité se résumant dans ces dernières phrases, qui, antérieures à Arsted et à Ampère, sont presque une prophétie : L'électricité doit jouer le plus grand rôle dans toute la nature ; elle doit être la cause ou la compagne d'un nombre infini de phénomènes ; nous sommes loin d'en connaître les principaux effets, et il ne se fait aucun mouvement, aucun contact, aucun choc, aucun frottement, aucune pression, qu'il ne se développe à l'instant une prodigieuse quantité de ce fluide qui nous échappe.... enfin c'est un agent universel dont l'action perpétuelle, comme l'attraction, mais variable, s'exerce sur tous les corps de la nature. Il y a loin sans doute de la connaissance parfaite de tous ses effets à l'état actuel de la science de l'électricité, mais il y a tout aussi loin de cet état à la découverte que fit Thalis qu'un morceau d'ambre jaune frotté attire les corps légers dont on l'approche.

Un autre mémoire du même physicien exposa une théorie exacte de l'électrophore résineux, basée sur de nombreuses expériences, et expliquant les phénomènes auxquels donne lieu cet instrument, dans toutes ses combinaisons.

M. Delezenne présenta encore un thermomètre métallique dont il avait conçu le plan avec M. Peuvion ; c'est une combinaison de petits leviers et de lames d'or très minces d'où résulte une sensibilité comparable à celle de l'hygromètre de Saussure. Ce même M. Peuvion, seul cette fois, fit fonctionner devant la Société une fontaine à compression adaptée à plusieurs usages, et une machine pneumatique produisant un vide presque parfait.

M. Drapiez présenta une analyse de la substance minérale connue sous le nom de laumonite ou zéolithe efflorescente, où il rectifie celle qui avait été faite antérieurement par Vogel. Ces deux analyses diffèrent surtout par la constatation de la présence de la soude trouvée par M. Drapiez (4%), par le dosage de la chaux que ce dernier porte de 9 à 16 %.

Viennent ensuite plusieurs autres communications du même chimiste tendant à un but commun, celui de substituer des produits indigènes aux denrées exotiques dont la politique impitoyable de l'Empereur empêchait l'Angleterre d'alimenter la France.

Le sucre tenant un des principaux rangs parmi les produits, on sait que la première usine de sucre de betteraves fut créée à Lille, en 1810, par M. Crespel-Delisse ; tout ce qui touchait à cette industrie naissante était donc plein d'actualité et il n'était pas permis à une Société scientifique de rester étrangère à une question aussi intéressante. M. Drapiez lui communiqua deux mémoires très détaillés ; dans le premier, il rend compte d'une opération qui lui avait donné environ 1.500 kilogrammes d'un sucre comparable en tout au plus beau de ceux qu'on obtenait de la canne. Cette opération remontait à deux ans. Pendant cet intervalle il n'avait pas cessé de perfectionner ses appareils, et de simplifier la fabrication ; ces améliorations étaient le sujet du second mémoire.

Les notes qui accompagnaient ce double travail renfermaient une foule d'observations sur les différentes espèces de betteraves et sur les quantités différentes du sucre que chacune d'elles peut produire, eu égard au climat, au terrain, à la manière dont elles sont cultivées et aux époques où on les récolte ; elles contenaient des recherches analytiques sur les principaux végétaux saccharifères, des développements particuliers aux opérations, des analyses des diverses espèces de sucres, des dessins représentant les appareils de fabrication, des applications des résidus à l'économie animale ou manufacturière.

Il est à regretter que ce double travail ait disparu des archives de la Société ; il serait certainement un des documents importants de l'histoire de l'industrie sucrière dans nos contrées.

Les substances tinctoriales étrangères faisaient défaut à la consommation française ; on cherchait partout à y suppléer, le 7 mai 1811, le Préfet du Nord adressait à la Société une lettre où il l'avertissait qu'une circulaire à tous les maires du département appelait leur attention sur la culture du pastel autrefois très en usage, et où il leur demandait d'aider le Gouvernement à faire revivre cette culture presqu'entièrement délaissée. A ce propos, M. Drapiez revint sur une communication antérieure de Bottin et produisit une note où il établissait des calculs sur les dépenses et les produits de cette industrie agricole et donnait les meilleures méthodes de culture, de récolte et de préparation.

La cochenille des Nopals du Mexique (*Coccus cacti*) n'arrivait plus, on s'ingéniait à la remplacer par des congénères européens, *Coccus ilicis*, *Coccus polonicus*, etc. M. Drapiez crut lui avoir trouvé un nouveau succédané. Il avait remarqué sur une plante de matricaire (*Pyrethrum parthenium*) un puceron, tachant en rouge les doigts qui l'écrasaient ; en ayant réuni une certaine quantité il obtint une couleur qui approchait beaucoup de la pourpre de la cochenille et qui se comportait de même dans la teinture. Ce fut l'objet d'une note lue à la Société. Il est difficile d'après la description qui en est donnée de se rendre compte de l'espèce à laquelle l'auteur applique le nom d'*Aphis Matricariæ ;* d'ailleurs l'expérience ne paraît pas avoir été répétée.

M. Bottin reprit ses communications sur les monuments historiques du département, il décrivit quatre tombes gallo-romaines découvertes à Bouvignies et contenant avec les ossements divers objets particuliers à ces sortes de sépultures. Il produisit un long mémoire sur les monuments celtiques du département du Nord, comprenant sous cette dénomination de celtique dont l'usage persista si longtemps, tous les souvenirs antérieurs à l'histoire authentique, comme la pierre de Bellignies, et les souterrains dits des Sarrasins, les pierres jumelles de Cambrai, la pierre Brunehaut d'Hollain, le mont Vanoite à Comines, le mont des tombes à Sainghin, les substructions de Cassel, etc...

Mais c'est surtout aux monuments de Hamel et de Lécluse que M. Bottin s'attacha de préférence ; il les décrit minutieusement et cherche ensuite leur signification. Pour lui, ce sont, à n'en pas douter, des monuments de la religion druidique, ils devaient servir de points de ralliement pour les cérémonies du culte ; on y allumait des feux qui correspondaient à ceux du Mont St-Eloi où se trouve aussi un menhir, du Mont de Vitry appelé encore *Signal aux feux,* du Belgemont près Crèvecœur, des hauteurs de Haussy, du bois de Bourlon, du mont Oui : « Qu'il devait être sublime, s'écrie l'auteur, ce concert immense d'adoration marqué par celui des feux qui brillaient dans le même moment sur toutes les élévations d'une contrée ! »

M. Bottin fit une autre communication d'histoire locale d'un genre bien différent. Il remit au jour les pièces du procès de la nommée Margotaine Delos, *ramasseuse de fiens,* brûlée vive comme sorcière, devant la Halle de Lille en 1589. Elle était accusée d'avoir ensorcelé cinq filles et trois hommes par le moyen de beuvrages qu'elle préparait ; des crapauds, qu'elle nourrissait chez elle, paraissent avoir été la principale pièce de conviction.

Un roman pastoral intitulé *Nérelle* ou l'origine de Lille, publié en 1810, par M. Pélart, donna l'occasion à M. Poret de relever quelques erreurs contenues dans les notes historiques du livre ; elles se rapportent surtout aux fondations religieuses et charitables de la comtesse Jeanne dont les dates manquaient d'exactitude. C'était, peut-être, attacher trop d'importance à une fantaisie qui ne manque pas de mérite littéraire, mais où personne ne serait tenté de chercher des documents historiques.

La séance publique de 1811 eut lieu le 30 novembre, dans le grand salon de la Société. Le baron Duplantier, préfet du Nord, l'ouvrit par un discours ou il se félicitait du lien qui l'attachait à la Société, louait ses œuvres et ses efforts et passait en revue les principaux points des premières publications. M. DRAPIER lut un volumineux rapport sur les travaux depuis la séance publique du 14 septembre 1808 ; M. MACQUART, sa notice, sur les plantations d'arboriculture dans le département du Nord, M. DELEZENNE sur l'utilité des paratonnerres ; M. BOTTIN, un extrait de son mémoire sur les monuments celtiques ; M. DRAPIEZ, une notice nécrologique du docteur TONNELIER et M. DUHAMEL, une idylle sur la naissance du roi de Rome.

On donna aussi communication au public du nouveau programme des prix proposés. La Société ne se décourageait pas de l'insuccès de ses deux premières tentatives. Elle laissa au programme la notice sur les personnages célèbres que Lille a produits et y ajouta la promesse de médailles d'or ou d'argent :

1° A la société d'*Apiers* (propriétaires de ruches) du département du Nord, qui offrira la preuve du premier essaim sorti en 1812 ;

2° Au membre de la société couronnée, qui aura eu ce premier essaim ;

3° A la société d'*Apiers*, qui justifiera au 1er avril prochain, avoir eu le plus grand nombre de ruches en bon état, eu égard au nombre de ses membres ;

4° Au particulier, qui, dans une commune du département autre que celui où la wedde est encore cultivée, aura semé, cultivé et récolté la plus grande quantité de cette plante au delà d'un hectare ;

5° Au meilleur mémoire sur cette question : Quels seraient les moyens de substituer avec avantage pour la fabrication de l'amidon, des substances autres que celles qui servent à la nourriture des hommes et des animaux.

Pendant l'année 1811 la Société ne reçut aucun membre résidant, mais elle s'adjoignit des correspondants.

MM. MOREL DE WINDÉ, agronome, correspondant de l'Institut.

CROUZET, littérateur, directeur des études au Prytanée français, qui mourut dans l'année même. M. CROUZET, né à St-Waast le 15 décembre 1753, embrassa de bonne heure la carrière du professorat, il dirigea d'abord le collège de Montaigu, puis celui de Compiègne, et en l'an XI fut nommé directeur du Prytanée de Saint-Cyr qui fut depuis transféré à La Flèche. Il y rétablit le bon ordre et le goût du travail qui depuis longtemps y étaient inconnus. Transféré plus tard au Lycée Charlemagne, il mourut à Paris en 1811, laissant des recueils de vers, des discours philosophiques et diverses œuvres pédagogiques.

MM. Brunn-Nergard, minéralogiste, à Paris.

Scherer, Emile, naturaliste, à Saint-Gall.

Zollicoffre, docteur en médecine, à Saint-Gall.

Graffenauer, docteur en médecine, à Strasbourg.

Grétry (André-Ernest-Modeste), compositeur, membre de l'Institut, à Paris.

Gretry, neveu, littérateur, à Paris.

Crépel, professeur au Collège d'Arras.

Pichard fils, d'Epinal.

La Société perdit : MM. Lancel, Le Lorrain, Defosseux-Virnot et Comère, membres résidants, démissionnaires, et un de ses correspondants les plus fameux, Louis-Joseph Masquelier. Ce célèbre graveur était né à Cysoing le 21 février 1741. La nature lui avait donné le goût du dessin auquel dès son enfance il consacra ses loisirs. Il partit pour Paris, jeune encore, et fut admis dans l'atelier de Lebas, ce patriarche de la gravure, qui formait les plus habiles graveurs du XVIIIe siècle. Masquelier s'y perfectionna bien vite et travailla beaucoup sous la direction de son maître. Peu d'artistes avaient reçu en partage autant de finesse et de goût ; sa pointe est légère, ferme, brillante, et excelle dans la gravure imitant le lavis, genre qu'il avait essayé un des premiers. Ses principales œuvres sont : Voyage en Suisse, Voyage de la Peyrouse, Vues d'Ostende, et surtout la belle série de la Galerie de Florence, d'après les dessins de Wicar. Masquelier est mort à Paris, le 26 février 1811.

Un autre correspondant mourut le 14 août de la même année : M. Pierre Arborio, qui avait échangé, en quittant Lille, son titre de membre honoraire contre celui de correspondant.

Il était né à Verceil le 29 mars 1767, d'une famille d'ancienne noblesse et était entré très jeune au service militaire. Bonaparte, auquel il avait montré du dévouement pendant la campagne d'Italie, le fit venir en France et lui confia le poste de sous-préfet de Lille, puis de Douai. Il devint ensuite préfet de Coni, département de la Stura, puis de la Lys à Bruges. Il a composé des instructions d'économie politique, imprimés à Coni.

V

TRAVAUX DES ANNÉES 1815 a 1818.
RÈGLEMENT. — CHANGEMENTS DANS LE PERSONNEL.
NOTICES NÉCROLOGIQUES.

Pendant les années qui vont suivre, la marche des travaux de la Société se régla presqu'invariablement sur les préoccupations politiques. En 1812 la France suivait d'un œil inquiet la colossale entreprise, qui jetait Napoléon sur la Russie ; malgré le prestige des victoires passées, et la confiance dans le génie militaire de l'Empereur, de tristes pressentiments qui ne furent que trop confirmés en novembre et décembre avaient gagné tous les esprits ; la Société n'eut que huit séances particulières et point de séance publique ; elle n'augmenta pas son personnel de résidants ; le bureau ne fut pas renouvelé et ses travaux perdirent de leur intérêt.

En 1813, le déclin de l'Empire s'accentuait ; Leipsig ne pouvait guère laisser d'illusion ; les alliés s'avançaient ; aussi le temps d'arrêt se prolonge, point de séance publique, point de réceptions nouvelles ; les séances ordinaires sont peu alimentées.

En 1814, dès le 3 janvier, le Président entretient la Société des circonstances politiques présentes, la ville est chaque jour menacée d'un siège ; ses habitants sont uniquement occupés de la défense, il fait la proposition de suspendre les travaux jusqu'à ce que le calme et la tranquillité soient parfaitement rétablis. Cette proposition est adoptée.

Au mois de juin une immense révolution s'était accomplie ; Louis XVIII était roi, un traité favorable réglait les destinées de la France qui se sentait allégée d'un joug de fer ; les séances reprirent leur cours mensuel et les travaux leur intérêt ; mais la tranquillité ne fut pas de longue durée ; le débarquement du golfe Juan (1er mars 1815), remit tout en question ; les Cent-Jours, Waterloo, la seconde invasion passèrent sur la France comme une trombe, jetant partout la stupeur, et les séances furent de nouveau interrompues, il n'y en eut que trois en 1815.

Enfin le rétablissement du Gouvernement traditionnel ayant ramené la sécurité et la paix, la Société reprit en 1816 le cours régulier de ses travaux, après avoir, par d'heureuses modifications de son règlement, ranimé le zèle de ses membres et s'être donné un nouvel élan.

Toutefois il ne faudrait pas croire que les quatre années d'incertitude avaient produit une stagnation complète ; on verra par le résumé suivant que le mouvement ralenti ne s'était pas arrêté et que les traditions scientifiques de la Société s'étaient continuées à travers les agitations du temps.

Un ancien membre résidant, M. DE RÉCICOURT, officier du génie, éloigné pendant plusieurs années, avait été rappelé à Lille par ses fonctions de directeur des fortifications et avait repris sa place à la Société. Il lui présenta plusieurs notes sur des travaux d'intérêt public : un projet pour l'établissement de deux canaux de la Scarpe à l'Escaut, en pente réglée, pour établir les communications de Douai, Bouchain, Arras et Cambrai ; un projet de mécanisme hydraulique pour l'ascension des fardeaux ; une note contenant des notions générales sur la construction économique des canaux navigables, plusieurs rapports sur des mémoires scientifiques renvoyés à son examen, et un projet d'établissement à Lille d'une École de Génie, projet que la Société avait vivement appuyé, mais qui n'eut pas de suite.

M. DELEZENNE présenta des tables barométriques servant à ramener à une température donnée les hauteurs du baromètre observées à une température quelconque, et une note sur les moyens de déterminer par le calcul la dilatation du laiton et celle du mercure, en prenant pour base de ce calcul, les hauteurs de deux baromètres à échelle de laiton comparés et observés à des températures différentes.

Il continua ses études sur l'électricité et les communiqua à plusieurs reprises à la Société. Il lui présenta un électromètre à paille d'une sensibilité exquise ; une méthode pour évaluer la quantité absolue de fluide accumulé sur la surface interne d'une bouteille de Leyde ; un examen des travaux de VAN MARUM et VAN TROOSTRICK, sur l'électricité des substances idioélectriques fusibles, qu'on sépare des supports isolés où on les a coulées ; enfin un mémoire sur un microscope que M. PEUVION venait de construire d'après le modèle de DELBARRE, avec certains perfectionnements destinés à en simplifier l'usage.

M. DUHAMEL lut quelques réflexions sur la lumière produite par la compression de l'air dans le briquet pneumatique ; la conséquence de ce fait est pour l'auteur, que tout fluide élastique doit sa force expansive à l'interposition des molécules ignées.

M. DRAPIEZ donna une suite aux études commencées par le docteur FÉRON, sur les eaux de Lille, il analysa celles de douze puits différents, choisis sur des points espacés ; ses conclusions ne leur sont pas favorables, il les trouva en général mauvaises, chargées de matières salines, et d'un goût ferrugineux surtout aux abords des remparts, fait qu'il attribue au remaniement des terres nécessité par la construction des fortifications.

M. DRAPIEZ rendit compte une autre fois d'un assez grand nombre d'expériences sur le suc de l'*Euphorbia esula*, dont il retira deux produits distincts, l'un formant un narcotique assez faible, l'autre un poison dangereux. Il fit une communication du même genre sur l'opium, sa nature, ses moyens d'extraction, ses propriétés physiques et chimiques, sa préparation et son action sur les organes.

Le même membre fit aussi quelques communications de minéralogie ; il analysa plusieurs échantillons envoyés par des membres correspondants, donna une bonne monographie du grenat et passa en revue un grand nombre des dérivés du quartz dont il se refuse à faire autre chose que de simples variétés d'une même espèce.

M. BOTTIN continua à donner à ses travaux une double direction, l'agronomie et l'histoire locale : en agronomie il présenta une notice comparative des récoltes de froment de 1811 et 1812, une autre sur le dépôt de béliers merinos, établi à Viesly par le Gouvernement et reçu malheureusement avec défiance par les cultivateurs toujours hésitants devant les innovations, une troisième sur des essais de culture du *Cannabis gigantea* dont la graine, envoyée par M. François de Neufchateau, avait été semée à Watten et à Saint-Amand.

En histoire, il donna la description d'anciens cachots du château de Montigny et des instruments de torture qui y ont été trouvés, lesquels sont reconnus aujourd'hui pour des *ceps* ou instruments d'exposition ne pouvant inspirer de déclamations contre le pouvoir féodal qu'à ceux qui n'avaient reconnu leur véritable usage, pas plus qu'un prétendu cul de basse fosse qui n'était que le puits du château.

Il fit l'histoire de l'héroïne de Lomme, Anne Delavaux, dite Antoine Dathis, qui sous Louis XIV, prit part à plusieurs campagnes, devint capitaine de cavalerie et se distingua par de nombreux traits de bravoure.

Il décrivit le monument élevé à Raismes par Joseph-Clément, archevêque de Cologne, en commémoration de la bataille de Denain, monument aujourd'hui disparu, et entretint la Société d'une très ancienne charte des archives des hospices par laquelle un habitant de Lille fait à l'hôpital St-Sauveur une donation considérable, à condition que tous les samedis deux sols seront donnés à l'hôpital St-Nicaise, à quatre femmes *gisans d'enfants* ou à quatre malades *escalentcs* ou à leur défaut à quatre personnes *alitées*.

Il exhuma de divers cartulaires des archives départementales, quelques traits de mœurs du moyen âge, dont voici les titres : Hommage rendu aux abbés d'Ende par les seigneurs d'Audenarde ; jugement prononcé contre un seigneur de Lallaing en 1353 ; Cérémonie de la Candouille, à Douai.

Il donna une très intéressante notice sur les assauts de pinsons dans les environs de Lille ; nous y voyons que le 18 mai 1842, dans un concours à Armentières, le peloton d'Ypres (4 pinsons) a posé 2.456 fois en une heure ; celui de Neuve-Eglise, 2.368 fois, celui d'Armentières 2.272,

M. Macquart, continua ses études sur l'ornithologie locale et signala la capture de plusieurs oiseaux rares ; mais l'entomologie l'attirait surtout ; il fit le catalogue détaillé des orthoptères du Nord, dont il décrit 25 espèces : aucun nouveau relevé n'ayant été donné depuis 60 ans, il n'est pas sans intérêt de donner ici cette liste, comme base des recherches qui ne peuvent manquer d'être faites un jour :

Forficula auricularia, Lin.	*Gryllus Campestris,* Oliv.
Forficula minor, Lin.	*Gryllus Sylvestris,* Rosc.
Blatta orientalis, Latr.	*Locusta Viridissima,* Fab.
Blatta laponica, Lin.	*Acridium cœrulescens,* Latr.
Blatta pallida.	*Acridium Germanicum* Latr.
Locusta Verrucivora, Lin.	*Acridium Grossum,* Lin.
Locusta grisea, Fab.	*Acridium biguttulum,* Lin.
Locusta Varia.	*Acridium Viridulum.*
Locusta fusca, Fab.	*Acridium longicornis.*
Locusta dorsalis	*Acridium rufum.*
Locusta brachyptera.	*Tettix Bipunctata,* Lin.
Gryllotalpa vulgaris, Latr.	*Tettix subalata,* Lin.
Gryllus domesticus, Oliv.	

La médecine fut représentée pendant cette période par une note de M. Decroix, sur l'asphyxie des noyés ; son mérite est moins dans les idées nouvelles qu'elle contient que dans l'âge de l'auteur qui était presque nonagénaire ; par quelques rapports de commissions sur des envois de correspondants, par une note de M. DELEZENNE, sur un cas de paralysie du pouce au moyen d'un traitement électrique, et enfin pàr une très intéressante discussion sur le mode d'agir des projectiles, boulets ou balles dans les blessures non pénétrantes qu'ils occasionnent. M. TRACHEZ avait produit un mémoire sur certains cas observés par lui, et qu'il expliquait par le mouvement de rotation des projectiles ; il fut combattu par MM. DELEZENNE, PEUVION et FAILLE, qui n'admettaient pas les données mathématiques de la théorie. La discussion, qui ne convainquit aucun des adversaires, fut insérée au *Journal de Médecine Militaire* (2 t., p. 227).

Enfin il reste à signaler un travail de M. LENGLART fils sur la possibilité d'extraire du sucre de la pomme de terre ; un plan de dictionnaire français, proposé par M. ALAVOINE, et deux notices de M. PORET, l'une sur le fief, nommé royaume des Estimaux, l'autre, sur une inscription gravée à la porte d'entrée d'une ferme à Fives, en mémoire du siège de Lille de 1667. Il y releva une erreur de date : ce ne fut pas le *VI° Kalendas Augusti* que la capitulation fut signée, mais le 27 août, *VI° Kalendas septembris.*

La Société comptait 26 membres résidants en 1812 ; elle perdit pendant les trois années suivantes : MM. LESTIBOUDOIS, ROHART, DRAPIER, DURIG, MACQUET et WARTEL, membre honoraire : M. LENGLART père devint honoraire. Elle acquit, en 1813, M. DE RÉCICOURT, correspondant, devenu résidant mais qui mourut l'année suivante et CORDIER, ingénieur en chef des Ponts et Chaussées ; en 1814, M. FAILLE, docteur en médecine et DEGLAND, docteur en médecine, naturaliste ; en 1815, le docteur OBEUF.

Les admissions de correspondants furent beaucoup plus nombreuses, on trouve de 1812 à 1815 celles de :

MM. RONDI, professeur de minéralogie au Muséum de Paris ;

VERNIER, comte de Mont-Orient, sénateur à Paris ;

DELARUE, secrétaire général de la Société de médecine d'Évreux :

ZEITTER, docteur en médecine à Hanau ;

PATRIN, bibliothécaire de la Direction générale des Mines ;

MONHEIM, docteur en médecine à Aix-la-Chapelle ;

DEMARQUOI, docteur en médecine à Saint-Omer ;

GOUAN, professeur honoraire à Montpellier, correspondant de l'Institut ;

MM. Duquesne, agronome à Mons ;

Monestier, minéralogiste à Clermont-Ferrand ;

Bosc, agronome, membre de l'Institut ;

Dufresne, conservateur des collections au Muséum à Paris ;

Fayet, docteur en médecine à Paris ;

Dessaux-Lebrethon, agronome à Saint-Omer ;

Baillon, naturaliste à Abbeville.

Parmi les membres de la Société qui moururent pendant cette période plusieurs méritent de fixer l'attention : M. François-Joseph Lestiboudois, fils du premier membre honoraire, et son collaborateur dans la *Botanographie belgique,* avait été pharmacien et médecin aux armées, il revint à Lille exercer la médecine et fut nommé professeur de botanique à l'Ecole communale spéciale, et membre du jury médical. Passionné comme son père pour l'étude de la botanique, il s'y montra son égal et l'eut surpassé si la mort ne l'avait enlevé prématurément.

La première édition de la *Botanographie belgique* s'était promptement épuisée ; il en donna, en l'an XII, une seconde, refondue, corrigée et considérablement augmentée; elle est devenue ainsi un traité général fondé sur une méthode claire et précise offrant la concordance des systèmes de Linné, Lamarck et Jussieu. Cette édition a fait oublier la première et est encore aujourd'hui un bon guide de botanique élémentaire. M. F.-J. Lestiboudois mourut le 25 juillet 1815.

M. Malus, membre fondateur de la Société, devenu correspondant depuis huit ans, mourut le 23 février 1812. Il était né à Paris en 1775 ; après de brillantes études où il obtint de nombreux succès surtout dans les sciences mathématiques, il entra à 17 ans à l'Ecole militaire et allait être nommé officier quand la loi des suspects qui atteignit sa famille le força à quitter l'Ecole ; il s'engagea comme simple soldat, entra à l'Ecole polytechnique et en sortit dans l'arme du génie ; après avoir pris part à la campagne de 1797, il partit pour l'Égypte, où il assista aux principales batailles et où il fut chargé de travaux importants ; atteint de la peste il parvint à s'en guérir sans le secours des médecins, mais sa constitution en resta très ébranlée ; à sa rentrée en France en 1801, le Gouvernement le chargea de constructions importantes dans plusieurs places de guerre ; son séjour à Lille le mit en rapport avec plusieurs amateurs de physique avec lesquels il fonda, comme on l'a vu, la Société d'Amateurs des Sciences et Arts, et lui communiqua plusieurs mémoires scientifiques qui le montrent occupé, à cette époque, de ses premières recherches sur la lumière.

La classe des sciences de l'Institut avait proposé pour sujet de prix : Recherche des lois de la double réfraction. Malus entreprit un nombre considérable d'expériences sur cette matière et remporta le prix ; ces études lui firent découvrir dans les rayons lumineux réfractés des propriétés toutes nouvelles entrevues par Huyghens, mais oubliées depuis un siècle et demi. On dit que ce fut en regardant l'image du soleil réfléchi sur les vitres du Luxembourg et observée à travers un prisme, qu'il trouva cette modification des rayons qu'on a nommée polarisation. Cette découverte, fécondée depuis par les beaux travaux de Breuwster, de Biot et d'Arago, fut une des plus curieuses de la physique moderne ; elle illustra le nom de Malus. L'Institut lui fit place parmi ses membres. la Société royale de Londres lui décerna une médaille d'or et tous les savants français et étrangers reconnurent sa célébrité.

Il allait être nommé à la direction des études de l'École Polytechnique, quand il mourut à peine âgé de 37 ans.

Grétry, correspondant de la Société depuis deux ans seulement, mourut à Paris le 24 septembre 1813. Le célèbre musicien était né à Liége en 1741 ; tous les recueils biographiques donnent des détails sur sa carrière artistique, il serait superflu d'y revenir ici ; la Société conserve dans ses archives l'original de la lettre qu'il écrivit au secrétaire général en réponse à l'envoi de son diplôme, elle est ainsi conçue :

A M. le secrétaire général des Sciences et des Arts de Lille.

Monsieur, je reçois avec reconnaissance le brevet que vous avez eu la bonté de m'envoyer au nom de la Société des Sciences et des Arts dont vous êtes le secrétaire général. Mon agrégation à votre respectable Société, Monsieur, m'est d'autant plus précieuse et honorable que je me rapproche ainsi de ma patrie en fraternisant avec vous : les distances ne sont rien quand les cœurs s'entendent. Faites, je vous prie, agréer ma reconnaissance respectueuse à votre Société, et veuillez recevoir l'assurance de la parfaite considération de votre serviteur.

Grétry. — Paris, 18 novembre 1811.

M. Louis Cotte, correspondant du 8 avril 1808, mourut à Montmorency, le 4 octobre 1815. Il était né à Laon et avait fait ses études chez

les Oratoriens de Soissons. Devenu plus tard membre de cette congrè-
gation, puis chanoine de Laon, il renonça en 1793 à l'état ecclésiastique
pour se livrer entièrement à des études d'histoire naturelle et de
météorologie. On a de lui plusieurs traités élémentaires de ces sciences,
ainsi que des leçons de physique et d'agriculture. Il fit insérer dans les
journaux scientifiques et notamment dans le *Journal de Physique* de
nombreux articles de météorologie qui montrent chez lui une grande
patience de recherches et une sérieuse entente des observations.

M. Leschevin, savant minéralogiste de Dijon, correspondant très zélé
de la Société, mourut en 1814.

Enfin, il convient de citer encore parmi les pertes de la Société,
M. Florimond Lemaire, ingénieur des mines, sur lequel une notice
biographique fut faite par M. Macquart.

M. Lemaire était né à Saint-Omer en 1781, d'un magistrat de cette
ville; son père appelé à Paris pour siéger au tribunal de cassation lui
fit faire d'excellentes études qui le conduisirent à l'École polytechnique.
Les leçons d'Haüy, suivies assidûment, lui ayant donné un goût très
vif pour la minéralogie, il choisit la carrière des mines, passa deux ans
à l'école de Moustier, puis voyagea en Allemagne. Revenu à Paris il
fut bientôt distingué par son directeur général qui lui donna une
mission dans la province de Liége et l'envoya de là dans les provinces
illyriennes pour y diriger des travaux spéciaux; il y rédigea plusieurs
mémoires qui furent très goûtés du Conseil des mines.

La guerre s'étant subitement rallumée, en 1813, entre l'Autriche et
la France, il fut fait prisonnier avec tous les administrateurs français
de l'Illyrie, mais il obtint peu après sa liberté. A peine rentré dans sa
famille une maladie l'enleva en quelques jours à l'âge de trente-trois ans.

On a vu combien les désastres des dernières années de l'Empire
avaient influé sur les travaux de la Société; il était nécessaire que, la
tranquillité une fois rétablie et assurée, un nouvel élan lui fut donné,
ce fut la préoccupation des premières séances de 1816.

Le bureau n'avait pas été renouvelé depuis longtemps, on procéda à
son élection : M. Macquart fut nommé président, mais sur ses refus
réitérés, il fut remplacé par M. Alavoine, M. Sachon fut vice-président,
M. Drapiez, secrétaire général, M. Delezenne, secrétaire de correspondance, M. Peuvion, trésorier.

Sur la proposition de M. Delezenne, divers articles additionnels au
règlement furent discutés et adoptés dans les termes suivants :

I. — La cotisation sera de 10 francs par trimestre.

II. — La Société s'assemble les premier et troisième vendredis de chaque mois, sauf les exceptions commandées par les circonstances.

III. — La présence du tiers des membres résidants suffit pour que le président ouvre la séance, à l'heure indiquée par la convocation.

IV. — Chaque membre présent à l'ouverture de la séance a droit à un jeton : celui qui arrive après l'ouverture ou qui se retire avant la clôture, perd la moitié du jeton.

V. — La liste des membres de la Société, dans l'ordre de leur admission, est partagée en quatre séries ; le sociétaire faisant partie de la première série est tenu de faire une lecture dans le premier trimestre de l'année, celui qui appartient à la seconde série fera sa lecture pendant le second trimestre, et ainsi de suite.

VI. — Celui qui n'aura point payé son tribut dans le trimestre qui lui est assigné, ou avant ce temps, perdra par le fait ses droits de présence pendant le trimestre de sa série, et les suivants, jusqu'à ce qu'il ait enfin satisfait à l'obligation imposée.

VII. — Tout travail ou lecture au delà de deux par années vaudra un jeton à l'auteur ; sont exceptés les rapports des commissions, les analyses des journaux et tout autre travail semblable, à moins que l'auteur ne se soit livré à des discussions, des réfutations, des recherches qui transformeraient son rapport en un mémoire.

VIII. — Les droits de présence et de lecture ne vaudront jamais ensemble plus de trente jetons par année.

IX. — Les colonnes du registre aux jetons, tenu par le trésorier, ou en son absence, par un membre du bureau, seront closes et signées à la fin de chaque séance par le président.

X. — La valeur du jeton est d'un franc à déduire des cotisations.

XI. — Copie du présent arrêté sera adressée à chaque membre résidant.

Ces dispositions exclusivement pécuniaires avaient un inconvénient qu'il est impossible de dissimuler ; elles tarifaient la bonne volonté et imposaient des limites de temps à la chose la plus indépendante qui puisse se rencontrer, l'inspiration littéraire ou scientifique ; mais il est difficile, à la distance où l'on en est aujourd'hui, de juger leur opportunité. Elles avaient un autre tort, celui de multiplier les additions au règlement primitif du 4 février 1803, sans se lier à lui et sans former cet ensemble si nécessaire à la bonne observation de toute prescription statutaire.

Ce défaut fut bien vite reconnu et, moins d'un an après, le bureau exposa à la Société « que ce que l'on considère comme formant le règlement se compose de dispositions prises à différentes époques et disséminées dans divers procès-verbaux ; que de ces dispositions les unes ont été imprimées, d'autres sont inédites, d'autres enfin, après avoir été abrogées, ont été remises en vigueur ; d'où il résulte que la Société se dirige aujourd'hui plutôt d'après des traditions que d'après des règles fixées et connues de chacun ».

En conséquence, le bureau proposait un nouveau règlement, réunissant toutes les dispositions éparses et en modifiant quelques-unes.

Une discussion s'ouvrit ; elle se heurta tout d'abord à une difficulté assez singulière. Le bureau avait, dans son projet, employé le mot associé pour désigner les sociétaires résidants et correspondants. Cette innovation souleva des réclamations et amena des notes et des discours qui allaient chercher leurs arguments jusque dans les étymologies celtiques. Un scrutin s'ouvrit sur la question et donna gain de cause au terme *Membre* qui fut adopté pour les sociétaires honoraires et résidants, le mot *associé* étant réservé pour les correspondants.

Le règlement nouveau fut définitivement adopté dans la séance du 14 février 1817. En voici les termes :

COMPOSITION DE LA SOCIÉTE

I. — La Société conserve le titre de *Société d'Amateurs des Sciences et des Arts*.

II. — Son emblème est une ruche dans un paysage, avec cette devise : « *Utile dulci* ».

III. — Elle est composée de membres honoraires, de membres résidants et associés correspondants.

DES MEMBRES HONORAIRES

IV. — Le Préfet et le Maire sont de droit membres honoraires.

V. — On peut être élu membre honoraire après avoir été membre résidant pendant 10 ans, lorsqu'on est âgé de 60 ans, ou pendant 20 ans, lorsqu'on est âgé de moins de 60 ans.

VI. — Les membres honoraires jouissent de tous les avantages de la Société, sans en supporter les charges.

DES MEMBRES RESIDANTS

VII. — Pour être reçu membre résidant il faut produire un ouvrage ou mémoire sur un sujet quelconque et être proposé par trois membres résidants. La proposition écrite et signée par ces derniers contient les nom, prénoms, qualité, âge et lieu de naissance du candidat. Elle est affichée dans le salon pendant trois séances consécutives et mentionnée dans les lettres de convocation pour chacune de ces séances. L'ouvrage ou mémoire est examiné par une commission qui peut appeler l'auteur, et sur le rapport de laquelle la Société décide, après avoir entendu les conclusions du vice-président.

Le candidat n'est définitivement admis qu'après avoir signé le règlement. Les membres qui l'ont présenté ne peuvent faire partie de la commission et leurs noms sont insérés au procès-verbal de la séance de réception.

VIII. — Un membre résidant ne peut prendre publiquement le titre de membre de la Société, sans en avoir obtenu l'agrément ; s'il s'abstient de le demander ou ne défère pas au refus, il est immédiatement rayé du tableau.

IX. — Un membre résidant devient de droit correspondant, lorsqu'il cesse d'avoir son domicile à Lille ; il reprend son rang parmi les résidants, s'il revient habiter la ville. Mais il est considéré comme démissionnaire, s'il ne se présente pas aux séances, ou ne fait pas connaître, par écrit, son intention de rentrer dans la Société, un mois au plus tard à dater de son retour.

X. — Tout membre résidant qui a manqué aux assemblées générales pendant trois mois consécutifs, sans avoir prévenu la Société des motifs de son absence, est censé démissionnaire. Il en est de même quand il refuse ou garde, sans payer, une quittance de cotisation. S'il fait une réclamation, la Société décide en se conformant à l'article XXIX.

DES ASSOCIÉS CORRESPONDANTS

XI. — Pour être admis au nombre des associés correspondants, il faut être proposé par un membre résidant, qui dépose une note écrite et signée par lui, indiquant les nom, prénoms, âge, profession, domicile, mœurs et talents du candidat. Le vice-président prend des renseignements et donne ses conclusions.

XII. — Lorsqu'un associé correspondant n'a point donné de nouvelles directes ou indirectes pendant l'espace de trois ans, la Société délibère si son nom sera maintenu au tableau.

XIII. — L'associé correspondant, présenté à une séance par un membre résidant, y a voix consultative.

S'il vient habiter la ville, il doit, pour ne pas discontinuer à faire partie de la Société, se conformer aux dispositions de l'article VII, afin d'être admis comme membre résidant.

Néanmoins, il est dispensé d'être proposé de nouveau et sa demande, qu'il adresse immédiatement à la Société avec son ouvrage ou mémoire, n'est pas affichée.

DU BUREAU

XIV. — Le bureau est composé d'un président et d'un vice-président, d'un secrétaire général, d'un secrétaire de correspondance et d'un trésorier.

Les nominations des membres du bureau ont lieu tous les six mois, dans les premières séances de janvier et de juillet. On ne peut refuser d'y prendre la place à laquelle on est appelé par un scrutin régulier. Chaque membre, à l'exception du secrétaire général, ne peut être qu'une seule fois continué dans les mêmes fonctions, mais il peut être appelé à d'autres : le président seul n'en accepte de nouvelles qu'après un intervalle de six mois.

XV. — Si dans la première séance de janvier ou de juillet, l'assemblée n'est pas en nombre suffisant pour procéder au renouvellement, le président fait indiquer au vendredi suivant une séance extraordinaire spécialement consacrée à ce renouvellement.

XVI. — En cas d'absence, le président est remplacé par le vice-président, le secrétaire général par le secrétaire de correspondance et ce dernier par son adjoint. Les autres membres du bureau sont remplacés par leurs prédécesseurs.

XVII. — Le président ouvre et ferme les séances. Il donne l'ordre écrit au secrétaire général de convoquer les assemblées extraordinaires. Il établit et rappelle l'ordre du jour. Il dirige la discussion, en éloignant tout ce qui est étranger et en y ramenant ceux qui s'en écartent ; il n'y prend part qu'au moment où il va la fermer, la résumer, et mettre la proposition aux voix. Il est membre né de toutes les commissions et députations. Il ouvre les lettres et paquets adressés à la Société.

XVIII. — Le vice-président est spécialement chargé du maintien du règlement ; et toutes les fois qu'il y a lieu d'en requérir la stricte exécution, il doit demander la parole qui ne peut lui être refusée. Son opposition à toute proposition contraire à l'esprit du règlement ne peut être repoussée que par une délibération prise conformément à l'article XXIX.

XIX. — Il est du devoir de chaque membre du bureau d'invoquer l'exécution du règlement quand le vice-président oublie ou néglige de le faire.

XX. — Le secrétaire général convoque les assemblées générales, celles des commissions et celles du bureau. Il rédige des procès-verbaux des séances et le compte à rendre des travaux annuels de la Société. Il a la garde des archives et du sceau qu'il applique sur les livres, les journaux, les brochures, les mémoires, les rapports, etc...

XXI. — Le secrétaire de correspondance est chargé du dépôt et de la surveillance des livres, des journaux, des lettres, des instruments, du mobilier, etc...

Un membre résidant lui est adjoint pour le seconder.

Il n'expédie aucune lettre ou réponse d'une importance majeure sans l'avoir communiquée à la Société. Il peut expédier celles d'un moindre intérêt, après les avoir communiquées au bureau.

XXII. — L'adjoint du secrétaire de correspondance est élu après les membres du bureau, aux mêmes époques et dans les mêmes formes.

XXIII. — Le trésorier reçoit les cotisations et les fonds alloués par le Gouvernement. Il ne paie que sur l'ordonnance du président, et lors qu'elle rappelle la délibération de la Société ou la décision du bureau relative à la dépense. Il ne peut payer pour frais de bureau que jusqu'à la concurrence de cinquante francs par trimestre. Les comptes, qu'il rend à la première assemblée générale de chaque semestre, ou plus tôt si la Société le demande, doivent être appuyés de pièces justificatives.

XXIV. — Un copiste est au choix et aux ordres des deux secrétaires. Il enregistre les procès-verbaux, les lettres, etc... Il copie sur un registre à ce destiné, les mémoires, les rapports, etc... Tous les trois mois, son salaire est fixé par le bureau, sur la proposition des secrétaires.

XXV. — Le commissionnaire est au choix et aux ordres des membres du bureau. Son traitement annuel est fixé par la Société, sur la proposition du président et après avoir ouï le trésorier.

DES ASSEMBLÉES

XXVI. — Le salon est ouvert les mardi et vendredi de chaque semaine pour les réunions libres, depuis cinq jusqu'à huit heures du soir.

XXVII. — La Société s'assemble les premier et troisième vendredis de chaque mois, sauf les exceptions commandées par les circonstances.

XXVIII. — La présence du tiers des membres ayant droit de voter suffit pour que le président doive ouvrir la séance à l'heure indiquée par la lettre de convocation.

XXIX. — La convocation, pour une délibération d'intérêt majeur, doit être faite deux jours d'avance et en indiquer l'objet.

Cette délibération ne peut être prise qu'au scrutin secret et à la majorité du tiers plus un de tous les membres présents et absents ayant droit de voter, quand l'assemblée est composée de moins des deux tiers de ces membres ; mais si les deux tiers ou plus sont présents à la séance, la délibération est prise à la majorité de la moitié plus un des membres, en général, ayant droit de voter.

Cependant lorsqu'il s'agit de l'élection d'un membre du bureau, et que les deux premiers tours de scrutin n'ont pas donné de majorité, les suffrages, au troisième tour, ne peuvent être portés que sur les deux membres qui en ont obtenu le plus au second tour, et l'élection a lieu à la pluralité des votes exprimés.

En cas de partage le plus âgé est élu.

XXX. — La délibération est d'un intérêt majeur, lorsque le vice-président la déclare telle, lorsqu'il s'agit d'élire les membres du bureau, de recevoir un candidat, de renouveler ou modifier le présent règlement aux époques déterminées, d'une disposition à introduire ou à modifier dans le règlement intérieur, et enfin de faire imprimer ou de prononcer un discours au nom de la Société.

XXXI. — Dans les autres cas, l'assemblée délibère si elle est composée du tiers au moins des membres ayant droit de voter. Le vice-président ou deux membres peuvent demander le scrutin secret.

XXXII. — Les membres de chaque commission sont toujours choisis au scrutin secret, et à la majorité absolue des membres présents.

XXXIII. — Après la communication de la correspondance, le président annonce l'ordre du jour qui ne peut être interrompu, et aucun sujet de discussion ne peut être entamé, avant que celui que l'on traite ne soit épuisé et n'ait donné lieu à une délibération quelconque.

XXXIV. — Lorsqu'un membre présente ou indique comme sujet d'étude un objet quelconque de sciences et d'utilité publique, on choisit, sur la proposition de trois membres, une commission spécialement chargée de suivre, en commun avec l'auteur, le travail indiqué. Elle fait à la première assemblée de chaque mois un rapport sur les résultats de ses travaux.

XXXV. — Le règlement signé de tous les membres résidants et la liste des membres honoraires résidants et correspondants, inscrits dans l'ordre de leur admission, sont affichés dans le lieu des séances.

DES ARCHIVES, etc...

XXXVI. — Tout mémoire, notice, rapport, discours, etc., ou sa copie, lu en Assemblée générale, appartient immédiatement à la Société ; l'auteur doit le signer.

XXXVII.—Les journaux, mémoires, rapports, instruments, ne peuvent être emportés par un membre, qu'après qu'il s'est inscrit sur un registre tenu et surveillé par le secrétaire de correspondance et son adjoint.

XXXVIII. — Un journal ne peut être emporté, avant que le numéro suivant ne soit déposé sur le bureau.

XXXIX. — Les livres, brochures, instruments, etc., nouvellement reçus par la Société ne peuvent être emportés qu'un mois après leur arrivée, si ce n'est par une commission chargée d'en faire l'examen.

DE LA COTISATION

XL — La cotisation annuelle est fixée à quarante francs. On paie soit en numéraire, soit partie en numéraire et partie en jetons. La valeur du jeton est de cinquante centimes.

XLI. — Chaque membre résidant présent à l'ouverture et à la levée de la séance a droit à un jeton. Celui qui assiste à la séance tout entière a droit à deux jetons.

XLII. — Le registre aux jetons est tenu par le trésorier. Ses colonnes sont vérifiées par le vice-président et elles sont closes et signées à la fin de chaque séance par le président.

XLIII. — La liste des membres résidants est divisée en quatre séries, selon l'ordre d'admission. Les membres résidants compris dans la première série sont tenus de présenter un travail dans le premier trimestre de [l'année ; celui qui appartient à la seconde série présente le sien pendant le second trimestre, et ainsi de suite.

XLIV. — Le membre résidant qui n'a pas payé son tribut dans le trimestre qui lui est assigné, ou avant ce temps, perd, par le fait, ses droits de présence pendant le trimestre de sa série et les suivants jusqu'à ce qu'il ait enfin satisfait à l'obligation imposée.

XLV. — Tout travail, au delà de deux par année, vaut deux jetons à l'auteur. Néanmoins les droits de présence et de travail ne vaudront jamais ensemble plus de soixante jetons par an.

XLVI. — Le membre résidant qui a été reçu ou qui a donné sa démission pendant le courant d'un trimestre, paye la cotisation du trimestre entier.

DISPOSITIONS GÉNÉRALES

XLVII. — La Société ne reçoit ni lettres, ni paquets, s'ils ne sont affranchis.

XLVIII. — On cesse de faire partie de la Société par la démission volontaire, par la contravention aux articles VIII, IX et X, par délibération de la Société prise à la majorité absolue de tous les membres présents et absents ayant droit de voter, par la faillite ou la banqueroute, par la condamnation à des peines infamantes ou afflictives.

XLIX. — Tous et chacun des articles du présent règlement sont et demeurent obligatoires pendant l'espace de trois ans, à partir du 1er Janvier 1817. Cependant, comme tout ce qui doit être utile ou agréable à la Société ne saurait y avoir été prévu ni suffisamment expliqué, il y est suppléé par un règlement de police intérieure.

Conformément à ce dernier article un règlement de police intérieure fût adopté le 22 Août 1817, on va voir que c'était plutôt une série d'additions à quelques uns des articles du règlement général, et que la Société retombait, sans s'en apercevoir, dans ce défaut du manque d'unité qu'elle avait voulu corriger.

ARTICLE 1er. — Les membres honoraires sont élus au scrutin secret et à la majorité des suffrages de tous les membres résidants sur la proposition écrite et signée par cinq membres résidants, dont les noms sont insérés au procès-verbal de la séance d'élection.

Le bureau nomme, parmi ses membres, une députation chargée de porter au membre honoraire, nouvellement élu, les félicitations de la Société et le diplôme de son nouveau titre.

Art. II. — La proposition, faite d'un candidat pour devenir membre résidant, doit contenir, outre ses nom, prénoms, âge, qualité et lieu de naissance, une analyse succincte de l'ouvrage qu'il présente.

Art. III. — Cet ouvrage, signé par lui, est déposé sur le bureau en double expédition et appartient, dès ce moment, à la Société qui le conserve dans ses archives comme une pièce justificative de l'admission ou du rejet auquel il aura donné lieu, à moins que le rejet n'ait été motivé par d'autres raisons.

Art. IV. — Si l'ouvrage est inédit, il est lu en séance immédiatement avant le rapport de la commission qui a été chargée de son examen ; si la lecture de tout l'ouvrage devait durer plus d'une demi-heure, le rapporteur en lirait des passages choisis par la commission parmi les meilleurs et les plus faibles.

Art. V. — L'intention de la Société est que les candidats ne connaissent pas les noms des commissaires chargés d'examiner leurs ouvrages. En conséquence, dans les relations que la Société ou chacun de ses membres pourrait avoir avec un candidat, le nom du commissaire lui sera toujours caché. Si un candidat se trouve appelé par une décision de la commission, le nom du rapporteur lui restera inconnu.

Art. VI. — Une boîte où l'on dépose les renseignements secrets sur les candidats présentés, est placée dans le vestibule de la salle des séances. Le vice-président seul en a la clef. On laisse à sa prudence le soin de s'assurer de l'exactitude des renseignements qu'il reçoit par ce moyen, mais dans aucun cas, il ne peut en donner communication.

Art. VII. — Pour être admis au nombre des membres résidants il faut être âgé de 25 ans révolus et en justifier par pièce authentique.

Art. VIII. — Le vice-président ne peut faire partie des commissions chargées d'examiner les titres des candidats.

Art. IX. — Huit jours avant la première séance de chaque trimestre, le bureau parcourt, article par article, les règlements général et intérieur pour s'assurer de l'entière exécution de chacun d'eux. Il compulse les registres de présence et de cotisations, et les procès-verbaux des séances du trimestre précédent, pour reconnaître les infractions à l'article X du règlement général ; entend le rapport du secrétaire général sur l'exécution de l'article XII et élimine de la liste les membres résidants ou correspondants qui ne se sont pas conformés à l'un de ces deux articles, ainsi que ceux auxquels la disposition de l'article XLVIII serait applicable.

Le président en informe la Société de vive voix et l'opération est mentionnée au procès-verbal.

Aʀт. X. — Dans la première séance de janvier, le bureau présente la liste en quatre séries, prescrite par l'article XLIII du règlement général. Cette liste est affichée dans le lieu des séances.

Aʀт. XI. — Immédiatement après l'ouverture de chaque séance ordinaire, l'ordre du jour appelé par le président est toujours composé ainsi qu'il suit :

I. Lecture du procès-verbal. — II. Communication de la correspondance. — III. Rapport des commissions spéciales. — IV. Rapport des commissions libres. — V. Lectures annoncées suivant l'ordre de leur inscription. — VI. Propositions annoncées suivant l'ordre de leur inscription. — VII. Lectures non annoncées. — VIII. Propositions non annoncées.

Aʀт. XII. — Avant de lever la séance, dans les assemblées ordinaires, le président pourvoit à la formation de l'ordre du jour de la séance suivante, en invitant à se faire inscrire : pour les rapports des commissions libres ; pour les lectures ; pour les propositions.

Aʀт. XIII. — Quand les circonstances commandent de changer le jour de la tenue d'une séance ordinaire, le bureau régulièrement convoqué et réuni au nombre de trois membres au moins, délibère sur l'exception ; si le résultat est pour l'affirmative, le secrétaire général informe, par une circulaire, les membres honoraires et résidants, des causes ou des motifs de l'ajournement, et indique le jour et l'heure choisis pour la tenue de la séance ajournée.

En cas de partage de voix, l'exception n'a pas lieu.

Aʀт. XIV. — Le bureau ne peut ajourner deux séances consécutives. La Société s'assemble de droit le jour de la séance ordinaire qui suit immédiatement celle qui a été ajournée. La Société seule peut prononcer un plus long ajournement et la délibération qui a lieu à cet effet est d'un intérêt majeur.

Aʀт. XV. — Hors du cas prévu par l'article XIII qui précède, les assemblées du bureau sont libres, et pourvu que dans la lettre de convocation, l'objet ou les objets à traiter soient annoncés, les membres présents peuvent s'en occuper et prendre des décisions, quel que soit leur nombre.

Art. XVI. — Les commissions s'assemblent à leur choix, ou dans le domicile de l'un des commissaires, ou dans le lieu des séances de la Société ; mais dans ce dernier cas, elles sont nécessairement convoquées par le secrétaire général qui donne ses ordres au commissionnaire et a soin de régler les heures, de manière que celles de l'ouverture du salon à tous les membres, celles des assemblées du bureau, et celles de l'assemblée des diverses commissions ne puissent coïncider.

Art. XVII. — Les droits de présence et de travail du secrétaire général sont fixés à trente jetons par trimestre.

Art. XVIII. — La Société affranchit les lettres et paquets qu'elle adresse à ses correspondants.

Art. XIX. — Dans la première séance du mois d'octobre de la dernière année, dans laquelle le présent règlement est obligatoire, la Société nomme une commission pour le réviser, de même que le règlement général.

Cette commission fait dans la première assemblée de décembre son rapport qui demeure déposé sur le bureau jusqu'à la séance suivante, laquelle ne peut être levée, mais seulement suspendue, pour être continuée les jours suivants jusqu'à ce que les deux règlements soient définitivement adoptés.

Art. XX. — Les règlements ne sont pas discutés en assemblée générale. Chacun d'eux est d'abord soumis en entier à l'épreuve du scrutin ; s'il n'est pas adopté, chaque article est soumis successivement à la même épreuve. Les articles rejetés sont renvoyés à la commission de révision qui en présente de nouveaux, s'il y a lieu, et qui peut en développer les motifs de vive voix et par écrit.

Art. XXI. — Une copie du règlement de police intérieure, signée de tous les membres résidants, est affichée dans le lieu des séances.

Art. XXII. — Tous et chacun des articles du présent règlement sont et demeurent obligatoires jusqu'à la révision du règlement général.

La Société ne peut, ni ne veut, déroger en faveur de qui que ce soit, aux dispositions de l'article VII du règlement général.

Quelque temps après, la Société ajouta deux nouveaux articles aux vingt-deux précédents :

1º Pour être admis au nombre des associés correspondants, les candidats doivent, comme les résidants, produire un ouvrage ou mémoire sur un sujet quelconque et l'accompagner d'une demande autographe adressée, soit à la Société, soit à l'un de ses membres. L'ouvrage est examiné par une commission sur le rapport de laquelle la Société décide, après avoir entendu les conclusions du vice-président.

L'admission a lieu pour le reste conformément à l'article XI du règlement général ;

2° Les dispositions de l'article VIII du règlement général sont applicables aux associés correspondants.

Ces deux articles, ainsi que l'article XII du règlement général, ne concernent pas les membres de l'Institut et ne leur sont nullement applicables.

Les associés correspondants résidant à l'étranger sont exempts de l'application des articles VIII et XII du règlement général.

Pendant que ces dispositions minutieuses étaient réglées, les travaux marchaient avec une ardeur toute nouvelle, mais en examinant leur ensemble, durant les trois années 1816, 1817 et 1818 on est frappé de leur transformation. Trois des membres les plus féconds, et qui avaient donné la plus vive impulsion à leurs spécialités, disparurent en 1816 ; deux MM. BOTTIN et DRAPIEZ, quittèrent Lille et le troisième M. PORET, atteint de la maladie qui devait l'emporter l'année suivante, fût nommé membre honoraire et cessa de collaborer avec ses collègues. Avec eux disparurent presque entièrement les communications d'histoire et de chimie. Elles fûrent remplacées par la médecine et la littérature, qui amenèrent de nouveaux membres. L'agriculture prit une extension plus grande sous l'influence des émotions causées par la disette des céréales ; quant à la physique elle continue, grâce à MM. DELEZENNE et PEUVION, à ténir le premier rang ; c'est par elle que commencera le rapide exposé des travaux de cette période.

M. DELEZENNE donna le résumé d'un mémoire destiné au *Journal de Physique*, où il démontrait par l'expérience directe, les deux faits suivants : Le fluide électrique se distribue dans la pile de Volta en raison directe du carré du nombre des paires ; la tension électrique d'un corps isolé et en contact avec l'air, décroît comme les carrés du temps, qui s'écoule depuis le commencement de l'observation jusqu'à celui où le corps est totalement désélectrisé.

Les expériences de Deluc et de Lamboni sur les piles voltaïques sèches, attiraient depuis quelques années l'attention des physiciens ; M. DELEZENNE construisit et présenta à la Société deux de ces instruments formés par la superposition de rondelles de papier couvert d'étain d'un côté, et de bioxyde de manganèse de l'autre. Déposées plus tard au Musée industriel, les piles de 1816 n'ont pas encore cessé de fonctionner et aujourd'hui encore font mouvoir le balancier horizontal qui frappe alternativement chacun des timbres qui les surmontent. Le public a baptisé l'appareil du nom de *Mouvement perpétuel* (1).

Le même membre lut deux notices relatives à la théorie des baromètres et aux précautions à prendre pour leur construction. Il avait lui-même construit un de ces instruments avec les soins les plus minutieux ; il le présenta à la Société conjointement avec un autre baromètre exécuté sur le même plan par M. Peuvion ; leur marche fût parfaitement régulière et toujours parallèle, résultat que M. Delezenne annonça n'avoir jamais obtenu avec les autres baromètres.

Il revint plus tard sur cet instrument pour expliquer la formation des globules de mercure sur les parois internes du tube, phénomène attribué par lui aux températures différentes que prennent les diverses portions de ce tube en raison de son exposition.

Le photomètre inventé par Nicod fût l'objet d'une autre communication, M. Delezenne en démontra les imperfections, et les expliqua théoriquement et pratiquement. Il offrit encore un mémoire sur l'usage de la balance et sur la cause d'erreur que produit dans les pesées la non évaluation du poids de l'air déplacé. L'auteur fait voir que la règle à suivre dans tous les cas est d'ajouter au poids apparent du corps pesé celui du volume d'air qu'il déplace et d'en retrancher celui du volume d'air déplacé par les poids.

La Société reçut encore de M. Delezenne, des observations de guérisons opérées par l'application de l'électricité, une série de formules pour calculer les pesanteurs spécifiques des solides et des liquides, plusieurs mémoires sur la proportion d'eau contenue dans l'alcool à son maximum de densité et sur la loi qui préside à leur combinaison, enfin des rapports de commission sur les produits gazeux que fournissent les diverses variétés de houille qui se consomment dans le département du Nord. D'autres rapports sur le même sujet furent aussi présentés par MM. Charpentier et Judas, car la Société prenait vivemeut à cœur, à cette époque, la vulgarisation de l'éclairage au gaz qui, déjà employé dans beaucoup de rues et d'établissements publics, commençait seulement à se répandre dans l'usage particulier.

La branche des sciences physiques fournit encore une notice de

---

(1) Voir : *Mémoires de la Société*, vol. de 1870, page 589.

M. Peuvion, sur une machine à micromètres rectilignes, première ébauche d'un autre instrument, que le même constructeur devait, trente ans plus tard présenter à la Société, perfectionné et rendu propre à tracer des lignes circulaires (1).

Le cours de physique, inauguré par la Société quelques années auparavant dans le local même de ses séances, devint en 1817 cours communal, tout en restant sous ses auspices. Elle le dirigea par les soins d'une commission spéciale et M. Delezenne qui l'avait fondé en resta le professeur titulaire.

En chimie on ne trouve guère pendant ces trois années que l'analyse faite par M. Drapiez, d'une substance répandue sous le nom de poivre indigène, et qu'il trouva n'être qu'une sorte de fécule brunie, une autre analyse des cendres de tourbes par le même auteur, et un travail de M. Pallas, sur les eaux de la citadelle de Lille, analogue à celui que M. Féron avait déjà présenté autrefois en arrivant aux mêmes conclusions.

L'histoire naturelle fût cultivée : M. Desmazières récemment admis, communiqua à la Société son *Agrostographie du département du Nord*, et un mémoire plein de faits intéressants sur les dommages causés aux céréales par le voisinage du vinettier *(Berberis Vulgaris)* ; cette influence pernicieuse, niée depuis par quelques botanistes, est aujourd'hui indubitablement constatée, et la cause qui avait échappé à M. Desmazières en est reconnue : la rouille du blé *(Uredo rubigo vera)* et le champignon parasite du vinettier *(œcidium berberidis)* ne sont qu'une seule et même plante sous deux états différents.

Il donna aussi la description et les dessins coloriés d'un cryptogame découvert par lui et qu'il place dans la nomenclature près du *Lycogala*.

Qu'est ce que le *Nepenthis* d'Homère, ce médicament qui, mêlé au vin, dissipait les chagrins, calmait la colère, faisait oublier les maux et qu'Hélène versait à ses convives à la cour de Ménelas ? Beaucoup d'auteurs s'étaient exercés à résoudre ce problème, M. Roux passa en revue leurs opinions pour les réfuter et chercha à établir que, si le passage d'Homère n'est pas allégorique, il ne peut y être question que d'une décoction de pavot officinal, c'est-à-dire de l'opium.

Le même membre, à propos d'une brochure de M. DE Laruelle, s'étendit sur les propriétés médicinales du *Krameria triandra*, ou *Ratanhia*.

---

(1) Voir 1847, 2ᵉ partie, page 5.

M. Macquart lut une notice sur les insectes hémiptères du genre Psylle-où, après quelques généralités sur leurs formes et leurs métamorphoses, il s'étend longuement sur une espèce particulière, le Psylle du mélèze ; ce travail est d'autant plus intéressant que d'après l'autobiographie de l'auteur placée en tête des *Facultés intérieures des animaux invertébrés* (1850), ce fût par ses observations sur cette espèce qu'il débuta dès 1789, dans la carrière entomologique, il y marcha par conséquent, 66 ans.

M. Degland ayant remarqué dans une ménagerie installée à Lille, un petit animal désigné sous le nom d'Ichneumon, en fit l'objet d'une notice où il chercha son véritable nom *(Viverra Pharaonis Lin. Herpestes Pharaonis Desm.)*, le décrivit avec soin et fit justice des fables absurdes que la crédulité publique avait adoptées sur son compte.

Il est bon de noter ici que ce fût à cette époque que la Société établit les vraies bases du Muséum d'histoire naturelle de Lille ; déjà ses propres collections formaient un premier noyau, mais ce n'était encore qu'une propriété privée ; le 19 septembre 1816, la Société acheta pour le compte de la ville. au prix de 910 francs, la collection entomologique de M. Lefebvre, et le 9 janvier 1818, un très beau tigre royal mort dans une ménagerie (1). Ce fût l'origine du beau Muséum que possède aujourd'hui la ville de Lille ; la Société en eut dès lors la direction et ne cessa de veiller à sa conservation et à son augmentation.

L'histoire naturelle fût encore représentée par une notice de M. de Chauvenet, sur deux plantes nouvelles pour le pays, trouvées dans les fortifications de la citadelle, *Tormentilla erecta* et *Trifolium ochroleinum*, par une autre de M. Chabrier, membre correspondant, momentanément à Lille, sur deux espèces d'araignées, et par un essai sur la rosée et ses divers phénomènes par M. Tordeux, correspondant à Avesnes.

La médecine compta plusieurs travaux importants de M. Degland sur l'obstétrique, les hémorragies utérines et les inflammations considérées comme affections chirurgicales, une note sur l'extirpation d'une tumeur parotide, et plusieurs procès-verbaux de médecine légale.

MM. Pihorel et Roux présentèrent chacun un mémoire sur la gale et son traitement ; le premier lut deux autres mémoires sur un cas

---

(1) La Société avança à la ville le prix d'achat, 300 francs. La peau fût montée par MM. Degland et Henri Macquart.

d'atrophie des testicules et sur l'humidité atmosphérique considérée comme cause pathologique.

En agriculture, la Société reçut de nombreux documents sur l'état des récoltes en 1816 et sur le déficit des produits, occasionné par les pluies incessantes de cette année. M. SCALBERT rendit compte de plusieurs essais destinés à utiliser pour l'alimentation les blés germés ou avariés. M. BOTTIN envoya une notice sur une nouvelle variété de blé, le blé d'Egypte ou de mai, très vanté à cette époque, mais qui ne répondit pas aux espérances de ses partisans. Il revint sur ses communications antérieures à propos de la pomme de terre, pour insister sur la facilité de sa culture et ses avantages.

M. MALLET s'occupa de la pomme de terre à un autre point de vue, en rendant compte d'une notice de M. LAPOSTOLE, membre correspondant, sur l'utilisation des fanes pour l'extraction de la potasse, il prouva qu'on exagérait l'importance de ce produit et que d'ailleurs, l'ablation des fanes pendant la végétation nuisait au développement du tubercule.

M. BURETTE-MARTEL rendit compte d'essais d'acclimation de moutons-mérinos et invita la Société à suivre ses expériences.

M. MACQUART s'occupa de la stratification des meules de foin au moyen de branches d'arbres et des procédés nouvellement indiqués pour le rouissage du lin ; M. SACHON de la multiplication des chardons dans les champs cultivés et des moyens d'y remédier. Enfin plusieurs correspondants tels que MM. MOREL DE VINDÉ, FRANÇOIS DE NEUF-CHATEAU, HURTREL D'ARBOVAL envoyèrent diverses notices qui furent reçues comme le méritaient des travaux émanés d'aussi habiles agronomes.

Les descriptions d'une médaille trouvée à Bavai et d'un sigillum d'oculiste romain provenant de la même localité furent envoyées par M. BOTTIN ; elles forment, avec un opuscule de M. LAFUITE intitulé : Époques de l'histoire universelle, tout le contingent historique.

La littérature fut représentée par le récit d'un voyage dans les Alpes par M. SACHON, des entretiens sur la rhétorique par M. ALAVOINE, une dissertation sur la décadence de l'art théâtral en France par M. H. BIS, un autre sur l'ode d'Horace *Justum et tenacem* par M. LAFUITE et de nombreuses poésies lues par MM. DUHAMEL, HAY et BIS, ou envoyées par M. CONHAIRE, correspondant à Liége.

Plusieurs des séances de l'année 1818 furent occupées par les préparatifs de la cinquième séance publique réclamée depuis longtemps et toujours différée. On a vu que la dernière avait eu lieu le 30 Novembre 1811 ; pendant cet intervalle les préoccupations publiques avaient, plusieurs années de suite, empêché la Société de tenir l'assemblée publique prescrite par le règlement, en 1816 et 1817 diverses circonstances avaient encore arrêté sa bonne volonté. Il fut enfin décidé que la solennité aurait lieu le 12 Mars 1819 et le programme en fut fixé après beaucoup d'hésitations dues à la difficulté de choisir, au milieu des nombreux travaux, les morceaux destinés à la lecture. On finit par s'arrêter aux suivants : Discours de M. le comte DE REMUSAT, préfet du Nord ; — Compte rendu des travaux de la Société par le secrétaire général, M. JUDAS ; — Notice sur les Psylles, par M. MACQUART ; — Extrait d'un mémoire sur le vinettier, par M. DESMAZIÈRES ; — Remarques critiques sur les Népenthis d'Homère, par M. ROUX ; — Extrait d'un mémoire sur l'art de la fortification chez les anciens, par M. LAFUITE ; — Fragment d'un voyage dans les Alpes, par M. SACHON ; — Notice nécrologique sur M. Scalbert, par M. DELEZENNE ; — Une scène de Camille, tragédie inédite, par M. BIS ; — Épisode tiré d'une épitre à un ami, par M. DUHAMEL ; — Herbal de Mella, chant imité d'Ossian, par M. HAY ; — L'ours et le dogue, fable par M. DUHAMEL ; — La Gaule vengée, par M. BIS ; — Épitre à un ami, par M. HAY ; — Stances sur la mort de M. Féron, par M. BIS.

Toutes ces pièces, sauf la scène de la tragédie de Camille qui venait d'être reçue au Théâtre français, furent imprimées en brochure et forment le cinquième cahier des *Séances Publiques de la Société d'Amateurs des Sciences et des Arts de Lille* (1). Ce cahier fut terminé par la liste des membres qui n'avait pas été donnée officiellement depuis 1808 : elle compte trois membres honoraires, vingt membres résidants et cent trente correspondants.

Pendant les trois dernières années les changements suivants s'étaient opérés dans le personnel de la Société. Elle avait reçu parmi ses membres résidants : MM. SCALBERT, secrétaire de la mairie ; — ROUX, docteur en médecine, professeur à l'hôpital militaire ; — CHARPENTIER et LAFUITE, tous deux correspondants que leurs fonctions appelaient à Lille ; — DE CHAUVENET, officier du génie ; — Alexandre COGET, agronome ; — Hippolyte BIS, littérateur ; — HAY, littérateur ; — DESMAZIÈRES, botaniste ; — LIÉNARD, peintre ; — Henri MACQUART, naturaliste ; — PIHOREL, docteur en médecine, attaché à l'hôpital militaire.

---

(1) Les cinq cahiers, reliés ensemble, forment ce qu'on est convenu d'appeler le Tome 1er des Mémoires de la Société des Sciences.

La Société perdit à la même époque MM. Bottin, Drapiez, Obeuf, Waéles et Macors, partis de Lille ; — Cordier, Lenglart fils, Marlier-Vidal et Faille, démissionnaires ; — de Chauvenet, devenu correspondant après un an de séjour à Lille ; — Lefebvre, Scalbert, Poret et Decroix, décédés.

De ces trois derniers, deux, MM. Lefebvre et Scalbert, furent l'objet de notices nécrologiques ; M. Macquart retraça en termes touchants les belles qualités et les titres scientifiques de M. Lefebvre, notaire à Lille, qui avait su allier aux travaux de sa profession un goût très vif pour l'histoire naturelle. « Un penchant irrésistible l'entraînait à l'étude de la nature et le portait en même temps à l'admiration pour les beaux arts qui la prennent pour modèle. Un choix de bons tableaux lui en offrait de brillantes imitations ; dans la belle bibliothèque qu'il s'était formée figurait l'élite des interprètes de la nature...... son beau cabinet d'histoire naturelle présentait dans l'ordre le plus méthodique une série de sujets parfaitement choisis et qui décelaient les rares connaissances qui avaient présidé à leur réunion. Il s'y montrait surtout savant entomologiste...... ».

On a vu que cette collection, achetée par la ville, sur l'instigation de la Société, avait été une des bases du Muséum d'histoire naturelle.

M. Lefebvre, membre résidant dès 1803, avait été président en 1808 et vice-président en 1809 et 1811.

M. Delezenne consacra à M. Scalbert une notice qui, comme on vient de le voir, eut les honneurs de la séance publique. Jean-Baptiste-Auguste Scalbert était né à Lille le 7 Octobre 1777, il était le dernier rejeton d'une nombreuse famille venue à Lille pour y jouir des franchises accordées alors aux fabricants de tissus. Il fut placé jeune encore à l'hôtel de ville, dans le bureau dont son père était le chef, et ne cessa, d'y occuper jusqu'à sa mort d'importantes fonctions avec un zèle, une habileté et une honorabilité qui ne se démentirent jamais. Il se délassait parfois de ses travaux administratifs en composant des vers que sa modestie empêcha de sortir du portefeuille ; il avait aussi réuni les matériaux d'une Histoire de Lille qui ne fut pas composée.

La Société se l'était attaché en 1816 et déjà en 1818 l'avait nommé son vice-président ; il mourut le 7 Juillet de cette même année.

M. Poret a laissé dans la Société et surtout aux Archives Départementales de trop précieux souvenirs pour que son passage à la tête de cet important dépôt ne soit pas l'objet de quelques détails. Tous les titres scientifiques sont solidaires, et la Société des Sciences de Lille qui a toujours regardé les Archives du Nord comme une des gloires de nos contrées, n'est restée, en aucun temps, étrangère à ce qui s'y s'est fait pour leur conservation.

L'abbé Philibert-Joseph Poret, né à Tourcoing, était, avant la Révolution, bénédictin de la congrégation de Saint-Maur ; après la fermeture des couvents il exerça les fonctions d'archiviste à Saint-Valéry-sur-Somme et à Samer-en-Boulonnais. Lorsque l'ancien commis des Archives du Nord, Ropra, fut parti pour Paris, en pluviose an II, l'administration du district de Lille, désireuse de confier le dépôt de l'ancienne Chambre des Comptes à un savant qui offrit toutes les garanties désirables au point de vue de l'honorabilité et des connaissances spéciales, fit choix de l'ancien bénédictin Poret, qui fut installé le 22 pluviose de la même année. Par décret du 18 messidor an III, la Convention régularisa cette position et donna au nouveau conservateur des Archives le titre de *Préposé au triage des Titres* dans le district de Lille ; il devait entrer en fonctions le 1er thermidor suivant.

Jouissant du très modeste traitement de 1.000 francs, en assignats, M. Poret ne demanda ni logement ni solde. Un rapport du secrétaire général constate qu'en l'an XI, il n'avait pas encore reçu le plus modique émolument.

Le nouvel archiviste venait d'entrer en fonctions et avait déjà établi un certain ordre, quand des commissions vinrent visiter toutes les salles, et sous prétexte de biffer tous « les écussons, chiffres et devises » qui pouvaient s'y trouver, renversèrent tout sens dessus dessous. Un quidam se disant commandant de la citadelle s'introduisit au milieu de ce désordre, s'empara des boiseries qui étaient dans les greniers et fit jeter à l'injure du temps tous les papiers qui s'y trouvaient.

Ce premier désordre était en partie réparé par les soins et l'activité du nouvel archiviste, lorsque le Comité révolutionnaire de Lille jugea à propos de s'établir dans le même local, prit à son choix les chambres les plus commodes, et il fallut transporter à la hâte les titres, papiers, cartulaires et registres dans les galetas sans qu'il fut possible d'observer aucun ordre. De là, nouvelle confusion.

Il restait à l'archiviste une salle et un cabinet où il plaçait par ordre tout ce qu'il pouvait ramasser d'essentiel et de précieux, lorsqu'en nivôse an III, une nouvelle commission militaire vint s'établir à Lille et demanda la salle et le cabinet qu'il fallut vider dans les vingt-quatre heures. A peine ce déménagement fut-il achevé que ce local fut trouvé trop petit par les juges de ce tribunal ; mais le mal était fait ; le dérangement précipité avait occasionné un nouveau désordre (Rapport de l'abbé PORET).

L'an V, en exécution de la loi du 28 ventôse an IV, l'édifice dans lequel se trouvaient les Archives fut vendu. L'acquéreur qui avait hâte de tirer parti des matériaux, commença par démolir la grande salle des Archives, ce qui nécessita encore un déplacement précipité et confus de la partie la plus importante des titres. Le nouveau propriétaire sollicita longtemps l'évacuation de tous les documents ; par un arrêté du 3ᵉ jour complémentaire an IX le Préfet ordonna leur transfert à l'hôtel de ville, où ils furent ignoblement entassés dans les greniers. En 1807, le tout fut transporté dans le vaste et vieux bâtiment du Lombard.

Tant de péripéties et de déplacements, ajoutés au bouleversement causé par l'incendie allumé en 1792 par le bombardement, avaient jeté dans le dépôt une grande confusion. L'abbé PORET s'occupa d'y mettre de l'ordre et de les classer. Tout le temps qu'il ne donnait pas à des recherches sur les domaines et droits des souverains qui lui étaient demandés par le Ministre de la justice, ou à des travaux pour les érudits et pour les personnes qui avaient besoin de renseignements, était consacré à inventorier et à classer.

Il était aussi assidu comme travailleur que simple, distingué et bienveillant dans ses relations comme archiviste et comme homme privé.

Le nom de l'abbé PORET est donc très bien placé après celui des GODEFROY et il précède dignement celui des LEGLAY (1).

Admis dès 1803 au nombre des membres de la Société, il ne cessa pendant treize ans de la faire participer à son érudition historique ; il fut pendant huit ans son trésorier, et le titre de membre honoraire qui lui fut conféré, peu de temps avant sa mort, ne fut que le témoignage de la gratitude de ses collègues pour les services de tout genre qu'il avait rendus à leur association.

Louis-Joseph DECROIX était né à Seclin le 16 Août 1725 ; après avoir fait à Lille ses premières études de pharmacie, il alla chercher à Paris les ressources que procure la capitale à la jeunesse laborieuse ; il y suivit avec assiduité les principaux cours de chimie et de physique et revint fonder à Lille un établissement ; il commença dès lors à beaucoup écrire sur toutes sortes de sujets : sur l'éducation (*Avis*

---

(1) Voir : Les Archives Départementales du Nord pendant la Révolution, par l'Abbé Dehaisne. Mémoires de la Société, 3ᵉ série, 11ᵉ volume.

instructif d'un père à ses enfants) ; sur l'histoire ; sur la physique et la météorologie (*Systèmes et phénomènes de la nature*) ; sur la botanique (*Recueil de plantes usuelles*) ; sur la chimie (*Physico-Chimie* ; *Table des combinaisons les plus usitées en chimie*) ; sur la médecine (*Abrégé de médecine pratique*), etc.....

Il fit, en 1770, partie d'une commission désignée par le Magistrat de Lille, pour la révision du formulaire de pharmacopée, et prit à ce travail la part la plus considérable. Il reçut à ce sujet un très bel écritoire d'argent comme gage de reconnaissance des représentants de ses concitoyens.

M. DECROIX fit partie du premier corps municipal électif ; il était, au moment du siège de Lille, membre du Conseil des notables, et malgré son âge resta au poste d'honneur.

S'il ne fut pas un des dix fondateurs de la Société des Sciences, il y entra dès 1803, et fut presqu'aussitôt nommé membre honoraire ; ses fréquentes communications prouvèrent que les années ne lui avaient rien ôté de son zèle pour l'étude. Il mourut en 1816, à l'âge de 91 ans.

Les membres correspondants admis furent, en 1816, MM. le comte CHAPTAL, membre de l'Institut ; TEMMINCK, ornithologiste à Amsterdam ; DUBUISSON, professeur d'histoire naturelle à Nantes ; HURTREL D'ARBOVAL, médecin vétérinaire à Montreuil-sur-Mer ; en 1817, CONHAIRE, littérateur à Liége ; en 1818, YVART, naturaliste, membre de l'Institut ; MASQUELEZ, officier d'artillerie à Loos ; BARRÉ, officier d'artillerie à Douai ; RODEN-BACH, docteur en médecine à Roulers ; CLERC, ingénieur des mines à Anzin ; JOHN SAINT-CLAIR, baronnet, conseiller privé de S. M. britannique à Londres ; VITALIS, professeur de chimie à Rouen.

Parmi les pertes subies par la Société pendant cette période il faut citer : M. DE WAVRECHIN, propriétaire à Douai, un des fondateurs de la Société des Sciences de cette ville. M. DE WAVRECHIN ne s'était fait connaître que par quelques pièces de poésie légère et par un amour éclairé des Sciences et des Lettres ; mais sa mort tragique eut un grand retentissement. Il était colonel de la Garde nationale de Douai ; un nommé Dutilleux, furieux d'avoir subi une légère punition pour manquement au service, pénétra dans son cabinet et lui fracassa la tête d'un coup de pistolet le 12 Avril 1816.

Le célèbre sculpteur lillois ROLAND, mourut le 11 Février 1816. Il était né à Pont-à-Marcq en 1746 ; ses dispositions précoces pour la sculpture le firent admettre aux Écoles académiques de Lille où il fit de rapides progrès. Il partit pour Paris en 1765, riche seulement de quelques écus péniblement amassés par sa mère, et entra dans l'atelier de Pajou dont il devint bientôt le meilleur élève, et qui l'associa à ses travaux du Palais royal et de la salle de spectacle de Versailles. Il passa ensuite plusieurs années à Rome et à son retour exécuta son Caton d'Utique et son Samson qui lui ouvrirent les portes de l'Académie. En 1782, sur la présentation d'une terre cuite représentant la mort de Méléagre, il fut admis à l'Académie de Lille.

Il ne cessa de travailler jusqu'à sa mort et produisit beaucoup d'œuvres remarquables dont quelques-unes passent à juste titre pour des chefs-d'œuvre : *la Statue de Condé, Homère chantant sur sa Lyre, l'Enfant au Cygne,* la Statue de *Napoléon* pour l'Institut, *Solon, Cambacérès,* etc.

ROLAND fut le maître de David d'Angers qui, devenu lui-même membre correspondant de la Société des Sciences de Lille, lui consacra une très intéressante notice, imprimée au volume de 1846. Il y caractérise ainsi le talent du sculpteur lillois.

« Ce qui distingue avant tout ses productions, c'est un sentiment de vie et de correction uni au grandiose de l'art. A Rome, il comprit que c'est par l'étude raisonnée de l'antique et des anciens maîtres que doit se former le goût de quiconque aspire à interpréter la nature dans ses manifestations les plus sublimes. La sculpture de Roland offre un air de parenté incontestable avec la sculpture romaine de la belle époque d'Auguste. Son âme, fortement trempée, s'identifiait naturellement avec le mâle génie de cette époque ; car, dans les arts surtout, les nations, comme les individus, portent un sceau d'originalité qui caractérise leurs œuvres. Roland a doté ses figures de femmes d'un sentiment de formes chaste et sérieux et d'un voile de gracieuse modestie, bien différent en cela de Clodion et d'autres artistes qui, dans leurs modèles de femmes, ont prostitué l'art au plus effréné sensualisme et se sont faits les apôtres du vice et de la plus excitante débauche.

« Il n'a manqué à Roland, comme aux statuaires français, que de vivre au milieu de circonstances aussi favorables que Canova et Thorwaldsen, pour mettre au jour un plus grand nombre de chefs d'œuvre qui, certainement, eussent témoigné une science plus profonde, un goût plus pur que les productions des deux célèbres statuaires de Rome ».

Le savant archéologique Millin, correspondant du 29 Janvier 1808, mourut en 1818. Il était né à Paris le 14 Juillet 1759 ; après avoir étudié la théologie, ne se sentant aucun goût pour l'état ecclésiastique, il se voua tout entier à la littérature et aux sciences. L'histoire naturelle l'attira d'abord, et il publia plusieurs ouvrages relatifs à cette branche des connaissances humaines ; mais la Révolution lui ayant enlevé une grande partie de sa fortune, il dut chercher un emploi, et obtint de succéder à l'abbé Barthélemy dans la place de conservateur du cabinet des médailles à la Bibliothèque nationale. Sa véritable vocation se révéla dès lors à lui et il se consacra entièrement à l'étude des antiquités. Le travail excessif auquel il se livra altéra sa santé et il fut obligé d'interrompre les cours publics qu'il avait organisés ; dans plusieurs voyages qu'il fit alors il rassembla une quantité considérable de matériaux sur les monuments anciens et d'objets précieux pour les arts, mais quand il voulut les mettre en ordre ses forces étaient épuisées et il mourut prématurément à l'âge de 59 ans.

Ses principaux ouvrages sont : *Antiquités nationales ou description des monastères, abbayes, châteaux, etc. — Monuments antiques inédits ou nouvellement expliqués. — Dictionnaire des Beaux-Arts.*

La Société perdit encore l'ex-sénateur VERNIER, auteur d'ouvrages philosophiques. Reçu le 6 janvier 1812, M. VERNIER avait joué un certain rôle politique pendant la Révolution ; membre de la Convention, il eut le courage de déclarer dans le procès de Louis XVI, qu'il n'était pas juge. Réfugié en Suisse en 1793, il revint l'année suivante occuper son siège et présidait aux journées de prairial an III (1795).

Il se rallia à l'Empire qui le fit sénateur et comte de Mont Orient, et à la Restauration qui le nomma pair de France. On a de lui : *Eléments de finances ; Caractères des passions au physique et au moral ; Notice sur les essais de Montaigne,* etc....

VI

TRAVAUX DES ANNÉES 1819 A 1830.
PREMIÈRES PUBLICATIONS RÉGULIÈRES.
SECTION D'AGRICULTURE. — ASSOCIÉS AGRICOLES.
RÈGLEMENT. — CHANGEMENTS DANS LE PERSONNEL.
NOTICES NÉCROLOGIQUES.

A partir de 1819 jusque vers 1830, les travaux de la Société subirent une nouvelle transformation. La science pure cesse d'y occuper le premier rang pour faire place à des recherches d'applications plus directement utilitaires, surtout en agriculture et en médecine.

En même temps le grand luxe de précautions réglementaires qui avait été adopté récemment, donnait lieu à des discussions longues et souvent personnelles, quoique toujours courtoises et pleines de bienveillance. C'est ainsi que les séances de 1819 furent presqu'entièrement occupées par des pourparlers de constitution intérieure qui réduisirent à peu de chose les communications scientifiques.

L'article IX du règlement de police prescrivait au bureau de signaler au commencement de chaque trimestre les infractions particulières à certains articles du règlement général ; ce fut l'objet de rapports qui soulevèrent de nombreuses observations.

On régla dans une série d'articles minutieusement discutés les honneurs funèbres dus aux membres décédés.

Il fut aussi beaucoup question de la bibliothèque dont l'extension devenait tous les jours plus grande. Dès son origine la Société avait pris des abonnements aux principaux journaux scientifiques ; ses membres résidants et correspondants lui avaient fait des dons considérables ; à mesure que paraissaient les cahiers imprimés de ses séances publiques, ils étaient envoyés aux principales Sociétés scientifiques de France, et donnaient lieu à un mouvement d'échange qui prenait de plus en plus d'importance. La bibliothèque de la ville prêtait à la Société les ouvrages que ses membres avaient besoin de consulter.

La conservation de ces livres, brochures et manuscrits exigeait des soins que le règlement avait confiés au secrétaire de correspondance et à un membre qui lui était spécialement adjoint, car jusqu'alors on n'avait pas jugé à propos de nommer un bibliothécaire en titre.

Malgré la faculté qu'avaient les associés de venir trois jours par semaine lire les publications dans la salle des séances, l'usage d'emporter les livres et de les garder longtemps s'introduisit bientôt. Le bureau faisait entendre à ce sujet des plaintes fréquentes et dans la séance du 21 Mai 1819 M. Trachez lut un rapport où il signalait le mal et sollicitait un prompt remède.

Il en résulta plusieurs articles supplémentaires au règlement qui prescrivaient au secrétaire de correspondance de tenir enfermés tous les livres et journaux, d'en avoir un double registre l'un par ordre alphabétique, l'autre par nom d'auteur, de rendre compte tous les trois mois de l'état de la bibliothèque, de faire inscrire tous les livres sortis, et de tenir une note exacte de leur rentrée, note qui devait être inscrite sous les yeux de celui qui remettait le livre, sous peine de nullité. Il fut décidé en même temps que le maire de la ville serait prié de faire allouer à la Société, sur le budget de 1820, une somme de 400 francs pour construction dans le vestibule de la salle des séances de vitrines destinées à enfermer la bibliothèque et les archives.

Une autre question réglementaire plus importante fut encore traitée à la fin de 1819. On a vu que l'article XLIX du règlement de 1817 statuait que ce règlement ne serait obligatoire que pendant trois ans. Ce délai finissant le 1er Janvier 1820, le moment était donc venu de le reviser ou de le proroger.

On décida préalablement l'abolition de l'article XX des Statuts de police intérieure, qui disait : Les règlements ne sont pas discutés en assemblée générale ; chacun d'eux est d'abord soumis en entier à l'épreuve du scrutin ; s'il n'est pas adopté chaque article est soumis successivement à la même épreuve. Les articles rejetés sont renvoyés à la commission....

C'était, il faut l'avouer, une prétention assez singulière et qui ne pouvait être acceptée longtemps que celle des législateurs de 1817. Exiger que les règlements d'une association quelconque soient adoptés sans discussion, et qu'un ensemble de soixante-dix articles soit pris ou rejeté tout d'une pièce, n'est-ce pas aller contre le but même des règles de ce genre qui sont d'autant plus facilement exécutées qu'elles ont été plus librement consenties ?

On s'occupa ensuite d'une question très grave et qui faisait depuis plusieurs mois l'objet des préoccupations de la Société. L'agriculture française, très négligée pendant la Révolution, avait été sous l'Empire l'objet de certains encouragements officiels, dirigés surtout vers le but de substituer quelques produits indigènes à leurs similaires exotiques dont le blocus continental empêchait l'introduction ; mais les guerres incessantes et le nombre considérable de bras valides qu'elles enlevaient aux travaux des champs avaient été un obstacle à la prospérité agricole. La Restauration, débutant par une année malheureuse, avait senti le besoin de donner un élan nouveau à toutes les questions d'économie rurale, et parmi les moyens propres à atteindre ce but elle avait placé l'institution de Sociétés d'agriculture dans chaque arrondissement, communiquant avec une Société centrale départementale.

Le préfet du Nord avait averti la Société des Amateurs des Sciences et Arts de Lille qu'elle se trouvait naturellement désignée pour représenter l'agriculture de l'arrondissement, mais qu'il était nécessaire pour cela qu'une section de ses membres fut spécialement chargée de tout ce qui touchait aux progrès de l'agriculture locale.

La Société s'empressa de désigner une commission composée de MM. Burette-Martel, Desmazières, J. Macquart, Mallet, Sachon, Judas et Duhamel et transmit à M. le Préfet une expédition de cette délibération. Ce magistrat fit observer que l'esprit qui avait dicté la mesure gouvernementale n'avait pas été compris, et que la section agricole devait être composée de cultivateurs et d'agronomes choisis dans tous les cantons de l'arrondissement et prêts à y répandre les lumières de leur expérience. Il proposait en conséquence de regarder la commission désignée comme un simple noyau auquel viendrait se joindre un membre agriculteur par canton, pour former une section indépendante de la Société et ne prenant point part aux travaux étrangers à sa spécialité.

Cette nouvelle proposition fut l'objet de longs débats et d'objections sérieuses : admettre de nouveaux membres sans les assujettir aux obligations prescrites par le règlement (Art. VII), c'était violer gravement les statuts ; instituer une section indépendante, c'était introduire une division dangereuse, nuisible à la marche des travaux et pouvant devenir un élément de discorde et de scission. Mais de toutes les objections soulevées par l'idée de la nouvelle création, celle qui paraissait la plus importante était relative à la subordination à une société centrale. La Société de Douai avait été désignée par le Préfet pour former ce centre de correspondance et d'impulsion ; la Société de Lille déclara qu'elle renoncerait plutôt à son existence que de consentir à être ainsi absorbée et à cesser d'être entièrement indépendante.

Des nombreux pourparlers qui occupèrent les trois derniers mois de 1819, il résulta une sorte d'accord par lequel le Préfet retirait la prétention de subordonner la Société lilloise à toute association, et la Société consentait à la formation dans son sein par voie de nomination administrative d'une section agricole.

Le 4 novembre 1819 l'arrêté suivant fut rendu par M. DE REMUSAT, préfet du Nord :

Vu la circulaire de son Excellence le Ministre de l'Intérieur en date du 14 août 1819, relative à l'institution d'une société d'agriculture dans chaque chef-lieu d'arrondissement ;

Considérant qu'il existe déjà à Lille une Société d'Amateurs des Sciences et Arts, qu'elle s'est déjà occupée d'économie rurale et qu'elle consent à comprendre l'agriculture au nombre de ses travaux ;

Arrêtons ce qui suit :

1° La Société des Sciences et Arts existant à Lille tiendra lieu de la Société d'agriculture de l'arrondissement de Lille ; elle prendra le titre de Société des Sciences, arts et agriculture ;

2° Il sera formé dans son sein une section qui sera chargée spécialement de tout ce qui a rapport à l'agriculture et à l'économie rurale ;

3° Pour la composition de cette section, il sera choisi un membre au moins par canton de l'arrondissement ; nous nous réservons la nomination de ces membres pour la première fois ;

4° La section d'agriculture une fois composée, la Société pourra elle-même augmenter le nombre de ses membres par des nominations nouvelles et elle la complètera à mesure qu'il y aura des places vacantes, de manière qu'il y ait toujours un membre au moins par canton ;

5° Au commencement de chaque année, le président de la Société nous enverra la liste nominative des membres qui composent la section d'agriculture, il y joindra une notice de son travail pendant l'année précédente et des résultats qui auront été obtenus ;

6° La Société correspondra avec nous pour tout ce qui a rapport à l'agriculture et à l'économie rurale.

Peu de temps après, le Préfet désigna pour faire partie de la section :

MM. Lemestre, juge de paix à Armentières.

Chombart, propriétaire à Herlies.

Hochart, fermier à Hallennes-lez-Haubourdin.

Cordonnier, propriétaire à Lannoy.

Heddebault, propriétaire à Faches.

Marlière, maire de Lambersart.

Vte Obert, maire de Wambrechies.

Coget Alexandre, maire de Thumeries.

Coget J.-B., propriétaire à Phalempin.

Clayes, maire de Seclin.

Cte de Brigode de Kemlandt, maire de Camphin-en-Pévèle.

Lezaire, maire de Cysoing.

Lecomte, adjoint au maire de Roncq.

Bernard-Danniaux, propriétaire à Roncq.

Ducroquet, adjoint au maire de Marcq.

Imbert de la Phalecque, maire de Lompret.

Delespaul, cultivateur à Roubaix.

Descamps, maire de Croix.

de Courcelles, propriétaire à Lille.

Ces points une fois réglés, la révision du règlement marcha sans difficulté. Les changements portèrent principalement sur l'organisation de la section agricole. La Société prit le titre de Société d'Amateurs des Sciences, de l'agriculture et des arts. On régla l'admission des agriculteurs d'après le récent arrêté ; mais il ne fut rien changé aux conditions d'admission des membres résidants, lesquelles devenaient obligatoires pour les membres de la section qui seraient admis après la formation de la liste préfectorale.

Le bureau fut augmenté d'un bibliothécaire dont les attributions furent réglées par le règlement de police intérieure.

Ce règlement, revisé à son tour, contient de nouveaux articles relatifs à l'organisation des commissions permanentes, au nombre de trois : celles d'agriculture, de physique et d'histoire naturelle.

La première était composée de sept membres résidant à Lille ou dans ses faubourgs et de tous les autres membres pratiquant l'agriculture dans les seize cantons de l'arrondissement. Ceux résidant à Lille se renouvelaient par tiers chaque année. La commission se réunissait tous les premier et troisième mercredis de chaque mois, elle se choisissait un secrétaire, et un président éventuel en cas d'absence du président de la Société.

La commission de physique, composée de cinq membres, avait pour fonctions l'administration du cours de physique organisé en 1847, et la garde des instruments confiés à la Société par la ville.

La commission d'histoire naturelle, composée de six membres, devait s'occuper de la conservation et de l'augmentation des collections et de leur catalogue.

L'année suivante, sur la proposition du docteur VAIDY, une quatrième commission fut nommée ; elle s'intitula commission de médecine et se composa de tous les médecins, chirurgiens et pharmaciens de la Société. Son but était de s'occuper de tous les objets qui intéressent la salubrité publique, et de donner des consultations gratuites chaque semaine à tous les malades de la ville ou du dehors.

On remarquera, à ce sujet, que sauf les collections des Beaux-Arts, la Société avait, dès cette époque, fondé en germe toutes les institutions qui depuis ont acquis les développements dont s'honore la ville de Lille. Son cours de physique marquait le premier pas vers une faculté des Sciences ; ses collections d'histoire naturelle allaient devenir notre beau muséum ; elle avait jeté les bases du Musée industriel ; sa section d'agriculture préparait le Comice agricole ; sa commission de médecine préparait tout à la fois la Société de médecine actuelle, le conseil de salubrité et le service des consultations gratuites pour les indigents.

Le Musée d'histoire naturelle fut inauguré solennellement le 26 août 1822. Les autorités escortées des membres de la Société prirent place dans le salon de physique et M. LE COMTE DE MUYSSART, maire de Lille, adressa au Préfet du Nord l'allocution suivante :

« M. le Préfet, vous avez bien voulu honorer de votre présence l'ouverture des salons de peinture, il vous était réservé d'inaugurer un établissement d'un genre plus sévère, mais non moins utile. Un cabinet d'histoire naturelle manquait à une ville aussi importante que Lille ; il a été créé, comme par enchantement, et l'ami de cette science profonde dans laquelle se sont illustrés les Pline, les Linné, les Haller, les Buffon et tant d'autres savants pourra, sans sortir de nos remparts, admirer et étudier les chefs d'œuvre et les secrets de la nature.

» Ce cabinet est l'ouvrage de la Société des Amis des arts de cette ville, que j'ai l'honneur de vous présenter, de cette Société dont le zèle et les travaux sont aussi persévérants qu'ils sont utiles au progrès des sciences, de l'agriculture et du commerce.

» Elle a consacré ses veilles à rassembler ici, dans les différents règnes, ce qui va frapper vos regards, et, avec peu de moyens, elle a beaucoup fait.

» Ce cabinet est susceptible d'accroissement; l'autorité locale s'empressera d'y contribuer, et elle est persuadée que le premier magistrat du département daignera seconder ses vues en faveur d'un établissement qui doit mériter la reconnaissance publique à ses créateurs, et les témoignages de votre satisfaction seront pour eux la plus flatteuse récompense de leur noble dévouement, de leur zèle et de leurs travaux ».

M. le comte de Murat, répondit par un éloge de l'instruction, des lettres et des sciences, et par de chaleureux remerciements à la Société pour son zèle à les propager; il l'assura du bon vouloir de l'administration.

M. VAIDY, président de la Société, s'exprima ensuite en ces termes :

« La Société dont j'ai l'honneur d'être en ce moment l'interprète porte avec une vive satisfaction ses regards sur l'imposante assemblée réunie dans cette enceinte; les autorités les plus éminentes, les citoyens les plus distingués viennent rendre aux sciences un hommage public et donner un éclatant témoignage de la haute protection dont ils se plaisent à les entourer; le beau sexe lui-même, dédaignant de frivoles plaisirs, s'empresse de prêter à l'autorité scientifique l'ornement de ses grâces, et démontre qu'on peut aussi, en s'adonnant aux sciences utiles, concevoir l'espérance si douce d'obtenir ses suffrages. La pompe de cette solennité est un nouveau bienfait qui doit ajouter à notre gratitude envers nos dignes magistrats pour le service qu'ils ont rendu en fondant à Lille un musée d'histoire naturelle.

» Si l'étude de la nature n'était qu'un simple objet de curiosité, elle serait du moins un des plaisirs les plus nobles et les plus purs que nous puissions goûter; mais elle acquiert un bien plus haut degré d'importance aux yeux de l'homme qui sait apprécier tous les avantages physiques et moraux qu'elle a procurés et qu'elle procure encore tous les jours à l'humanité. Cette étude apprend en effet à mieux connaître les matériaux que les arts industriels appliquaient à nos besoins; elle jette de vives lumières sur plusieurs branches de connaissances humaines. Enfin le naturaliste, habitué à observer ce nombre infini d'êtres qu'embrasse son étude chérie, à voir la disposition parfaite qui perpétue leur existence et à admirer l'harmonie de toutes leurs parties entr'elles, pour la conservation du tout, se sent pressé d'élever des accents de reconnaissance et d'amour vers l'auteur de tant de merveilles.

» Mais une étude si belle, si bienfaisante ne peut être cultivée avec succès que lorsqu'on a sous les yeux les objets propres à en faire connaître les éléments et les principes. De là l'indispensable nécessité d'un cabinet d'histoire naturelle. Cet établissement depuis longtemps désiré, et dont quelques villes voisines offraient déjà le modèle, existe enfin et va se montrer aux regards de nos concitoyens.

» Il est dû aux soins d'une commission créée dans le sein de notre Société, et à la munificence du corps municipal qui a voté, pour cet objet, toutes les allocations que des circonstances malheureusement peu favorables lui ont permis d'accorder. Encouragée par une administration bienveillante, la Société redoublera de zèle pour rendre, avec le temps, ce musée digne d'une des villes les plus intéressantes du royaume par sa richesse, par son industrie toujours croissante et par l'esprit de sagesse et de moralité qui distingue ses nombreux habitants.

» En s'acquittant d'une tâche dont l'objet est de partager et de favoriser le goût des études utiles, la Société a la douce conviction qu'elle remplit les intentions généreuses du prince éclairé auquel nous devons la culture paisible des sciences et des arts et les institutions que la France a reçues avec une vive gratitude et qui sont destinées à protéger l'ordre et les libertés publiques »,

Après ces discours les portes du musée furent ouvertes aux autorités d'abord, puis au public, et les marques unanimes de satisfaction que reçut la Société furent sa meilleure récompense et son plus utile encouragement.

A la fin de 1822 eut lieu la révision triennale du règlement. Voici les quelques perfectionnements que l'expérience avait indiqués. Il n'y eut plus de règlement désigné sous le nom de police intérieure ; les articles compris sous ce titre furent numérotés à la suite des dispositions statutaires ; le bureau fut nommé pour un an, le président sortant n'étant pas rééligible ; on régla que la parole ne pourrait être donnée à un membre que trois fois dans la même discussiou, excepté à l'auteur de la proposition ou du rapport discuté ; pour les délibérations d'intérêt majeur l'assemblée devait être composée de plus de moitié de tous les membres ayant droit de voter et la prise en considération exigeait la majorité des deux tiers des membres présents.

Il est facile de comprendre que toutes ces discussions de règlements, jointes aux fréquents rapports des commissions spéciales, absorbaient une partie de la durée des séances et diminuaient d'autant le nombre des communications scientifiques ; c'est sans doute à ce motif qu'il faut attribuer l'absence de séances publiques, bien que la proposition formelle en ait été faite en 1821 et qu'une commission nommée à cet effet ait conclu dans le sens affirmatif.

En mai 1823 il fut décidé que les lectures qui, jusqu'alors, avaient été faites dans la séance publique seraient remplacées par l'impression d'un volume qui contiendrait les principaux mémoires communiqués depuis 1819, sous ce titre : *Recueil des travaux de la Société d'Amateurs des sciences, de l'agriculture et des arts de Lille, années 1819, 1820, 1821 et 1822.* C'est le tome second des publications ; il fut tiré à 500 exemplaires.

Il contient une vingtaine de mémoires ou notices de physique, de chimie, d'histoire naturelle ou de médecine, plusieurs pièces de poésie et deux rapports généraux, l'un de la commission d'agriculture, l'autre de la commission de médecine.

Parmi les plus importants de ces travaux, il faut placer un mémoire de M. BARRÉ, membre correspondant, sur un nouveau chronomètre de son invention, une monographie des diptères de la famille des Empides, observés dans le Nord-Ouest de la France, par M. MACQUART. C'est le commencement de la série de notices qui furent publiées successivement jusqu'en 1833 et forment l'ouvrage intitulé *Diptères du Nord de la France.* M. MACQUART venait de trouver sa voie ; après avoir hésité quelque temps entre les diverses branches de l'entomologie, il avait puisé, dans la lecture du traité de Meigen, *Systematische Beschreibung der bekannten europaischen zweiflugeligen Insekten,* un goût prononcé pour l'ordre des diptères, alors presqu'inconnu en France, et s'était donné la tâche de le vulgariser.

Il y parvint par une série de travaux qui ont fait de leur auteur le père de la diptérologie en France et son arbitre incontesté pendant bien des années.

Les autres notices les plus remarquables de ce volume sont celles de M. T. LESTIBOUDOIS sur la botanographie et de M. VAIDY sur la médecine. Il se termine par un programme de prix, contenant les quatre articles suivants :

Moyens d'améliorer la santé des ouvriers à Lille. — Construction d'un photomètre sensible, comparable et d'une manipulation facile et sûre. — Géognosie du département du Nord. — Poëme sur la campagne de 1823, en Espagne.

Pendant les quatre années 1819, 1820, 21 et 22, la Société avait admis au nombre de ses membres résidants MM. LOISET, vétérinaire à Lille ; VAIDY, médecin en chef et premier professeur à l'Hôpital militaire ; DE CHAMBERET, médecin à l'Hôpital militaire ; DUTHILLŒUL, historien douaisien dont la résidence à Lille fut d'une année à peine ; ROUSSEAU, chirurgien militaire ; ROUSSEL, littérateur ; DUPRÉ, capitaine d'artillerie ; LORAIN, avocat ; LESTIBOUDOIS, Thémistocle, botaniste ; PALLAS, Emmanuel, médecin à l'Hôpital militaire, qui quitta Lille dans l'année de sa nomination ; MUSIAS, avocat, et DE MONTGARNY, docteur en médecine, mort peu de mois après son admission.

Elle perdit MM. ROUX et BIS, démissionnaires ; M. COGET, qui devint correspondant ; J.-B. FÉRON et Henri MACQUART, décédés le premier en 1819, le second en 1822.

M. FÉRON était né à Montgarny, arrondissement de Vervins, le 24 Octobre 1756. Il se livra à l'étude de la chirurgie et fut placé à 22 ans dans le service de la marine. Il exerça ses fonctions à Brest d'abord, puis sur divers vaisseaux de guerre et dans plusieurs ports de l'Amérique septentrionale. Rentré en France en 1784, il fut employé pendant les guerres de la Révolution comme médecin ordinaire des armées. En 1797, les hôpitaux militaires d'instruction ayant été réorganisés, le Docteur FÉRON fut attaché à celui de Lille, mais cette institution fut bientôt supprimée et ne fut reprise qu'en 1814. A cette époque M. FÉRON réoccupa à Lille son ancienne chaire et fut appelé bientôt au grade de médecin en chef et de premier professeur.

Il avait été l'un des premiers admis dans la Société après son organisation par les dix fondateurs ; son entrée date du 21 Janvier 1803. On a vu qu'il n'y resta pas oisif. M. BIS, le lendemain de ses funérailles, lut à la Société quelques stances de regrets et d'adieux au savant modeste et au bon citoyen :

> Dans la paix il s'est endormi,
> Et l'on gravera sur sa pierre :
> Il fut bon époux et bon père.
> Nous savons qu'il fut bon ami !

M. Henri MACQUART, frère aîné de l'entomologiste, était né en 1774 avec des dispositions toutes particulières pour l'étude de l'histoire naturelle qui étaient dans la famille une tradition héréditaire. Il servit plusieurs années dans les armées de la République et revint ensuite à

Lille où il partagea son temps entre la peinture et ses collections. Il acquit dans l'art du paysage un talent d'amateur très remarquable et se forma une galerie d'oiseaux qu'il montait lui-même.

Il fut, avec M. Degland, le plus zélé promoteur de l'établissement du Muséum de Lille et après sa mort une partie de sa collection alla enrichir celle de la ville.

Parmi les membres correspondants morts pendant cette période, il faut citer :

M. Bénédict Prévost, chimiste, agronome et naturaliste, né à Genève, le 7 Août 1755, décédé le 18 Juin 1819, à Montauban où il était professeur à la Faculté de Théologie protestante. Il avait publié un grand nombre de mémoires dans les recueils scientifiques et surtout dans les *Annales de Chimie;* ses meilleures notices sont relatives à la carie des blés et à plusieurs autres maladies des plantes.

M. Louis Jurine, médecin et professeur d'histoire naturelle à Genève, était né dans cette ville le 6 février 1751 et mourut le 20 octobre 1819. Il étudia surtout les hyménoptères et les diptères et se fit un nom dans la science en vulgarisant la méthode de classification par les nervures des ailes, et en fondant, le premier, sur ces caractères un système complet d'arrangement naturel. Il se distingua aussi comme médecin ; en 1807, il partagea le prix impérial de 10.000 francs pour un mémoire sur le croup, et, en 1815, obtint un autre prix de la Société de médecine de Paris pour ses *Recherches sur l'angine de poitrine.*

M. Palisot de Beauvois, naturaliste et voyageur, mourut le 21 janvier 1820. Il était né à Arras en 1752. Ses voyages dans le royaume d'Oware et de Benin, à Saint-Domingue, et aux États-Unis ont enrichi la botanique et l'entomologie d'une foule d'objets et d'observations qui ont valu à leur auteur une grande notoriété. Il laissa entr'autres ouvrages : *Flore d'Oware et de Benin, Insectes recueillis en Afrique et en Amérique,* et de nombreuses notices d'agrostographie et de cryptogamie.

Le célèbre minéralogiste Haüy mourut le 1er juin 1822, à l'âge de 79 ans ; sa carrière scientifique et ses belles découvertes cristallographiques sont trop connues pour que l'on s'y arrête ici, il était de ceux qui honorent les sociétés dont ils sont membres et les illuminent du reflet de leur éclat.

François Verly, architecte, né à Lille, le 9 mars 1760, mourut à Saint-Saulve le 24 août 1822. Élève des Écoles académiques de Lille, puis de l'Académie royale de Paris, il obtint, en 1784, le prix d'architecture pour sa composition le *Tombeau des Souverains*, et fut chargé d'une partie des travaux que la ville de Paris ordonna pour fêter la naissance du Dauphin. Plus tard, il fournit les plans du séminaire d'Arras et les décors de la fête de la Confédération à Lille, le 6 juin 1791.

En 1795, on lui confia le soin du tracé des nouveaux plans d'alignement de la ville de Lille. Le Préfet des Deux-Néthes l'appela à Anvers en 1804 pour y remplir l'emploi d'architecte de la ville. Il se fixa ensuite à Bruxelles où il construisit le Palais de justice et fut nommé professeur honoraire de l'Académie royale. Plusieurs villes importantes de l'Allemagne lui doivent la création de jardins pittoresques très renommés.

Ces vides de la Société furent comblés par l'admission au titre de membres correspondants de MM. CHARPENTIER, docteur en médecine à Valenciennes ; Onésime LEROY, homme de lettres à Valenciennes ; LEJEUNE, docteur en médecine à Verviers ; PEYRE, architecte à Paris ; DELISLE, capitaine du génie à Dunkerque ; VANHOOREBECK, pharmacien à Gand ; LOISELEUR-DESLONCHAMPS, docteur en médecine et botaniste à Paris ; Arcade BURGOT, littérateur, officier d'administration à Calais ; VILLERMÉ, docteur en médecine à Paris ; DASSONNEVILLE, médecin à Aire ; DEVILLY, géographe, secrétaire de la Société des sciences de Metz ; DE SAYVE, propriétaire à Paris ; DESRUELLES, docteur en médecine à Paris ; NILO, docteur en médecine à Lisbonne ; DELALANDE, receveur des domaines à Saint-Quentin, auxquels il faut ajouter MM. COGET, DUTHILLŒUL et PALLAS qui, à la suite de leur départ de Lille, avaient échangé le titre de résidant en celui de correspondant.

Les années 1823 et 1824 différèrent peu des précédentes ; les travaux des commissions d'agriculture, de médecine, du muséum d'histoire naturelle et du cours de physique y tinrent encore une grande place.

La première de ces commissions n'avait pas conservé longtemps le caractère que lui imposait l'arrêté préfectoral du 4 novembre 1819. Les dix-neuf agriculteurs forains que la Société avait été en quelque sorte forcée d'admettre dans son sein s'étaient trouvés, comme on pouvait s'y attendre, trop resserrés dans les limites d'un règlement qui n'avait pas été fait pour eux.

L'article qui prescrivait que tout membre résidant manquant aux séances pendant trois mois consécutifs, sans avoir prévenu la Société des motifs de son absence, était réputé démissionnaire, ayant été sévèrement appliqué, diminua beaucoup ce nombre. A la fin de 1824 on ne comptait plus que cinq associés agriculteurs dans la liste des membres

La commission n'en continua pas moins à fonctionner régulièrement, MM. Judas, Burette-Martel, Mallet et Loiset, tous quatre membres effectifs de la Société, lui imprimaient le mouvement. Des expériences sur des variétés de pommes de terre, de blé et d'avoine furent instituées, et, pour la première fois, un programme de prix fut proposé ; on y consacra une somme de 1.300 francs allouée sur les fonds départementaux. L'introduction de la race bovine hollandaise et de la race ovine mérinos, la création des houblonnières dans l'arrondissement de Lille, le perfectionnement de la culture du lin, l'usage des meilleurs instruments culturaux constituèrent les principaux articles du progamme.

La commission du Muséum d'histoire naturelle travailla très activement et, grâce aux allocations départementales et municipales, augmenta considérablement les collections. Aux acquisitions de la Société vinrent se joindre des dons fréquents faits par des amateurs et par le Muséum d'histoire naturelle de Paris.

La commission du cours de physique constata de nouveau la bonne tenue de ce cours et l'empressement des auditeurs ; quatre cent cartes avaient été distribuées en 1822. Une première allocation départementale de 2.000 francs, suivie d'une autre de 500 francs, prélevées sur le montant des amendes de police, permit l'acquisition de plusieurs instruments importants.

Les notices et mémoires présentés aux séances ordinaires pendant les années 1823 et 1824 furent recueillis en un volume qui forme le tome 3 des publications. L'histoire naturelle y joue un très grand rôle ; elle ne compte pas moins de onze articles dont sept de botanique par MM. Desmazières et Thémistocle Lestiboudois ; M. Macquart y continua son histoire des diptères du Nord de la France; M. Delezenne y inséra plusieurs notes de physique et M. Kuhlmann aujourd'hui (1873) doyen de la Société y débuta par deux notes de chimie industrielle sur les eaux de lessivage et sur un quinquina propre à la teinture.

Cinq membres résidants disparurent de la liste pendant ces deux années ; MM. Hay, Dupré et Merlin, démissionnaires, Trachez parti de Lille et Rousseau décédé le 13 février 1824. Il était né à Cambrai le 19 janvier 1796 ; ses études de médecine furent brillantes ; il obtint à Paris et à Lille les premières distinctions ; nommé docteur en 1820, il fut envoyé la même année à l'Hôpital militaire de Lille, et devint presqu'aussitôt membre de la Société qui, en 1823, le choisit comme secrétaire général.

Il s'y montra travailleur assidu et la commission de santé lui dut en grande partie son organisation ; le second volume des mémoires contient de lui deux importantes notices sur l'anévrisme et sur l'asphyxie des nouveaux nés.

Quatre nouveaux résidants furent reçus en 1823 et 1824 : MM. Verly, architecte et archéologue à Lille, Moulas et Merlin, littérateurs, Kuhlmann, professeur de chimie.

Les membres correspondants admis pendant cette période sont au nombre de cinq : MM. Poirier-Saint-Brice, ingénieur des mines à Valenciennes ; Carette, officier du génie à Paris ; Dessalines-d'Orbigny, professeur d'histoire naturelle à La Rochelle ; Rodet, médecin vétérinaire militaire et Brisset, officier de santé à Wavrin.

Citons parmi les pertes : MM. Crépel, professeur au collège d'Arras, admis en 1811 ; Thouin, le célèbre pépiniériste ; il était né en 1747 et avait succédé en 1768 à son père, jardinier en chef du Jardin du Roi. Sa vie tout entière s'écoula dans ces fonctions ; elle fut d'une simplicité patriarchale et presque sauvage, ce qui n'empêcha pas les honneurs de venir trouver le modeste savant. Il fut nommé, en 1786, membre de l'Académie royale et en 1793, professeur au Muséum.

Cuvier prononça sur sa tombe des paroles de regret qui sont tout un éloge : « C'est la modestie et la science, alliées à la simplicité la plus aimable que nous perdons aujourd'hui dans ce bon vieillard dont cette tombe va recouvrir les restes.... Succédant à deux ou trois de ces générations patriarchales dont le travail depuis plus d'un siècle embellissait et faisait prospérer ce magnifique dépôt des richesses de la nature, Thouin y trouva en quelque sorte un domaine hérédaire, il en fit sa patrie, il y plaça toute son existence.... Il était nourri dans les travaux d'un jardin, mais il était sous les yeux des Buffon et des Jussieu, il les voyait, il les entendait, il se sentit né pour parler leur langage, et bientôt ce fut aux travaux de leur esprit qu'il se trouva digne d'être associé. Ces hommes célèbres se crurent honorés de le voir s'asseoir à côté d'eux, et l'Europe savante ne les sépara plus dans ses hommages ».

Le célèbre horticulteur boulonnais, Dumont de Courset, mourut aussi en 1824. Il avait servi dans sa jeunesse comme officier de cavalerie ;

pendant qu'il tenait garnison dans une ville des Pyrénées, il s'était senti vivement ému au spectacle de la splendide végétation des montagnes et une véritable passion pour la botanique s'était emparée de lui. Il quitta le service, se maria et vint résider dans le domaine de sa famille où il se livra tout entier à son goût dominant ; de nombreux mémoires publiés dans des recueils périodiques précédèrent la publication de son grand ouvrage le *Botaniste Cultivateur* qui lui fit une réputation universelle.

Pour joindre l'exemple à la théorie il planta à Courset de vastes jardins botaniques qui devinrent une des curiosités du nord de la France et furent visités par tous les voyageurs. Laissons parler M. MACQUART qui raconte dans l'introduction de son livre : *Facultés intérieures des animaux invertébrés* une de ses visites à Courset :

« Ces jardins sont à la fois dessinés en promenades charmantes et appropriés à la culture des plantes de pleine terre de tous les sites, de tous les sols, de toutes les expositions ; le voisinage des côtes avait opposé les plus grands obstacles à ses plantations, et il n'était parvenu qu'après avoir lutté avec la plus grande persévérance contre les vents de mer, à créer des abris derrière lesquels, à la longue, une végétation vigoureuse avait pu prendre son essor. Il avait dans ses jardins des pelouses ou croissaient des abris isolés, et, entr'autres un mélèze d'une beauté incomparable. Il y avait des tertres rocailleux pour les plantes alpines ; l'ombrage et la terre de bruyère s'unissaient en faveur d'une multitude d'arbustes charmants ; aux abords d'un étang, croissaient les plantes riveraines les plus remarquables. Tout prospérait parce que tout était à sa place ; ses serres n'étaient pas moins bien ordonnées ; j'y distinguais surtout les végétaux si remarquables de la Nouvelle Hollande, rapportés par le capitaine BAUDIN, et qui, cultivés d'abord à la Malmaison sous les yeux de Joséphine, étaient entrés depuis dans le domaine public.

» Le baron DE COURSET avait dû, en 93, sa mise en liberté et peut-être la vie à ses cultures qui lui avaient fait pardonner sa naissance, de même que LATREILLE avait échappé à l'échafaud grâce à un insecte qu'il put faire parvenir à BOUY SAINT-VINCENT, seul moyen de lui faire soupçonner son incarcération ».

L'année suivante, 1825, fut marquée par l'inauguration des séances annuelles de distribution de prix qui depuis cette époque n'ont pas cessé. Ce fut le 4 novembre, fête du roi Charles X, qu'eut lieu cette première solennité.

La ville de Lille avait organisé, cette année là, une exposition industrielle et artistique pour laquelle des jurys spéciaux avaient accordé un grand nombre de médailles ; elles furent distribuées en même temps que celles de la Société et ajoutèrent à la cérémonie un grand intérêt.

Des quatre sujets proposés au programme trois avaient été traités de manière à mériter les distinctions promises, la poésie seule était restée infructueuse.

MM. J. D. Dupont, officier de santé à Lille, et Jacquerye, professeur aux écoles d'Armentières obtinrent des médailles d'encouragement pour leurs mémoires sur les *Moyens d'améliorer la santé des ouvriers de Lille.*

M. D. Colladon, de Genève, obtint une médaille d'or, et M. H. Flaugergues, de Viviers, une médaille d'encouragement pour leurs mémoires sur la *Photométrie.*

M. Poirier Saint-Brice, ingénieur des mines à Valenciennes, eut la médaille d'or destinée au meilleur travail sur la géognosie du département du Nord.

Quant aux récompenses agricoles, qui avaient été décernées au mois de juillet précédent, elles consistèrent en quatre primes obtenues par MM. Henri Masquelier, de Sainghin ; Maurice Becquet, de Lomme ; J.-B. Leroy, d'Houplines ; et Lecomte, de Bousbecque.

Pour la première fois la Société trouva dans ses travaux d'une seule année la matière d'un volume ; elle y inséra deux des mémoires couronnés, plusieurs notices de physique et de chimie par MM. Kuhlmann, Barrois, Heegmann et Delisle, correspondant ; une suite aux *Diptères* de Macquart, des notes de botanique par MM. Desmazières et Lestiboudois et des observations de médecine de MM. Degland et Vaidy. C'est le tome IV du Recueil.

Le programme des prix à décerner en 1826 ne comporta que des questions d'économie rurale se rapportant à l'amélioration de la race bovine, à la culture du houblon, de la garance et de variétés nouvelles de céréales.

Une révision du règlement apporta quelques modifications de détail qu'il est bon de faire connaître : Le mot *amateurs* fut supprimé dans le titre de la Société qui sollicita l'autorisation de prendre la qualification de *royale.*

On porta à six le nombre des présentateurs des candidats ; jusqu'alors il avait suffi de trois membres. On supprima l'article 18 qui déclarait démissionnaire tout résidant qui, pendant un trimestre entier, avait manqué aux assemblées générales ou à celles de la commission d'agriculture, sans avoir prévenu la Société des motifs de son absence.

On supprima les jetons de présence de la commission d'agriculture; les membres agriculteurs furent exempts de toute cotisation; mais tout membre admis sans avoir présenté de mémoire, ce qui s'entendait des membres agriculteurs, fut taxé à un droit de diplôme de trente francs.

A la fin de 1824 le nombre des membres effectifs, abstraction faite des agriculteurs était réduit à vingt-trois. Le départ de M. JUDAS le réduisit encore dans le courant de l'année, il devenait nécessaire de remonter le niveau; aussi comptons nous dix admissions en 1825 : les docteurs MURVILLE et BAILLY; M. HEEGMANN, mathématicien; MARCHAND DE LA RIBELLERIE, sous-intendant militaire; VEYSSIÈRE, littérateur; MARTEAU, secrétaire de la mairie; BARROIS, négociant; DEMESMAY, négociant et agronome; DELEBECQUE, architecte; Urbain LETHIERRY, juge au tribunal de commerce.

Six membres correspondants furent nommés : MM. HENSMANS, docteur en médecine à Louvain; LEVY professeur de mathématiques à Rouen; MAIRESSE DE PRONVILLE, botaniste à Versailles; GARNIER, professeur de mathématiques à l'Université de Gand; DESMYTTÈRE, docteur en médecine à Cassel; JUDAS, membre résidant envoyé à l'Hôpital militaire de Metz.

Trois des correspondants qui disparurent cette année méritent d'être rappelés : Marc Auguste PIETET, le Comte DE LACÉPÈDE et J.-B. DEVILLY. Le premier né à Genève en 1752 avait été dans sa jeunesse l'élève et le compagnon de voyage de Saussure; il fut nommé professeur de philosophie et s'adonna en même temps à l'étude de la physique et de l'histoire naturelle; activement mêlé aux événements politiques qui furent à Genève le contre coup de la Révolution Française, il fut choisi pour négociateur du traité de réunion à la France et devint membre du Tribunat. En 1814 il reprit ses travaux scientifiques et publia de nombreux opuscules et des récits de voyages. Il fut le fondateur du célèbre recueil périodique intitulé *Bibliothèque britannique* devenu depuis la *Bibliothèque universelle*; il mourut le 19 avril 1825 laissant des collections renommées qui furent achetées par la ville de Genève.

Le savant naturaliste LACÉPÈDE, né à Agen en 1756, débuta par des compositions musicales et des travaux de physique qui n'étaient pas de nature à le conduire à la réputation. Ce fut Buffon qui lui fit trouver sa voie en lui procurant le poste de sous-démonstrateur du cabinet d'histoire naturelle, dès lors il collabora avec son illustre protecteur pour l'achèvement de la grande histoire naturelle que celui-ci projetait, et fut chargé des cétacés, des poissons et des reptiles. Ces ouvrages sont devenus classiques, et s'ils sont aujourd'hui distancés de tout l'intervalle qui sépare les études zoologiques du siècle dernier des récentes découvertes, ils restent des modèles d'exactitude descriptive.

Lacépède fit pendant longtemps marcher la politique à côté de la science ; il fit partie de l'Assemblée législative qui le choisit pour président en 1791. Le premier Consul le nomma sénateur, l'Empereur, grand chancelier de la Légion d'Honneur et Louis XVIII, pair de France. Sous la Restauration il revint presqu'exclusivement à ses études favorites et publia un grand nombre d'articles d'histoire naturelle dans les revues et les dictionnaires de l'époque ; il mourut à Épinay le 19 septembre 1825.

Louis Jean-Baptiste Devilly, littérateur, géographe et antiquaire était né à Metz le 4 août 1792. Son père, qui occupait une importante maison de librairie l'envoya à Paris pour y faire ses études, il en rapporta une teinte d'érudition générale et en même temps des goûts de dissipation qui lui firent négliger les affaires commerciales que son père lui avaient confiées. Il se brûla la cervelle le 30 mars 1825. Il avait composé un cours de géographie ancienne et moderne et divers mémoires historiques. L'Académie de Metz l'avait eu pour secrétaire pendant plusieurs années.

Les procès-verbaux de l'année 1826 constatent peu de communications scientifiques pendant les séances, qui furent surtout occupées par des rapports de candidatures ; on compte, en effet, cette année dix réceptions de membres résidants et seize de membres correspondants. Les dix membres résidants furent : MM. Lebondidier, pharmacien ; Vander-hagen, docteur en médecine, qui donna sa démission dans l'année même de sa réception ; Legay, professeur de réthorique au Collège ; Théodore Kuhlmann, qui devint correspondant dés le mois de novembre suivant ; Lacarterie, professeur de pharmacie à l'Hôpital militaire ; J.-B. Lestiboudois, docteur en médecine ; Fée, pharmacien, professeur à l'Hôpital militaire ; Dambricourt, négociant ; Delattre, instituteur ; Desbrières, pharmacien à l'Hôpital militaire.

Les seize correspondants sont MM. B. C. DUMORTIER, botaniste, directeur du Jardin botanique de Tournai ; le Vicomte SOSTHÈME DE LAROCHEFOUCAULD, directeur du département des Beaux-Arts au Ministère de la Maison du Roi ; BRA, statuaire à Douai ; COLLADON, physicien à Genève, lauréat de l'année précédente ; Louis-Xavier LÉONARD, chirurgien aide-major au 7e régiment de chasseurs à Sarrelouis ; MOURONVAL, docteur en médecine à Bapaume ; Isidore GEOFFROY SAINT-HILAIRE, aide naturaliste au Jardin du Roi ; NICHOLSON, ingénieur mécanicien à Londres ; Constant DUMERIL, naturaliste, membre de l'Institut à Paris ; ZANDYCK, docteur en médecine à Dunkerque ; Victor DERODE, chef d'institution à Esquermes ; DUBRUNFAUT, chimiste-manufacturier à Paris ; BOSSON, pharmacien à Mantes ; Baron DE GŒTHE, Ministre d'Etat, à Iéna, président de la société minéralogique de cette ville ; Baron DE LENZ, conseiller d'État à Iéna, professeur de philosophie et minéralogiste ; le Comte DE KERCKHOVE-VARENT, docteur en médecine à Anvers ; MM. ALAVOINE, MARCHAND DE LA RIBELLERIE et Théodore KUHLMANN, échangèrent leur titre de résidant en celui de correspondant.

On a vu que les 19 membres agriculteurs nommés par le Préfet en en 1820, avaient disparu presque tous ; la Société ne s'était pas pressée de les remplacer, bien que l'article IV de l'arrêté préfectoral lui donnât le droit de compléter elle-même la commission d'agriculture, à mesure que des places deviendraient vacantes ; il n'y eut aucune nomination en 1821, 22, 23 et 24 ; en 1825 deux seulement : celles de MM. DELOBEL et Géry HEDDEBAULT. En 1826, le souvenir des discussions qu'avaient soulevées les prétentions de l'autorité s'était peu à peu effacé, on voulut compléter la commission, et dix-sept membres furent nommés, choisis parmi les cultivateurs les mieux posés de l'arrondissement.

Il est aisé de comprendre combien toutes ces nominations précédées de rapports et de scrutins avaient dû empiéter sur le temps consacré aux travaux et diminuer le nombre de ceux-ci.

Les quelques notices scientifiques qui trouvèrent place aux séances eurent pour auteurs MM. BARROIS (*Méthode pour déterminer la quantité d'eau qu'un puits peut fournir*) ; VERLY (*Description d'une machine à couper les tables de marbre rondes*) ; DELISLE, membre correspondant (*Mémoire sur l'élasticité de l'air employée comme ressort ; Note sur l'assainissement des établissements chauffés par la vapeur ; Note sur les améliorations dont est susceptible le système actuel des égouts de*

Dunkerque/ ; Desmazières *(sur le Mucor Crustaceus)*, Degland *(observation d'une éruption anormale prise pour la petite vérole)*; Macquart *(suite aux diptères du nord de la France)*. MM. Vayssière, Duhamel et Delattre y joignirent plusieurs pièces de poésie.

La séance publique de distribution des primes eut lieu, comme l'année précédente, le 4 novembre, dans la salle du Conclave, à l'Hôtel de ville ; quinze médailles et plusieurs mentions honorables furent accordées à des agriculteurs de l'arrondissement pour améliorations de leurs bestiaux, plantations de houblonnières, ou essais de nouvelles variétés de céréales. Le programme pour l'année suivante maintient à peu près les mêmes catégories de prix ; les questions d'histoire, de littérature et de sciences en furent encore bannies, ce qui pourrait étonner, si l'on ne savait qu'à cette époque la Société n'était pas riche, que les allocations qu'elle recevait avaient une affectation déterminée qui les faisait consacrer obligatoirement aux frais du cours de physique, à l'entretien et à l'augmentation du cabinet d'histoire naturelle et aux encouragements agricoles. Il ne restait guère à la Société que les cotisations de ses membres pour faire face aux frais d'impression, aux abonnements, et aux dépenses courantes, et le vide de la caisse n'était que trop souvent constaté.

La grande révision triennale du règlement prescrite en 1817 et qui avait eu lieu régulièrement en 1820 et en 1823 se fit encore en 1826, elle n'apporta que des modifications peu importantes, et, il faut bien l'avouer, ces fréquentes révisions ne paraissent pas avoir eu d'autre résultat que de faire perdre à la Société un temps qu'elle eut pu employer plus utilement.

Les matériaux rassemblés pendant l'année n'étant pas suffisants pour former un volume, il fallut en attendre de nouveaux ; ils ne tardèrent pas à se présenter et le premier semestre de 1826 ayant fourni un contingent important, le tome V des Mémoires fut composé des travaux de dix-huit mois. Outre ceux qui viennent d'être cités on y trouve deux notices sur la gamme par M. Delezenne, deux autres sur la théorie des machines pneumatiques par MM. Derode et Barrois ; des observations sur le principe colorant de la garance par M. Kuhlmann ; d'autres, de chirurgie par MM. Scoutteten et Lacarterie. M. Fée, un des savants les plus féconds qui aient fait partie de la Société, y débuta par un *Essai critique sur la phytonymie, une Notice sur les productions naturelles de l'île de Java,* un *Eloge de Pline* et une pièce de vers : *le Cimetière de village.*

Quant aux pertes de la Société pendant cette année, on ne trouve à signaler que celle de M. André-Joseph GRÉTRY, qui avait été choisi pour correspondant en 1811, en même temps que son oncle, le célèbre musicien. Il était né à Boulogne le 20 novembre 1774 et avait acquis une certaine notoriété par des compositions musicales et littéraires où il essaya d'aborder tous les genres. Des infirmités précoces, une cécité complète, et la pauvreté firent de sa vie un long martyre. Il mourut dans l'indigence le 19 août 1826.

M. Jean-André-Henri LUCAS, naturaliste, garde des galeries du Muséum de Paris, correspondant depuis 1806, mourut aussi cette année ; il était né en 1780, au Jardin du Roi où son père occupait un emploi. La minéralogie l'occupait surtout ; on a de lui : *Tableau méthodique des espèces minérales* et de nombreux articles dans le dictionnaire de Déterville. Il fut un instant question d'acquérir pour le Musée d'histoire naturelle de Lille les collections minéralogiques qu'il avait formées.

Le second semestre de 1827 et l'année 1828, n'offrirent aucune particularité digne d'être notée. Les séances furent régulières et largement fournies ; le sixième volume qui comprend les travaux de cette époque contient un grand nombre de mémoires de sciences mathématiques, physiques et naturelles, un abrégé de l'Histoire de Lille par M. LONGER, une suite aux *Antiquités trouvées dans le département du Nord,* par M. VERLY, etc....

Depuis quatre ans la Société sollicitait du Gouvernement le titre de *Royale,* qui à cette époque conférait certains privilèges politiques et n'était accordé qu'après examen sérieux. Au commencement de 1829, elle réitéra sa demande, et, obligée de l'accompagner d'un exemplaire de ses statuts, elle prit la résolution de réviser de nouveau son règlement. Ne voulant envoyer à Paris que des articles essentiels, la Société en revint à la première méthode qui séparait les articles statutaires des prescriptions de police intérieure, et le nouveau règlement, adopté dans la séance du 6 mars 1829, fut composé de quarante-cinq articles qu'il convient de reproduire ici, car ils furent la règle constitutive de la Société jusqu'à 1851.

ARTICLE I.

En vertu d'une ordonnance royale en date du.... la Société a le titre de *Société royale des Sciences de l'Agriculture et des Arts de Lille.*

Article II.

Elle se compose de membres honoraires, de membres titulaires, d'associés agriculteurs, et de correspondants.

Article III.

Les membres titulaires jouissent seuls des droits politiques conférés par la loi aux membres des Sociétés royales.

Article IV.

Le Préfet du département et le Maire de Lille sont de droit membres honoraires.

Article V.

On peut devenir membre honoraire lorsqu'on en fait la demande, après avoir été membre titulaire pendant trente ans et qu'on est âgé d'au moins soixante ans.

Article VI.

Le nombre des membres titulaires est fixé à trente six.

Article VII.

Pour devenir membre titulaire, il faut habiter Lille ou l'une des communes qui font partie de ses cantons, être âgé d'au moins 21 ans, produire un ouvrage ou mémoire et avoir été présenté par trois membres titulaires.

Article VIII.

La proposition signée par les représentants, contient les nom, prénoms, qualités, âge, lieu de naissance du candidat et le titre de l'ouvrage présenté. Elle est transcrite au procès-verbal de la séance, affichée dans la salle des réunions pendant trois séances et mentionnée dans les lettres de convocation pour chacune d'elles.

Article IX.

Lorsque plusieurs candidats sont présentés pour remplir une place vacante, on forme une liste de leurs noms ; cette liste est close dans la troisième séance après celle où la vacance a été connue, et immédiatement après la clôture, on fixe au scrutin l'ordre de candidature. Toutes les formalités des élections sont d'ailleurs suivies.

Article X.

Une commission est nommée pour examiner l'ouvrage présenté, les proposants n'en font pas partie.

Article XI.

Cette commission fait son rapport dans la troisième séance qui suit celle de la clôture de la liste des candidats.

Article XII.

Après avoir entendu le rapport, la Société procède au scrutin, le président en proclame le résultat.

Article XIII.

Un membre titulaire devient correspondant lorsqu'il cesse d'habiter Lille ou les communes qui font partie de ses cantons.

Article XIV.

Le nombre des associés agriculteurs est fixé à vingt-quatre.

Article XV.

Pour devenir associé agriculteur, il faut être cultivateur, âgé d'au moins vingt et un ans, domicilié dans l'arrondissement de Lille et présenté par trois membres titulaires.

Article XVI.

Ils forment une commission permanente d'Agriculture à laquelle sont adjoints six membres titulaires.

Article XVII.

Ils ont voix consultative dans les séances de la Société.

Article XVIII.

Pour devenir correspondant, il faut résider hors de Lille et des communes faisant partie de ses cantons, être présenté par un membre titulaire ou adresser à la Société une demande autographe. On se conforme d'ailleurs aux autres articles relatifs à l'admission des membres titulaires.

Article XIX.

Les correspondants présents aux séances de la Société ont voix consultative.

Article XX.

Ils conservent ce titre lorsqu'ils viennent habiter Lille ou une des communes faisant partie de ses cantons.

Article XXI.

Lorsqu'un correspondant ne s'est pas rappelé au souvenir de la Société, ni directement, ni indirectement, pendant l'espace de trois ans, on délibère si son nom sera maintenu sur le tableau. Cette délibération n'a pas lieu pour les académiciens de l'Institut.

Article XXII.

Le bureau est composé d'un président, d'un vice-président, d'un secrétaire général, d'un secrétaire de correspondance, d'un trésorier et d'un bibliothécaire.

Article XXIII.

Le président sortant d'exercice ne peut plus faire partie du bureau pendant un an. Les autres officiers peuvent être réélus ou appelés à d'autres fonctions.

Article XXIV.

Tout mémoire ou rapport, toute notice ou copie lus en assemblée générale appartiennent à la Société, en ce sens qu'elle peut les garder dans ses archives, en délivrer des copies ou les faire imprimer dans le recueil de ses travaux. Aucune pièce déposée aux archives ne peut être transportée au dehors qu'en vertu d'une autorisation de la Société.

Article XXV.

Les objets d'histoire naturelle, médailles et antiquités composant les cabinets de la ville, les machines et instruments destinés au cours gratuit de physique sont confiés à la surveillance des commissions permanentes. Ces objets ne peuvent être transportés au dehors qu'en vertu de l'autorisation de la Société.

Article XXVI.

La Société se réunit de droit en séance ordinaire les premier et troisième vendredis de chaque mois.

Article XXVII.

Aucune délibération ne peut être prise qu'autant que le tiers au moins des membres titulaires assiste à la séance.

Article XXVIII.

Les votes dans les délibérations sont recueillis par mains levées, et le sont au scrutin lorsque ce mode est réclamé par un ou plusieurs membres et toujours quand il s'agit de l'élection des candidats ou des membres du bureau.

Article XXIX.

Les délibérations sont prises à la majorité des membres présents.

Article XXX.

Les candidats sont élus à la majorité des membres présents et doivent réunir en leur faveur au moins le tiers des voix des membres titulaires.

Article XXXI.

L'ordre du jour est réglé ainsi qu'il suit : 1° Lecture du procès-verbal ; 2° Communication de la correspondance ; 3° Communication de l'ordre du jour ; 4° Rapports des commissions temporaires ; 5° Rapports des commissions permanentes ; 6° Lectures annoncées suivant l'ordre de leur inscription ; 7° Propositions annoncées suivant l'ordre de leur inscription ; 8° Lectures non annoncées ; 9° Propositions non annoncées ; 10° Formation de l'ordre du jour pour la séance suivante.

Article XXXII.

La cotisation est payable par les seuls membres titulaires.

Article XXXIII.

Les commissions sont choisies et renouvelées à la pluralité des voix ; en cas de partage le président désigne parmi ceux qui ont le plus de suffrages.

Article XXXIV.

Les commissions, soit temporaires, soit permanentes n'ont de rapport qu'avec la Société. Lorsqu'un membre d'une commission est autorisé par une décision à communiquer avec l'autorité ou avec des particuliers, il ne parle et n'agit qu'au nom de la Société.

Article XXXV.

Les commissions permanentes conservent les objets confiés à leurs soins, en augmentant la collection par les acquisitions et établissent tous les ans le budget de leurs besoins présumés pour l'année suivante ; elles présentent, aux époques fixées pour chacune d'elles, un rapport général, un état des dépenses et des acquisitions faites, enfin, un inventaire désignant distinctement : 1° Les objets existants lors du dernier renouvellement ; 2° Ceux qui ont été acquis, séparés, échangés ou mis hors d'usage. Cet inventaire est vérifié chaque année par la commission, signé par elle et remis au secrétaire général qui lui en délivre une copie conforme et certifiée.

Article XXXVI.

Les commissions ne peuvent faire de dépenses que jusqu'à concurrence du fonds spécial qui leur est alloué chaque année.

Article XXXVII.

Aucune dépense ne peut être faite, aucun engagement ne peut être pris qu'en vertu d'une décision préalable des commissions respectives, transcrite sur leurs registres et signée par la majorité.

Article XXXVIII.

Les mémoires, propositions, projets de lettres rédigés au nom des commissions sont soumis par leurs rapporteurs respectifs à la Société qui les adresse, s'il y a lieu, avec la délibération, quand elle en approuve le fonds et la rédaction.

Article XXXIX.

Il y a trois commissions permanentes : 1° Celle de physique ; 2° Celle d'histoire naturelle ; 3° Celle d'agriculture.

Article XL.

La commission attachée au cours gratuit de physique, vérifie chaque année les dépenses faites par le professeur, tant pour les frais des cours que pour les acquisitions, constate avec lui l'inventaire du Cabinet et transcrit le tout à la Société.

Article XLI.

La commission chargée de la direction et de l'entretien du Cabinet d'histoire naturelle de la ville fait toutes les acquisitions, veille à la conservation des objets qui le composent et fait exécuter les travaux relatifs à ses attributions. Elle présente chaque année son rapport, son état de dépenses et d'acquisitions et son inventaire certifié.

ARTICLE XLII.

La commission d'agriculture, composée de six membres titulaires et des associés agriculteurs s'assemble les mercredis qui précèdent les séances de la Société, dans la salle des réunions.

ARTICLE XLIII.

Tous les ans à la première séance de décembre, la commission présente un rapport sur ses travaux et propose des sujets de prix en faveur de l'agriculture.

ARTICLE XLIV.

La Société ne reçoit ni lettres ni paquets qui ne soient affranchis.

ARTICLE XLV.

On cesse de faire partie de la Société : 1° En donnant sa démission ; 2° Lorsqu'on n'a pas assisté aux séances pendant six mois et qu'on n'en a pas donné de motifs légitimes.

Ce fut le 5 août que le Préfet du Nord, comte de Villeneuve-Bargemont, communiqua à la Société, en séance extraordinaire, l'ordonnance royale qui lui conférait le titre sollicité. Voici cette ordonnance :

Charles, par la grâce de Dieu, roi de France, etc.

Sur le rapport de notre Ministre secrétaire d'État au département de l'intérieur ;

Notre Conseil d'état entendu ;

Nous avons ordonné et ordonnons ce qui suit :

ARTICLE 1er.

La Société des Sciences, de l'Agriculture et des Arts de Lille, département du Nord, est autorisée à prendre le titre de *Société Royale ;* ses règlements sont approuvés tels qu'ils sont et demeurent ci-annexés. Le nombre des membres résidants est fixé à 36 ; il sera rendu compte au Préfet des changements qui surviendront dans le tableau des titulaires.

ARTICLE 2.

Notre Ministre secrétaire d'Etat au département de l'intérieur est chargé de l'exécution de la présente ordonnance.

Donné en notre château de Saint-Cloud, le 11 juillet de l'an de grâce 1829 et de notre règne le cinquième.

Signé : CHARLES.

Le Ministre secrétaire d'Etat au département de l'intérieur.

DE MARTIGNAC.

Pour ampliation, le conseiller d'Etat, secrétaire général du ministre.

Baron DE BALZAC.

Pour copie conforme, le secrétaire général de la préfecture du Nord.

DE VILDERMETH.

Vers la fin de l'année la Société s'occupa de la révision de son règlement de police intérieure qui fut adopté dans la séance du 30 novembre ; la plupart des innovations qu'il contenait tendaient à le mettre en rapport avec le précédent dont il n'était, en quelque sorte, que le développement, aussi ne paraît-il pas nécessaire d'en donner ici le détail.

Plusieurs questions d'intérêt général occupèrent très activement la Société en 1829. La législation de la pratique de la médecine fut soumise à un minutieux examen et à des discussions dont la longueur s'explique suffisamment par le nombre des médecins qui étaient membres titulaires.

On finit par s'entendre à peu près généralement sur les points suivants : Création de licenciés destinés à remplacer la classe des officiers de santé et devant recevoir une instruction suffisante pour offrir toutes les garanties nécessaires ;

Formation d'écoles secondaires ou hôpitaux d'instruction institués pour rendre plus facile et moins dispendieuse l'étude de la médecine ;

Le concours adopté comme seule voie d'arriver aux places de l'enseignement ou de la pratique dans les hôpitaux ;

La création d'un corps de médecins légistes destinés à s'occuper spécialement des questions médico-légales et à éclairer les tribunaux ;

. L'établissement d'un conseil de discipline qui aurait mission d'éveiller l'attention du ministère public sur les abus commis par les charlatans.

La législation des brevets d'invention fut aussi très longuement discutée ;

on finit par adopter en principe les conclusions d'un rapport qui supprimait les brevets. Le rapport les remplaçait par une patente supplémentaire, mais l'idée ne fut pas admise, on préféra émettre le vœu que les inventions utiles soient l'objet de récompenses nationales.

Enfin un troisième sujet tint encore une grande place dans les préoccupations de la Société. Ce fut la culture de la betterave et la fabrication de sucre. Elle avait été saisie de cette question par un mémoire de M. Clémendot qui proposait des modifications importantes à la méthode adoptée par les sucreries ; frappés de la justesse de ces innovations, plusieurs membres demandèrent que la Société décernât à l'auteur une prime d'encouragement, ou tout au moins une lettre de félicitations ; d'autres s'y opposèrent, et ce conflit amena nécessairement l'examen de tout ce qui se rattachait à l'industrie du sucre indigène déjà répandue dans le département.

Quant à la culture de la betterave, elle était loin d'être regardée alors, ainsi qu'elle l'a été depuis, comme une source de prospérité pour notre agriculture ; elle excitait encore de grandes défiances, et la Société, sur l'avis de la majorité de ses associés agriculteurs, se refusa à l'encourager en proposant la réduction des droits sur les sucres.

Aujourd'hui que toutes ces questions de législation et d'économie rurale ont fait de grands pas vers leurs meilleures solutions, on est tenté de s'étonner des tatonnements de leurs débuts ; mais il n'en est pas moins intéressant de retrouver ainsi dans l'histoire d'une société les reflets de l'opinion à un demi-siècle en arrière, et d'y constater les étapes du progrès.

Les travaux purement scientifiques de la Société furent peu nombreux : ils comprennent quelques observations médicales de M. BAILLY, une notice de cryptogamie par M. DESMAZIÈRES, une note étendue de M. KUHLMANN sur l'emploi du sulfate de cuivre dans la fabrication du pain et des études sur la possibilité d'élever des vers à soie dans le Nord soit en introduisant la culture du mûrier, soit au moyen de feuilles de scorsonères.

Il n'y eut pas de volume publié en 1829, mais la cause en est bien plutôt dans la pénurie des finances, que dans le défaut des matériaux, car de nombreux mémoires, présentés antérieurement, attendaient dans les cartons le moment de voir le jour. Cette question des publications préoccupait vivement la Société à cette époque. Un projet de bulletin mensuel fut discuté ; on décida la publication d'un annuaire agricole, et sur la proposition de M. DELEZENNE, il fut arrêté que les mémoires paraitraient dorénavant à des intervalles plus rapprochés. Si ces améliorations ne furent pas réalisées à ce moment, on ne peut en accuser la bonne volonté de la Société.

Le personnel subit en 1827, 1828 et 1829 les changements suivants : en 1827 aucun membre titulaire ne fut admis, mais on reçut trois associés agriculteurs et 14 correspondants : MM. Marc Antoine JULLIEN, fondateur de la *Revue encyclopédique* ; le chevalier CAMBERLYN-D'AMOUGIES, littérateur à Gand ; DE BRÉBISSON père, naturaliste à Falaise, LABARRAQUE, pharmacien à Paris ; le docteur LEGLAY à Cambrai ; TASSAERT, chimiste à Anvers ; de BRÉBISSON fils, naturaliste à Falaise ; HOCHARD, receveur des contributions à Roubaix ; MÉRAT, docteur en médecine à Paris ; MATHIEU DE DOMBASLE, agronome à Roville ; GESLIN, professeur de musique à Paris ; BAILLY DE MERLIEUX, agronome à Paris ; BÉGIN, docteur en médecine à Paris ; LEMAIRE, agrégé de l'Université de Paris ; MM. MARCHAND DE LA RIBELLERIE et LEBONDIDIER, membres résidants quittèrent Lille et prirent rang sur la liste des correspondants.

Un des plus anciens correspondants mourut cette année, Hippolyte-Antoine ADVENIER FONTENILLE, né à Paris le 15 février 1773, fut d'abord élève des Ponts et Chaussées, puis officier du génie. Il fit la campagne du Rhin comme aide de camp du général Marescot et rencontra près de lui l'entomologiste Macquart qui faisait la même campagne comme secrétaire de cet officier général. Il quitta le service sous l'Empire et en 1812 fut nommé référendaire à la Cour des Comptes, poste qu'il conserva jusqu'à sa mort.

Ses œuvres littéraires consistent surtout en vaudevilles qui n'eurent pas tous un égal succès ; ses vers chantèrent successivement tous les gouvernements et se plièrent aisément à toutes les circonstances.

En 1828, le nombre des membres titulaires fut porté à quarante-deux par la nomination de MM. GILGENCRANTZ, sous aide-major à l'Hôpital militaire ; SOUDAN, chirurgien major, professeur à l'Hôpital militaire ; JAUFFRET, docteur en médecine, professeur à l'Hôpital militaire ; BONARD, chirurgien major au Cinquième dragons ; NOUEL-MALINGIÉ, pharmacien militaire ; SEMET, littérateur ; LONGER, vérificateur des domaines ; LEFEBURE, pharmacien major ; HAUTERIVE, docteur en médecine ; DE COURCELLES, propriétaire agronome ; GUILLOT, chef de bataillon d'artillerie ; DE CONTENCIN, secrétaire particulier du Préfet ; DANEL, imprimeur du Roi.

On reçut correspondants : MM. VANDERLINDEN, entomologiste à Bruxelles ; LECOCQ, naturaliste à Clermont-Ferrand ; Elias FRIES, naturaliste à Lund ; le comte du CHATEL, agronome à Versailles ; VILLENEUVE, docteur en médecine à Paris ; TIMMERMANN, officier du génie à Tournai. GUILLEMIN, botaniste à Paris ; GUÉRIN-MENEVILLE, naturaliste à Paris, Alexandre RODENBACH, littérateur à Roulers ; AJASSON DE GRANSAGNE naturaliste à Paris ; BOUILLET, minéralogiste à Clermont-Ferrand ; le vicomte DE VILLENEUVE-TRANS, littérateur à Nancy ; OZANEAUX, professeur de philosophie au collège Louis-le-Grand, HAUTERIVE, docteur en médecine à Paris, Mlle LIBERT, botaniste à Malmédy.

Plusieurs des pertes de cette année méritent d'être signalées ; ce sont le comte François DE NEUFCHATEAU ; HENNET, le capitaine du génie DELISLE et le célèbre agronome BOSC.

M. François DE NEUFCHATEAU, né à Neufchâteau en 1750, fit d'abord partie de la magistrature qu'il exerça en Lorraine et à Saint-Domingue. Comme beaucoup d'esprits distingués, mais imprévoyants, il se montra partisan de la Révolution et se signala même à l'Assemblée législative par des violences de langages contre les prêtres et les émigrés : mais il s'arrêta devant la terreur et fut emprisonné jusqu'au 9 Thermidor. En 1796 il devint ministre de l'intérieur, puis membre du Directoire sans jamais cesser, dans les postes les plus élevés, de s'occuper de littérature d'histoire et de science.

Après le 18 brumaire, il fut fait sénateur ; ce fut lui qui au couronnement harangua l'Empereur au nom du Sénat dont il était président, et qui, après Austerlitz, lui décerna le nom de *Grand.* Il se retira de la scène politique avant la fin de l'Empire, se livra à l'étude de l'agronomie et publia de nombreux travaux sur toutes les branches de cette science. La Société l'avait admis au nombre de ses correspondants en Août 1810.

Louis Augustin Guillaume BOSC était né à Paris en 1759. Il se livra de bonne heure à l'étude de l'histoire naturelle et surtout de la botanique, acheminement naturel vers l'agriculture. Ami intime du ministre Rolland, il fut proscrit avec les Girondins et n'échappa à l'échafaud qu'en se cachant longtemps dans la forêt de Montmorency. LAREVEILLÈRE-LEPAUX, à qui il avait donné asile dans sa retraite, lui fit obtenir plus tard le poste de consul aux Etats-Unis, mais il ne put obtenir l'exequatur et ne s'occupa en Amérique que de zoologie et de botanique. A son retour il fut nommé administrateur des hospices civils de Paris, puis inspecteur des pépinières du Gouvernement. Les nombreux travaux qu'il publia dans les journaux d'agriculture et dans les *Mémoires de la Société d'agriculture de Paris*, lui ont donné un des premiers rangs dans les agronomes de l'époque, et il contribua pour une part considérable au réveil agricole. Il a donné aussi une *Histoire naturelle des coquilles, des vers et des crustacés*. Bosc mourut le 11 juillet 1828.

Le capitaine du génie Pierre DELISLE fut un des membres correspondants de la Société qui obtint dans ses publications le plus grand nombre d'insertions. Ses mémoires sont tous consacrés à la mécanique appliquée : Les principaux sont : *Mémoire sur le principe mécanique des armes de jet des Anciens ; Mémoire sur l'importance et les moyens de l'application des machines à vapeur à la navigation maritime en temps de guerre ; Mémoire sur l'élasticité de l'air, employée comme ressort et sur son application au perfectionnement de quelques machines.*

Le chevalier HENNET, longtemps employé supérieur des finances, était né à Maubeuge, le 25 décembre 1758 ; M. Arthur D'naux lui a consacré dans les *Archives du Nord* un article biographique dont voici un court résumé :

Placé très jeune à Paris, au Bureau des finances, HENNET travailla sous MM. de Calonne et Necker, devient premier commis et obtint à plusieurs reprises des missions de confiance.

En 1796, il fut nommé commissaire pour organiser le système financier de la Belgique, et en 1801 les Consuls lui confièrent les mêmes fonctions en Piémont. Mis plus tard à la tête du cadastre, il dirigea longtemps cette vaste administration et publia un recueil méthodique de lois et règlements sur la matière.

Quoique éloigné du département du Nord, il y était resté attaché par plus d'un lien : les sociétés de Cambrai, Douai et Lille l'avaient nommé correspondant et en 1811, il fut président du collège électoral d'Avesnes. Rallié avec conviction au gouvernement de la Restauration, il obtint de Louis XVIII le titre de chevalier et brigua la députation, mais il échoua. A de nombreux écrits sur les finances et le crédit public M. HENNET ajouta les œuvres littéraires suivantes : *Poétique anglaise, Fables pour l'enfant, Histoire de l'Académie française* ou *Cours historique de littérature*, en 6 Volumes, qui ne furent pas imprimés ; il laissa en outre en portefeuille plusieurs tragédies imitées de l'anglais.

A ses débuts dans la vie publique, en 1789, HENNET avait publié une apologie du divorce qui paraît avoir été d'autant plus éloquente qu'il plaidait sa propre cause ; il mourut le 10 mai 1828.

En 1829, la Société ne reçut aucun membre titulaire ; mais elle perdit le docteur JAUFFRET, décédé, MM. DE CHAMBÉRET et SEMET, démissionnaires, GILGENCRANTZ, BONARD et NOUEL-MALINGIÉ, qui par suite de leur départ de Lille devenaient correspondants. Ainsi réduite la Société ne comptait plus, à la fin de l'année, que trente-sept membres, un de plus que le chiffre fixé par les nouveaux statuts.

Elle reçut correspondants outre les trois précédents : le chimiste LIEBIG ; Victor AUDOUIN, naturaliste à Paris ; BONAFOUS, directeur du Jardin royal d'agriculture de Turin ; Alexandre BRONGNIARD, agrégé à la Faculté de médecine à Paris ; DERHEIMS, pharmacien à Saint-Omer ; CORNE, conseiller à la Cour de Douai ; LEBLEU, chirurgien sous-aide-major au Val de Grâce ; GAILLON, botaniste, receveur des douanes à Abbeville ; PERSOON, botaniste à Paris ; JAUFFRET, bibliothécaire de la ville de Marseille ; GUERRIER DE DUMAST, littérateur à Nancy ; J. GIRARDIN, professeur de chimie à Rouen ; VINCENT, professeur de mathématiques à Paris ; FONTEMOING, avocat à Dunkerque.

Elle reçut aussi le comte CHRISTOPHE DE VILLENEUVE-BARGEMONT, préfet des Bouches-du-Rhône, qui mourut la même année. Il était né à Bargemont le 27 juin 1771 ; après avoir servi avant la Révolution et avoir fait partie de la garde du Roi en 1792, il entra, sous l'Empire, dans l'administration civile et était préfet d'Agen à la chute de l'Empereur. Ce fut un des premiers préfets qui reconnurent avec éclat le gouvernement des Bourbons ; celui-ci le mit en 1825 à la tête du département des Bouches-du-Rhône.

Il cultiva constamment, au milieu des affaires, les sciences et les lettres et publia plusieurs notices historiques et une statistique des Bouches-du-Rhône.

Le rapport sur sa candidature au titre de membre correspondant présenté par M. JAUFFRET fut inséré dans les Mémoires de la Société (1829-1830, page 488) honneur exceptionnel qui ne se renouvela que très rarement.

VII

TRAVAUX DES ANNÉES 1830 a 1840.
LEGS WICAR. — CHANGEMENTS DANS LE PERSONNEL.
NOTICES NÉCROLOGIQUES

Vingt-sept années s'étaient écoulées depuis la fondation de la Société, et bien qu'un quart de siècle soit peu de chose dans l'existence d'une association destinée à se renouveler sans cesse, il n'est pas inutile de jeter un coup d'œil en arrière sur cette première période ; l'intérêt qui s'attache aux débuts d'une entreprise quelconque est presque toujours plus grand que celui qui résulte de l'étude de ses développements postérieurs.

On a vu que la Société n'avait pas eu d'enfance ; entrée de plain pied dans le mouvement intellectuel du commencement de ce siècle, elle avait suivi sans hésitation l'impulsion de ses fondateurs vers les sciences exactes d'abord, puis vers l'histoire naturelle et la médecine ; l'histoire et la littérature n'avaient tenu qu'une place secondaire dans ses premiers travaux. Cette progession est rarement différente ; ici elle était le résultat de la situation.

Dans les grandes crises des Etats, les esprits indépendants qui se mettent à l'écart de l'agitation publique, sont bien mieux attirés par les sciences d'observation que par les œuvres d'imagination ou les recherches historiques ; le laboratoire du chimiste, le cabinet du physicien ou du naturaliste sont des refuges beaucoup plus sûrs que le travail du poète ou de l'historien, toujours mêlés plus ou moins volontairement aux bruits du dehors.

En tout temps, les études qui mènent aux professions libérales sont plus suivies et fournissent aux sociétés un contingent bien plus considérable, surtout dans une grande ville munie de nombreux établissements d'instruction publique.

Sur 128 membres résidants qu'avait eus la Société de Lille, jusqu'en 1830, on compte 48 médecins ou pharmaciens, 10 naturalistes.

4 physiciens, 3 chimistes et seulement 14 littérateurs ou historiens. Dans les membres correspondants, la proportion en faveur des sciences exactes est plus forte encore. Il est à remarquer que le mouvement littéraire, si accentué sous la Restauration, ne se communiqua pas à la Société. Les pièces de poésie qui lui furent présentées ne participèrent en rien à cet entraînement d'émancipation, à ce 89 littéraire, qu'on appela le romantisme.

La physique et la chimie cédèrent le pas à l'agronomie vers la fin de l'Empire, et dès ce moment l'agriculture théorique et pratique entra pour une très grande part dans les études de la Société ; quatre séances publiques furent consacrées à des distributions de primes agricoles, une seule, en 1825, s'adressa à d'autres sujets.

Cette marche, comme on verra plus loin, fut suivie longtemps encore et ce ne fut que peu à peu, et avec une certaine réserve, qu'ont été institués les programmes scientifiques, littéraires et artistiques aujourd'hui si complets.

La Société avait publié cinq cahiers ou comptes rendus des cinq premières séances publiques et cinq autres volumes de mémoires ; on trouve dans ceux-ci environ trente notices de physique ou de mathématiques ; dix de chimie ; quarante d'histoire naturelle ; vingt de médecine ; dix d'histoire ou d'économie politique et une quarantaine de pièces de poésie ou de dissertations littéraires.

L'agriculture y est représentée par cinq ou six mémoires spéciaux, par des rapports détaillés de la commission d'agriculture, par ceux des distributions de prix et par les discours de ces solennités ; l'amélioration des races de bestiaux en usage dans le pays, l'introduction de cultures industrielles et de nouvelles variétés de céréales furent les principaux objets des discussions et des encouragements.

En somme, dans cette première période, la Société avait marqué sa place parmi les principales associations de province, et avait atteint le but qui leur est marqué : grouper en faisceau les intelligences d'élite des centres importants, les exciter au travail par l'émulation, et faire rayonner autour d'elles par la publicité et par l'appât des primes le goût des choses utiles et des plaisirs de l'esprit : *utile dulci*.

L'année 1830 fournit un bon nombre de travaux qui, réunis à ceux de l'année précédente, formèrent le septième volume des publications de la Société ; la botanique y compte six notices traitant, la plupart, de cryptogamie ; M. DEGLAND y commença ses études sur l'ornithologie du nord de la France, et M. VERLY y continua son énumération des antiquités du département du Nord. Il faut citer encore un mémoire sur la potasse que peuvent contenir les fanes de pommes de terre par MM. MALLET et DELEZENNE, une note sur la charge par cascade de la pile électrique par M. DELEZENNE et une dissertation de M. BLOUET, membre correspondant, sur l'utilité des sciences exactes en général, et des mathématiques en particulier, dans l'éducation de la jeunesse.

Il n'y eut de séance publique ni en 1829, ni en 1830, pour la distribution des primes agricoles, ou du moins il n'en est pas fait mention dans les procès-verbaux ni dans les publications.

Cinq membres titulaires furent reçus : MM. BRONNER, imprimeur ; PELOUZE, chimiste ; MARMIN, inspecteur des postes ; LEMAN, professeur à l'Académie de dessin et DOURLEN, fils, docteur en médecine.

Les pertes furent nombreuses : MM. DUHAMEL, DEMESMAY, LORAIN, MARTEAU, DELEBECQUE furent démissionnaires, les trois derniers en vertu de l'article 45 excluant les membres qui n'ont pas assisté aux séances pendant six mois sans en avoir donné des motifs légitimes. MM. DURETTE, MARTEL, DE CONTENCIN, DESBRIÈRES et GUILLOT devinrent correspondants. MM. MALLEY, VAIDY et SACHON moururent. M. VAIDY un des membres les plus zélés de la Société, avait été deux fois président ; M. DE CHAMBERET, son collègue, retraça sur sa tombe les principaux traits de sa carrière médicale et scientifique.

Jean-Vincent-François VAIDY, né à La Flèche le 23 juillet 1776, était entré fort jeune au service militaire et était parvenu, avec lenteur, mais par son seul mérite, au grade de médecin principal, après avoir fourni, pendant les campagnes de l'Empire, des preuves multipliées de ses lumières, de son dévouement et de son courage.

Lorsque la victoire nous ouvrait les portes des capitales, en Hollande, en Prusse, en Autriche, en Saxe, en Espagne, VAIDY, après avoir satisfait aux devoirs de ses fonctions, s'enfermait dans les bibliothèques, explorait les Musées, visitait les Universités, les savants et les académies et acquérait ainsi une foule de connaissances historiques, critiques et philosophiques et une érudition remarquable qui, après la mort de Chaumeton, lui permit d'entreprendre avec succès la bibliographie du grand dictionnaire des sciences médicales. Il publia aussi dans ce même ouvrage un grand nombre d'articles, entr'autres celui de l'*hygiène militaire*.

On lui doit encore un *Plan d'études médicales,* 1816, traité plein d'utilité et d'intérêt pour les étudiants en médecine.

En 1815 il fut placé à la tête de l'Hôpital militaire d'instruction de

Lille, et acquit bientôt une clientèle très étendue. La Société se l'était attaché en 1819 et dès ce moment il enrichit chacun de ses volumes de notes, de mémoires et de discours qui dénotent à la fois le praticien habile et l'écrivain élégant.

La liste des membres correspondants acquit en 1830 dix-huit noms nouveaux : les quatre anciens résidants cités plus haut et MM. DEMEUNYNCK, docteur en médecine à Bourbourg ; MIONNET, conservateur du Cabinet des Antiques à Paris ; WAPPERS, peintre belge ; KUNZE, botaniste à Leipsig ; HÉRÉ, professeur de mathématiques à Saint-Quentin ; MARTIN SAINT-ANGE, docteur en médecine à Paris ; JAUFFRET, conseiller d'Etat ; Mme CLÉMENT, née HÉMERY, littérateur à Cambrai ; Baron DE LAGARDE, ancien préfet à Paris ; BLOUET, professeur d'hydrographie à Dieppe ; Baron VESTREENEN DE TIELLANDT, directeur des Musées royaux, à Amsterdam ; ARTAUD, inspecteur de l'Université ; TANCHOU, docteur en médecine à Paris ; MOREAU DE JONNÈS, statisticien à Paris.

On eut à regretter la perte de MM. BOINVILLIERS, CHENEVIX, BONELLI et du docteur ZANDYCK père à Dunkerque.

M. BOINVILLIERS, le fécond grammairien, était né à Versailles, le 5 juillet 1764. Il commença pendant la Révolution ses écrits pour l'instruction de la jeunesse et continua toute sa vie à chercher les moyens de perfectionner la langue française et de faciliter l'étude des langues anciennes ; il publia à cet effet un grand nombre de dictionnaires, de grammaires, de manuels et d'abrégés historiques qui ont été depuis imités dans beaucoup d'autres productions du même genre, mais que le perfectionnement des méthodes a fait depuis longtemps oublier. BOINVILLIERS publia aussi une traduction de Phédre, une pièce de théâtre intitulée : *Condorcet en fuite* et de nombreux articles en vers et en prose dans les recueils littéraires. Il mourut à Ourscamp en avril 1830.

Le chevalier Richard CHENEVIX, correspondant depuis 1808, mourut à Paris le 5 août. Il était né en Irlande d'une famille d'origine française, et se fit connaître à la fois comme littérateur, comme chimiste et comme minéralogiste. Ses travaux de chimie consistent en nombreuses observations, analyses et expériences insérées dans les *Transactions philosophiques* et le *Journal de Nicholson*. Un mémoire sur les systèmes minéralogiques parut en français dans les *Annales de Chimie* et fut l'objet de longues et intéressantes discussions. CHENEVIX s'y déclarait en faveur d'Haüy, contre ses compatriotes. Il composa plusieurs pièces de théâtre, où il eut la prétention d'imiter Shakespeare, mais elles ne furent pas représentées.

François-André BONELLI, mourut le 18 novembre ; sa vocation de naturaliste s'était manifestée dès son enfance ;. on raconte qu'il poursuivit un jour un papillon rare l'espace de huit heures. Dès l'âge de vingt ans il avait déjà des collections remarquables ; à vingt-cinq, il était membre de l'Académie de Turin et professeur d'histoire naturelle à l'Université de cette capitale. Le Cabinet de Turin lui dut en grande partie ses collections et leur classification. Ses notices de conchyliologie, d'entomologie et d'ornithologie sont toutes remarquables pour l'époque ; presque toutes sont insérées dans les recueils de l'Académie de Turin.

Le célèbre chimiste VAUQUELIN mourut aussi en 1830, mais son titre de membre correspondant de la Société des Sciences de Lille peut paraître douteux, car son admission n'est mentionnée dans aucun procès-verbal et il ne figure que sur la liste de 1808, cependant comme membre de l'Institut, il ne pouvait tomber sous le coup de l'article XXI du règlement.

Pendant les années suivantes 1831 et 1832, on remarque un peu de relâchement dans les travaux de la Société : à plusieurs reprises les procès-verbaux constatent la rareté des lectures, l'inexactitude des membres, et surtout le peu de zèle des membres forains de la commission d'agriculture. On essaya d'y remédier en adoptant une proposition de M. FÉE portant que des séances exclusivement réservées à l'agriculture auraient lieu, à 11 heures, les derniers mercredis de janvier, mars, mai, juillet, octobre et décembre ; mais il ne paraît pas que cette innovation ait atteint son but ; aucun procès-verbal de ces réunions n'a été tenu.

Quant aux moyens de réveiller l'intérêt des séances ordinaires, ils furent l'objet de diverses propositions longuement discutées. Elles tendaient à imposer à chaque membre une lecture annuelle sous des peines pécuniaires ou sous la simple sanction d'être signalé à la Société comme n'ayant pas rempli ses obligations. Ces propositions furent rejetées et l'on attendit du temps et des circonstances le retour à plus d'empressement.

Il n'est pas douteux que l'agitation politique qui suivit la Révolution de juillet n'ait été pour beaucoup dans ce ralentissement des travaux. Toutefois l'espèce de désarroi qu'elle jeta dans les esprits n'influa pas sur les rapports des membres entr'eux ; la diversité des opinions ne troubla jamais la bonne harmonie et la confraternité des séances.

Les publications de la période 1831-1832 furent faites en trois parties, formant trois tomes qui, bien que paginés séparément, sont ordinairement considérés comme formant ensemble le 9⁰ volume de la collection des Mémoires.

La première partie est composée uniquement de la *Vie de Linné* par M. Fée. C'est un travail consciencieux et plein de recherches, mais que son plan morcelé rend plus propre à être consulté qu'à être lu.

Au lieu d'une biographie ordinaire l'auteur a préféré donner une série de tableaux chronologiques qui coupent son sujet en quatre parties : la première est composée d'éphémérides tirées des mémoires autographes du grand naturaliste, la seconde de nombreux extraits de sa correspondance. La troisième, sous le titre d'*Anecdotes*, reprend les faits les plus saillants de sa vie publique et privée ; la quatrième est une bibliographie très complète des œuvres de Linné. Tel qu'il est, ce livre est une œuvre remarquable qui fait honneur à l'auteur et à la société qui l'a publiée.

Le second volume est encore composé en grande partie d'un ouvrage de M. Fée : *Flore de Théocrite* et *des poètes bucoliques grecs ;* c'est un commentaire détaillé et synonymique de tous les noms de plantes, au nombre d'environ deux cent cinquante, que ces poètes ont citées, travail de patience et d'érudition qui nécessitait chez l'auteur d'égales connaissances botaniques et classiques. Quelques notices de physique et de chimie de MM. Vincent et Barré, correspondants, et de MM. Kuhlmann et Delezenne complètent le volume.

Le tome troisième de 1831 et 1832 est plus varié ; on y trouve : des *Recherches sur les moyens d'assainir les canaux de la ville de Lille,* par M. T. Lestiboudois, question que les quarante années écoulées depuis n'ont pas encore résolue ; une nouvelle suite aux *Antiquités du Nord* de M. Verly ; des extraits d'un ouvrage inédit sur la justice militaire par M. Legrand ; un rapport de commission à propos d'un questionnaire envoyé par le gouvernement sur l'impôt du sel, et quelques traductions de littérature espagnole par M. Moulas.

Les distributions des primes agricoles eurent lieu en séances publiques, avec discours du Préfet et du Président : en 1831, on récompensa plusieurs instruments perfectionnés, deux possesseurs de houblonnières et treize propriétaires d'animaux reproducteurs des races bovine et ovine ; en 1832, un instrument, cinq houblonnières et sept animaux ; pour la première fois cette année la Société décerna des récompenses aux serviteurs agricoles qui s'étaient distingués par leur intelligence, leur bonne conduite et la longueur de leurs services : deux bergers et deux valets obtinrent des médailles ou des outils d'honneur.

Pendant ces deux années neuf membres résidants furent admis : MM. Vaillant, docteur en médecine, professeur à l'Hôpital militaire ; Pierre Legrand, avocat ; Marquet-Vasselot, directeur de la maison centrale de Loos ; Borelly, inspecteur des domaines ; Mullié, chef d'institution ; Judas (Auguste Célestin), chirurgien-major à l'Hôpital militaire ; Davaine, ingénieur des Ponts et Chaussées ; Barré, professeur de philosophie au Collège, et Moulas déjà résidant une première fois en 1823.

M. Godin, ancien chirurgien-major, fut nommé membre honoraire en vertu de la clause suivante du règlement : « On peut devenir membre honoraire par une délibération spéciale prise à l'unanimité des membres présents, et lorsque cette délibération est provoquée par le titulaire intéressé ».

C'est la seconde fois seulement que l'on trouve dans l'histoire de la Société l'admission d'un membre honoraire qui n'était ni autorité civile ni membre résidant : le premier fut dom Wartel en 1803.

MM. Longer, Soudan, Marmin et Sée quittèrent Lille ; M. Bronner, donna sa démission ; à la fin de 1832, la Société comptait trente-trois membres résidants.

On reçut correspondants pendant ces deux années MM. Milne-Edwards, naturaliste à Paris ; Scoutteten, admis en première fois en 1822 ; Jacquemyns, professeur de chimie à Gand, Isbard, économiste à Bruxelles ; Grar, avocat à Valenciennes ; Gravis, docteur en médecine à Calais, et Cochard, pharmacien à Sedan.

Plusieurs des correspondants les plus notables moururent à cette époque ; citons : MM. Balbis (13 février 1831) ; Laugier (avril 1832); le comte Chaptal (juillet 1332) ; et l'abbé Vitalis.

Le botaniste Balbis était né le 17 novembre 1765 à Moretta en Piémont ; il embrassa la carrière de la médecine où son père s'était distingué, il étudia en même temps la botanique avec ardeur. Il était agrégé de l'Université et directeur du Jardin botanique de Paris, quand des motifs politiques le firent exiler. Il vint en France, prit du service dans le corps des médecins militaires et rentra à Turin au milieu des conquérants de sa patrie. Après avoir occupé d'importants emplois administratifs, il abandonna la politique pour se livrer tout entier à la science, mais ses antécédents ne furent pas oubliés et il dut quitter le Piémont lorsque le pouvoir national y fut rétabli.

Ce fut à Lyon qu'il fixa sa résidence en 1819, et dès lors tous ses travaux eurent pour objet la flore française. On a de lui *Elenco delle piante crescenti nei contorni di torino* ; *Enumeratio plantarum officinalium* ; *Miscellanea botanica* , *Hortus Taurinensis* ; *Flora Ticinensis* ; *Flore Lyonnaise*, etc..

André Laugier, né à Lisieux en 1770, fut d'abord élève de Fourcroy, son parent, puis pharmacien militaire, et professa la chimie à l'Ecole centrale du Var. En 1805, à la mort de Fourcroy, il occupa la chaire de ce savant au Muséum de Paris, en même temps que le poste de directeur de l'école centrale de pharmacie. Ses travaux sont nombreux, ils sont pour la plupart insérés dans les annales du Muséum, dans les annales de chimie et dans le bulletin de la société philomatique. Il a enrichi la science de nombreuses analyses très précises. Les leçons qu'il professa au Muséum ont été recueillies sous le titre de *Cours de Chimie Générale*.

Le comte Chaptal, né à Nozaret (Lozère) en 1756, reçut d'un de ses oncles les premiers éléments des sciences. Il suivit ensuite à Paris les cours des principaux chimistes et professa quelque temps à Montpellier. Ses *Eléments de Chimie* et ses beaux travaux sur la chimie appliquée aux arts lui firent bientôt une réputation universelle. Ce fut un des hommes qui contribuèrent le plus aux progrès des sciences appliquées ; pendant qu'il travaillait lui-même avec autant d'assiduité que de succès, il se servait de sa grande fortune pour fonder des établissements consacrés à l'application des théories qu'il avait conçues ; la naturalisation du sucre de betterave, la vinification et la distillation du raisin, toutes les opérations se rapportant à la teinture lui doivent en grande partie leurs développements. La politique l'occupa sans l'absorber, il fut conseiller d'Etat, ministre de l'intérieur, sénateur, pair de France, et fit toujours servir l'influence que lui donnaient ses fonctions à des améliorations utiles ; telles que l'établissement des Chambres de commerce et de la statistique générale de la France, la régularité du service des hôpitaux.

Dans une sphère plus restreinte et avec une notoriété proportionnée au théâtre de son enseignement, Vitalis fut comme Chaptal un savant utilitaire. Il fut longtemps professeur de chimie à l'École centrale de Rouen et son cours de chimie appliquée aux arts y eut un grand succès. Les praticiens accueillirent avec une approbation unanime son traité de la teinture. De 1804 à 1832, il fut, à l'Académie de Rouen, secrétaire perpétuel de la classe des sciences.

Une vocation religieuse qui ne l'avait jamais entièrement quitté au milieu de sa carrière scientifique, finit par devenir irrésistible, il entra dans les ordres et mourut curé d'une paroisse de Paris.

La Société perdit encore M.M. Bonvoisin, membre de l'Académie de Turin, de Brebisson père, et Vanderlinden, auteur d'*Observation sur les hymenoptères de la famille des fouisseurs,* et de *Monographiœ libellulidarum europearum specimen* : ces travaux, qui ne peuvent être considérés que comme des essais, eurent le mérite d'indiquer la voie ; Vanderlinden s'y montrait capable d'œuvres de plus longue haleine, mais une maladie aiguë l'enleva prématurément à l'âge de 33 ans.

Aucun incident particulier ne signala l'année 1833 ; elle fournit un fort volume dont la motié environ est occupée par une suite aux *Insectes diptères du nord de la France* de Macquart. Cet entomologiste, alors dans toute l'ardeur de ses recherches, passe en revue la grande tribu des muscidés avec un soin d'autant plus scupuleux qu'un travail sur cette même tribu venait d'être publié par M. Robineau-Desvoidy (*Essai sur les myodaires* 1830) dans des idées systématiques et d'après un plan qui s'éloignaient des conceptions du naturaliste lillois.

Ce même volume contient aussi du même auteur un *Hommage à la mémoire de Latreille,* car le célèbre entomologiste, correspondant de la Société, était mort le 6 février. Les quelques phrases suivantes de Macquart résument parfaitement la grande influence que Latreille exerça sur l'étude de l'entomologie : « Je n'entreprendrai pas l'éloge de cet homme célèbre, il appartient aux sommités scientifiques ; mais il m'est impossible de ne pas rendre un hommage, tout faible qu'il soit, à la mémoire de celui qui fut pour moi un ami, un maître affectionné, un guide encourageant dans l'étude attrayante, mais difficile de l'entomologie. Lorsque ce grand naturaliste commença à se manifester, l'entomologie, fondée depuis peu de temps sur ses véritables bases par le génie de Linné, mais n'offrant encore qu'une légère esquisse du vaste tableau qui se déroule maintenant à nos yeux, s'était déjà naturalisée en France par les travaux de Réaumur, de Geoffroy, d'Olivier ; et, en Allemagne, Fabricius s'était emparé du sceptre de la science par ses ouvrages empreints des plus profondes connaissances.

« Ce dernier, en substituant au système de classification de Linné, fondé sur les modifications des ailes, une méthode basée sur les organes de la bouche, avait contribué puissamment aux progrès de l'entomologie, en faisant connaître les insectes sous un rapport nouveau et essentiel ; mais en excluant trop de son système les autres organes, il n'avait formé qu'une méthode artificielle, très ingénieuse à la vérité, mais qui outre le défaut de comprendre dans la même classe des insectes appartenant réellement à des divisions très différentes, rendait l'étude de l'entomologie pénible et décourageante par la difficulté souvent excessive de reconnaitre les caractères.

« Cependant, elle avait tout le succès que la célébrité de son auteur devait lui donner, lorsque LATREILLE, convaincu des inconvénients qu'elle présentait, entreprit de replacer la science sur sa base linnéenne, de former des familles dont les caractères, ainsi que ceux des genres, fussent empruntés à tous les organes, afin de faire pour l'entomologie ce que Jussieu avait fait pour la botanique, une méthode naturelle.

« La plupart de ses ouvrages, depuis le *Précis des caractères génériques des insectes,* publié en 1796, jusqu'à sa mort, tendirent à ce but : il l'atteignit, et, grâce à l'importance de ses travaux et à l'impulsion qu'il sut donner à cette science, elle est devenue une des branches de l'histoire naturelle les plus avancées. L'attrait qu'il y répandit, l'accueil qu'il fit à tous les hommes qui s'y sentaient portés, fut la principale cause de la faveur dont elle jouit, du grand nombre d'adeptes qui s'y sont initiés, des explorations qui se font sur toutes les parties du globe et du nombre infini des espèces qu'elles ont fait connaître. »

Citons encore deux membres correspondants morts cette année : Le chevalier CAMBERLYN D'AMOUGIES et M. MASCLET ; le premier né à Gand en 1760, avait fait de bonnes études à l'Université de Louvain, il s'adonna surtout à la poésie latine et chanta dans la langue de Virgile la plupart des souverains et des personnages importants de son époque. Ses poèmes sur la découverte de l'imprimerie (*Ars Costeriana),* sur le peintre Van Eyck *(Eyckii immortali genio),* et sur la découverte de l'art de sécher les harengs *(Buckelingii ingenio)* ne manquent pas d'un certain souffle qui reporte le lecteur bien loin en arrière et fait penser à quelque disciple attardé du cardinal de Polignac.

M. MASCLET avait été membre honoraire de la Société à son origine, lorsqu'il était sous-préfet de Lille ; comme M. ARBORIO qui a été cité plus haut, il avait échangé ce titre contre celui de correspondant. Il était né à Douai en 1760 et était entré, après avoir achevé ses études au Collège d'Anchin, dans l'administration coloniale à Saint-Domingue. Il se fit ensuite recevoir avocat, puis servit quelque temps comme sous-lieutenant dans un régiment de carabiniers. Emigré pendant la Terreur, il revint en France en 1800 et occupa successivement les postes de sous-préfet de Boulogne, de Douai, de Lille et de Cosne ; puis ceux de consul à Liverpool, à Bucarest et à Nice.

La Société reçut beaucoup de correspondants en 1833, MM. LAISNÉ, professeur de mathématiques à Paris ; DE PRONY, membre de l'Institut ; MEIGEN, diptérologiste à Stolberg ; DESPRETZ, professeur de physique au collège Henri IV ; BOURDON, professeur de mathématiques, inspecteur de l'Université ; HUOT à Versailles ; AMPÈRE, membre de l'Institut ; MAIZIÈRES, docteur ès-sciences à Paris ; Charles MALLET, professeur de philosophie à Amiens ; LELEWEL, professeur d'histoire à l'Université de Wilna.

A la distribution des prix qui eut lieu cette année, la Société revint à son ancien usage d'exposer dans un rapport présenté par le secrétaire général le résumé de ses travaux. Cette tradition du premier temps avait été abandonnée quand on commença à publier *in extenso* les mémoires lus ou envoyés, et quand, en même temps, les séances publiques devinrent des solennités purement agricoles.

Malgré l'intérêt incontestable que présentait cette espèce de procès-verbal annuel, il ne fut pas continué et ce ne fut que longtemps après, en 1857, que la coutume en fut définitivement consacrée.

Il faut encore signaler à cette époque un redoublement d'activité de la commission d'histoire naturelle. En 1831 toutes les peines que la Société s'était données depuis son origine pour la formation et l'extention du Muséum avaient failli se trouver entièrement perdues en un seul instant. Le renouvellement de la toiture de l'aile de l'Hôtel de ville ou le Muséum était installé (aujourd'hui la salle du Musée industriel), avait nécessité un approvisionnement considérable d'ardoises que l'entrepreneur des travaux avait intérêt à soustraire à un examen préalable. Il les avait accumulées au-dessus de la voûte qui, trop faible pour les soutenir, s'écroula sur une grande partie de son étendue, écrasant les vitrines et les objets qu'elles contenaient.

Il fallut se remettre à l'œuvre pour réparer ces pertes ; on y parvint au moyen d'une indemnité payée par l'auteur des dégâts et par des allocations annuelles et le Muséum reprit en peu d'années son ancienne importance.

La commission d'agriculture, quoique toujours assez mal secondée par ses membres agriculteurs, continuait pendant ce temps à répondre de son mieux aux indications de ceux qui l'avaient fait instituer et qui la subventionnaient. Elle s'occupa notamment du perfectionnement des instruments aratoires et fit l'acquisition, dans le but de les présenter comme modèles, de plusieurs de ces instruments en usage dans d'autres contrées. L'emploi du sel, l'amélioration des chemins communaux, l'établissement de garancières et de houblonnières, des essais d'acclimatation de la canne à sucre l'occupèrent successivement. La distribution des prix décerna dix-neuf récompenses à des possesseurs d'instruments ou d'animaux reproducteurs ou à des anciens serviteurs agricoles.

Dans le courant de l'année suivante, 1834, il se produisit un fait important qui eut une influence considérable sur l'avenir de la Société, en y réveillant le sentiment artistique et en stimulant l'esprit de possession et les préoccupations qui en sont la conséquence : ce fut la mort du peintre WICAR, membre correspondant. Par son testament il confiait à la Société des Sciences de Lille sa belle collection de dessins originaux, et en même temps constituait une rente qui devait permettre à de jeunes artistes lillois d'aller se perfectionner à Rome dans la peinture, la sculpture ou l'architecture, à la suite d'un concours dont la Société était constituée l'organisatrice et le juge.

Ce fait capital tient trop de place dans notre histoire pour qu'il soit possible d'en omettre aucun détail et il paraît nécessaire d'interrompre un instant l'ordre chronologique, afin de grouper et de présenter d'un même coup d'œil tout ce qui s'y rattache, pendant les trente années que la Société restera dépositaire du legs inappréciable de son généreux correspondant.

Le chevalier Jean-Baptiste WICAR naquit à Lille le 22 janvier 1762, d'Auguste-Pierre-François-Joseph, menuisier, et de Thérèse-Joseph Dubastar. Ses parents étaient sans fortune et la seule éducation qu'ils purent donner à leurs enfants se borna à quelques leçons de lecture et d'écriture. Le jeune Jean-Baptiste, qui travaillait comme apprenti dans l'atelier de son père, montra dès l'enfance un goût spontané et des dispositions toutes particulières pour le dessin. Dès l'âge de dix ans, les croquis naïfs qu'il crayonnait sur les murs annonçaient une attitude remarquable. Un jour, au château d'Haubourdin, chez M. d'Hespel de Guermanez, son attention fut attirée sur quelques tableaux qui ornaient le salon et, il se mit à en copier les personnages sur le parquet avec un morceau de craie. M. d'Hespel, qui le surprit ainsi occupé, fut frappé de la hardiesse des contours et de la netteté des traits, et engagea fortement le père du jeune dessinateur à le faire entrer à l'école gratuite que dirigeait à Lille le peintre Guéret ; il l'aida de sa bourse à subvenir aux premiers frais.

WICAR y fit des progrès rapides, stimulés par la générosité de son maître qui lui donnait des leçons particulières hors des heures de cours. En 1775 il obtint le premier prix de figure et, en 1778, le premier prix de dessin d'après le modèle vivant. En 1779 il s'occupa de peinture avec de tels succès que dès la fin de l'année il reconnut que les leçons de ses professeurs ne pouvaient plus rien lui apprendre et que le moment était venu d'aller à Paris perfectionner son talent auprès des grands maîtres de l'époque.

Wicar partit riche seulement des illusions de ses dix-huit ans et éprouva bientôt toutes les déceptions de la misère et de l'isolement, mais grâce aux démarches de son père et de ses protecteurs de Lille, le Magistrat de sa ville natale lui accorda une pension de 300 livres qui lui fut payée en 1781, 1782 et 1783.

Cette modeste ressource, jointe au produit de quelques leçons, lui permit de se livrer avec ardeur à ses études de peinture. Il entra dans l'atelier de David que son tableau de Bélisaire venait de placer à la tête de l'école académique chargée de réagir contre l'afféterie Pompadour. Le maître apprécia promptement son nouvel élève, lui prodigua des marques d'intérêt et les encouragements, et lorsqu'en 1794, il retourna à Rome pour y travailler à son *Serment des Horaces*, il emmena Wicar avec lui.

Avant de partir, celui-ci avait fait hommage à la ville de Lille de son tableau d'histoire : *Joseph expliquant les songes*, accompagné d'une lettre de David au Magistrat où on lit ce passage : « le tableau que vous allez voir de M. Wicar est bien de lui, j'en ai été on ne peut pas plus content et il y a tout à espérer d'un jeune homme qui fait un pareil tableau d'histoire surtout pour son premier. Je ne saurais trop vous exhorter à lui prodiguer les facultés de pouvoir le mettre à même de tirer parti des heureuses dispositions qu'il a reçues de la nature. »

A Rome Wicar travailla avec une ardeur extrême s'occupant surtout à copier au crayon les principaux chefs-d'œuvre des musées et des églises. Il se rendit ensuite à Florence où il dessina la plus grande partie des objets d'art de la Galerie Médicis ; en moins d'un an, il rapporta à Rome 400 copies de tableaux, et les copies de 300 camées et de 140 sculptures, ce qui ne l'empêchait pas de se livrer à la peinture, car c'est à cette époque qu'il commença son tableau du *Jugement de Salomon*, achevé à Paris, et qu'il peignit un enfant prodigue dont un dessin offert par l'auteur fait partie de la collection de M. Vandercruysse de Waziers.

Wicar revint à Paris avec David ; sa *Galerie de Florence* fut aussitôt appréciée par tous les artistes et une Société se fonda pour sa publication. Le peintre Lacombe, puis le graveur Louis-Joseph Masquelier, prirent la direction de l'entreprise qui forma l'ouvrage connu sous le titre de : *Tableaux, Statues, Bas-reliefs et Camées de la Galerie de Florence et du Palais Cetti,* dessinés par WICAR, peintre, et gravés sous la direction de MM. Lacombe et Masquelier avec les explications de M. Mongez, membre de l'Institut de France. Paris 1789 à 1807. 4 vol. in-folio.

Lorsque la Révolution éclata, WICAR, malgré sa liaison de plus en plus intime avec David, sut se préserver de l'exaltation fanatique qui conduisit l'illustre artiste au régicide ; il eut honte des excès de la Terreur et se renferma tout entier dans la pratique de son art. En 1794, la Convention ayant réorganisé l'administration des Beaux-Arts, il fut nommé membre du Conservatoire du Muséum avec appointements de 2.400 francs, et par décret du 18 pluviôse de la même année, entra dans la commission chargée d'inventorier dans les musées nationaux les objets d'art propres à l'instruction publique.

On se demandera sans doute comment WICAR dont l'éducation avait été presque nulle avait pu acquérir les connaissances nécessaires pour remplir les fonctions dont on le chargeait et les notions historiques que nécessitaient ses compositions. Un de ses biographes a révélé son secret : « Il fut du petit nombre de ces hommes qui, par la seule puissance de leur organisation et de leur intelligence supérieure, se forment seuls ; sans autre secours que sa volonté, un jugement sain et une mémoire prodigieuse, il se familiarisa bientôt avec la connaissance de l'histoire indispensable à son art. Au contact de David qui avait fait dans sa jeunesse de bonnes études classiques, WICAR avait compris qu'il lui importait d'acquérir les lumières qui lui manquaient en ce genre. Il ne quittait plus sa palette que pour travailler sans relâche à orner son esprit des auteurs grecs et latins. Il se servait des meilleures traductions, et, lorsqu'il fut appelé à occuper le poste honorable ui lui fut confié en 1794, il était devenu aussi capable de discourir sur les anciens que sur l'art qu'il pratiquait.

« Il conserva toujours ce penchant pour la littérature ; on doit croire qu'il en profita dans ses voyages pour se fortifier, puisque sur la fin de sa vie, il passait à Rome pour être un érudit, possédant parfaitement l'histoire ancienne et moderne, et parlant avec facilité plusieurs langues. » (Dufay, *Notice sur la Vie et les Ouvrages de WICAR, 1844).*

La campagne de 1796 avait soumis l'Italie à la France ; par les traités qui terminaient la guerre, le vainqueur se réserva le droit d'enlever un certain nombre d'objets d'art pour les envoyer à Paris ; WICAR fut nommé membre de la commission qui fut chargée du choix ; le Général Bonaparte lui confia spécialement le triage du Musée de Florence d'où soixante chefs-d'œuvre furent extraits par ses soins.

La longue tournée artistique que WICAR fit en Italie avec la commission, impressionna vivement son imagination portée par nature au culte du beau antique ; il se sentit invinciblement attiré, et résolut de ne plus quitter cette terre classique des arts, précieux hommage rendu à la victime par celui-là même qui avait dû la dépouiller.

En 1800, il se fixa à Rome, où il demeura sept ans peignant beaucoup de portraits et de tableaux religieux ou historiques ; sa réputation s'étendit rapidement et presque tous les personnages influents d'Italie posèrent devant lui. L'Académie des Arcades lui ouvrit ses portes, et il était depuis quelque temps professeur à l'Académie de Saint-Luc, quand le roi Joseph, en 1807, ayant fondé à Naples une Académie royale des Beaux-Arts le choisit pour directeur général. Plus tard Murat le fit chevalier de l'ordre des Deux Siciles, le nomma son peintre ordinaire et l'admit dans son intimité.

WICAR resta trois ans à Naples, puis revint se fixer à Rome où il travailla jusqu'à sa mort. Une hydropisie de poitrine l'enleva le 27 février 1834, à l'âge de 72 ans.

Malgré la vogue incontestée dont il avait joui en Italie et quoiqu'il y eut été le vrai représentant de l'école française de l'Empire, sa célébrité comme peintre ne franchit guère les Alpes, et, à part les souvenirs qu'il y avait laissés à Lille, il ne paraît pas qu'on se soit beaucoup occupé de lui en France, pendant sa longue carrière artistique. Lorsque le 27 novembre 1809, la Société des sciences lui décerna le titre de correspondant, ses concitoyens n'étaient même pas fixés sur son véritable domicile ; le procès-verbal de la séance où il fut admis porte cette mention : WICAR artiste *à Florence,* et c'est ainsi qu'il fut inscrit sur les listes publiées dans les volumes des Mémoires.

De son côté, le peintre avait toujours négligé ses relations avec Lille ; en 1825, sollicité par le maire d'envoyer des ouvrages à l'exposition des Beaux-Arts, il s'excusa sur les nombreuses commandes ; peu après il fut rayé de la liste des correspondants de la Société, faute de s'être rappelé à son souvenir dans les trois dernières années ; il est donc probable que ses collections n'eussent pas eu la destination qu'il leur donna à la fin de sa vie, s'il n'avait reçu les visites de plusieurs habitants de Lille, voyageant en Italie, qui furent heureux et fiers d'être admis dans l'atelier de leur célèbre compatriote. MM. d'Hespel d'Hocron, cousin de son premier protecteur et V. de Renty, amateur éclairé de peinture, lui rappelèrent le souvenir de la patrie absente, et, à leur retour ils entretinrent leurs concitoyens de la vogue toujours croissante de l'artiste lillois.

La Société des sciences se rappela alors son ancien correspondant et le 4 janvier 1833, MM. Macquart, Verly et Dourlen posèrent de nouveau sa candidature ; le 15 février après la lecture d'un rapport sous forme de notice par M. Liénard, il fut réintégré sur la liste et l'on décida que la collection complète des Mémoires lui serait envoyée.

Wicar reçut l'avis de sa nomination avec *l'enthousiasme le plus patriotique,* ce sont ses propres expressions ; sa lettre de remerciements est du 20 mai 1833 ; le 20 janvier suivant il faisait un testament par lequel il instituait son élève, Joseph Carattoli, héritier fiduciaire universel, le chargeant par un acte séparé de donner à la ville de Lille son grand tableau la résurrection du fils de la veuve de Naïm, et à la Société des sciences sa collection de dessins originaux, plusieurs objets antiques de bronze et de marbre, quelques autographes et une tête en cire de *l'époque de Raphaël.*

Il ordonnait ensuite qu'avec des autres biens meubles et immeubles, il serait constitué un capital dont la rente, administrée par la Congrégation des pieux établissements français résidant à Rome, serait employée à une *Œuvre* appelée *Œuvre pie Wicar* qu'il constituait sa légataire universelle.

Cette rente devait servir à doter d'une pension de 25 écus par mois autant de jeunes gens dévoués à l'étude de la peinture, de la sculpture et de l'architecture que le permettrait le montant de la rente. Les deux premiers titulaires de cette rente devaient être, leur vie durant, Camille Domeniconi et Joseph Carattoli, ce dernier transmettant le privilège à son fils Louis.

Dans le cas où les revenus de l'œuvre permettraient d'augmenter le nombre des pensionnaires après le décès des premiers titulaires, Wicar conférait au conseil municipal de Lille le droit de désigner les jeunes gens qui lui paraîtraient avoir les qualités requises. Ils devraient être nés à Lille et nommés au concours, sur l'avis de la Société des sciences. Le séjour à Rome est fixé à quatre années pendant lesquelles les élèves sont soumis à la surveillance de la Congrégation des établissements français qui est investie du droit de supprimer la pension en cas de faute grave.

En outre le testateur affectait au logement des pensionnaires une maison rue del Vantaggio, numéros 5, 6, 7 et 8, dont il défendait l'aliénation.

Wicar, comme on l'a vu, ne survécut qu'un mois à la rédaction de ses dernières volontés. Le 10 Juillet suivant, le conseil municipal de Lille vota des remerciements à sa mémoire et sollicita l'autorisation d'accepter le legs : en même temps le maire écrivait à la Société pour lui demander de ne se considérer que comme usufruitière des dons qui lui étaient faits et d'en laisser la nue-propriété à la ville, qui, à cette condition, se chargerait d'acquitter les droits de succession et de fournir un local approprié à l'exposition des objets, sous la garde de la Société.

Ce fut le point de départ d'une longue discussion et d'un antagonisme plus ou moins déclaré qui ne se termina réellement qu'en 1865 par la donation entière, faite par la Société à la ville de Lille, de tout droit sur les collections dont le testament de 1834 la faisait propriétaire.

La demande du maire de Lille souleva d'abord de vives protestations. On comprend aisément qu'un corps constitué, livré à l'étude des œuvres de l'intelligence, se désaisisse avec peine d'une propriété artistique de grande valeur sur laquelle ses droits sont incontestables, et dont il n'est même pas encore entré en possession. Néanmoins la réflexion amena l'attention sur les points suivants : absence d'un local qui permette l'exposition publique, frais de succession (1), d'entretien et de garde, incertitude de l'avenir pour le cas où la Société se dissoudrait ; ces arguments engagèrent la majorité à adopter la proposition de l'administration municipale, elle abandonna la nue-propriété de son legs, en conservant la jouissance aux frais de la ville, et en obtenant qu'une inscription, placée sur chacun des objets, rappelle qu'ils provenaient du legs fait par le chevalier Wicar à la Société royale. Le 8 octobre suivant le conseil municipal prit une délibération qui approuvait les bases de la transaction.

Les caisses contenant les tableaux et objets d'art arrivèrent à Lille en octobre 1835, et la collection de dessins en mars ; les premiers furent déposés au Muséum d'histoire naturelle, les autres dans la tour du nord à l'Hôtel de ville, local humide et mal aéré, où l'exposition était impossible et qui souleva bientôt les plaintes fondées de la commission désignée par la Société pour la surveillance de son usufruit

Il serait fastidieux d'entrer dans les détails des rapports souvent

---

(1) Les frais d'héritage et de transport montèrent à la somme de 2.167 francs 66 c.

aigres doux que la sollicitude de cette commission amena entre la Société et la municipalité. Ils étaient le résultat inévitable d'une position difficile qui mettait en présence la ville payant sans administrer, et la Société administrant sans payer. Malgré ces tiraillements, l'organisation de la collection marcha lentement, mais sûrement ; en 1838 on entreprit l'encadrement des dessins, en 1840 ils furent, pour la première fois, exposés en public ; bientôt après, un catalogue fut commencé ; ce travail demanda plusieurs années à la commission qui le conserva longtemps manuscrit ; l'impression ne date que de 1856. Quelques chiffres extraits de ce catalogue donneront une idée de la richesse inestimable du Musée WICAR. Il compte 1437 numéros parmi lesquels : 7 Giotto ; 1 Pérugin ; 13 Masaccio ; 3 Léonard de Vinci ; 8 Fra Bartolommeo ; 68 Raphaël ; 8 Titien ; 6 Andrea del Sarto ; 2 Corrège ; 3 Jules Romain ; 5 Parmesan ; 3 Bassano ; 7 Bronzino ; 3 Vasari ; 2 Tintoret ; 14 Francia ; 1 Paul Véronèse ; 8 Annibal Carrache ; 8 Guido Reni ; 2 Dominiquin ; 17 Carlo Dolli ; 6 Guerchin ; 2 Salvator Rosa ; 57 Salviati ; 6 Poussin ; 1 Luca Giordano ; 15 Michel-Ange et une série de 184 croquis d'architecture attribués par WICAR à Michel-Ange, mais qui ont été reconnus depuis étrangers à ce maître (1).

Les autres dessins appartiennent à des artistes moins célèbres ; aucun n'est indigne de figurer dans la compagnie des premiers ; près de 400 n'ont pas reçu d'attribution.

Le buste de jeune fille en cire colorée qui faisait partie des quelques objets antiques joints aux dessins, avait frappé tout d'abord les commissaires de la Société par la pureté des contours, la suavité du caractère, tout son ensemble de grâce mélancolique ; WICAR s'était contenté de la désigner comme une *tête de cire du temps de Raphaël*, mais plusieurs experts et amateurs n'hésitèrent pas à l'attribuer au divin Sanzio et longtemps elle fut rangée, par la majorité de ses admirateurs, parmi les rares ouvrages de modelage du célèbre peintre ; toutefois les auteurs du catalogue inclinent à en reculer l'époque jusqu'à l'antiquité romaine. Aujourd'hui une étude plus approfondie a fait abandonner ces opinions et ce gracieux chef-d'œuvre est assez généralement regardé comme l'œuvre du modeleur Orsino, élève du Verocchio.

La réputation de la collection WICAR n'avait pas tardé à se répandre dans tout le monde artistique ; elle fut consacrée officiellement par le

---

(1) Voir : *Recherches sur l'authenticité d'un livre de croquis attribué par Wicar à Michel-Ange*, par M. Benvignat (Mémoire de la Société des sciences de Lille, année 1866, page 95).

rapport de M. Jeanson, inspecteur des musées qui s'exprimait ainsi :
. « La collection de dessins est de la plus grande importance par le
nombre et le supériorité des morceaux qu'elle contient .... Pour vous
exprimer mon impression, Monsieur le Ministre, devant la plupart de
ces sommités, j'épuiserais toutes les formules laudatives, sans arriver à
dépeindre des choses dont le mérite frappe les yeux si puissamment. Il
y a dans les grandes collections des capitales de l'Europe des pensées
premières des maîtres de l'art aussi belles et aussi précieuses ; mais les
beaux morceaux qui se trouvent à Lille ne leur cèdent en rien.... » (1)

En 1850, le duc de Luynes demanda l'autorisation de faire graver un
certain nombre de dessins : elle lui fut accordée et l'œuvre fut confiée à
MM. Wacquez et Leroy. Elle parut en 1858 sous le titre de : *Choix de
dessins de Raphaël qui font partie de la collection WICAR à Lille,
reproduits en fac-similé par MM. Wacquez et Leroy, gravés et publiés
par les soins de M. H. d'Albert duc de Luynes, membre de l'Institut,
in-folio.*

Plus tard, le prince Albert d'Angleterre confia au photographe
Bingham le soin de photographier les principaux dessins de la collection ; il en résulta un magnifique album dont l'exécution est digne en
tous points du royal amateur qui l'avait désirée, et des chefs-d'œuvre
qu'elle reproduit.

Quand, après trente années de soins incessants, la Société eut assuré
la conservation du legs de WICAR, qu'elle l'eut étiqueté, catalogué, et
rendu accessible à l'étude, elle jugea que sa tâche était terminée, et
qu'elle pouvait renoncer à un usufruit qui n'avait plus d'autre effet que
de rompre l'unité de direction imprimée par la ville avec un zèle
étendu à toutes ses collections artistiques. Par une délibération du
6 janvier 1865, elle abandonna purement et simplement à l'administration municipale tous les droits usufruitiers qu'elle tenait de l'acte
testamentaire de 1834.

La ville, en acceptant la renonciation, décida que la majorité de la
commission de surveillance du Musée WICAR serait toujours composée
de membres de la Société et éleva en même temps à six mille francs le
subside annuel qu'elle accordait à la Société des sciences, de l'agriculture et
des arts. Celle-ci, pour rattacher cette générosité au nom de WICAR, fonda
un prix de mille francs à décerner chaque année à un travail de littéra-

---

(1) Rapport de M. Jeanson sur le musée WICAR et le musée de peinture de la
ville de Lille 1853.

ture, d'art, de science exacte ou d'histoire. On verra plus loin les détails et la marche de cette institution.

Quant à l'Œuvre pie Wicar, elle fut longtemps sans pouvoir profiter à l'éducation artistique des jeunes élèves lillois ; ce ne fut qu'en 1861 que la mort des deux titulaires primitifs, Camille Domeniconi et Joseph Carrattoli, et la liquidation de certaines créances restées en souffrance mirent à la diposition de la Société deux bourses de 300 écus romains. Un concours fut ouvert aussitôt, en même temps qu'étaient institués un programme détaillé d'études et un règlement minutieux

Le concours n'ayant attiré que des peintres, les deux pensions furent attribuées à la section de peinture : MM. Carolus Duran et Émile Salomé en furent les titulaires. Après eux vinrent MM. Nestor Lemaire, sculpteur ; Batteur, architecte ; Rogier, peintre, qui mourut à peine désigné, Cordonnier, sculpteur et Wugk, peintre.

Pour obvier au renchérissement général de toutes choses qui n'a cessé de progresser depuis le testament de WICAR, la ville de Lille alloua aux pensionnaires une augmentation de pension de 800 francs, et 300 francs pour frais de voyage, les mettant ainsi sur le même pied que les élèves de l'Académie de France.

Depuis la Révolution qui a réuni Rome au royaume d'Italie, l'énorme progression des impôts qui frappent les propriétés foncière et mobilière a tellement diminué les revenus du legs qu'une seule pension peut être attribuée aujourd'hui.

Tels furent les principaux incidents qu'amena dans l'histoire de la Société l'acte testamentaire de 1834 ; il est temps de retourner en arrière pour reprendre à cette époque la série ordinaire de ses travaux.

Les publications de 1834, 11ᵐᵉ volume des Mémoires, sont dues pour une notable partie à des membres correspondants. Ce volume contient plusieurs notices géologiques de Marcel de Serres, entr'autres un discours sur l'état des connaissances géognosiques, prononcé à Montpellier en 1832, qui résume à grands traits les doctrines de l'époque : solidification de la croûte du globe terrestre, formation de continents par émersion, des montagnes par exhaussement, ancienneté considérable de la terre, apparition récente de l'homme.

MM. Vincent, Maizières, Bidard, Clère, Pallas, Gravis, Plouviez, Bodet, Mallet, tous correspondants, obtinrent l'insertion de mémoires plus ou moins développés. Parmi ceux des membres résidants il faut noter un très intéressant travail de mathématiques de M. BARROIS, intitulé : *Essai sur l'application du calcul des probabilités aux assurances contre l'incendie ;* deux notes sur la polarisation de M. DELEZENNE, une notice sur les archives de la Chambre des Comptes par M. LEGLAY et deux notes d'histoire naturelle, l'une de M. MACQUART sur le genre *Phyllophora*, l'autre de M. DESMAZIÈRES sur quelques Hypomycètes inédites.

La distribution des prix fut, comme les précédentes, exclusivement agricole ; les primes furent partagées entre les principaux planteurs de houblonnières, les exposants de plus beaux animaux et quelques anciens serviteurs.

Outre le chevalier WICAR la Société perdit, en 1834, plusieurs de ses correspondants : le littérateur hollandais VAN WYN, admis depuis 30 ans ; le minéralogiste CLÈRE dont il fut question d'acheter les collections pour le Musée d'histoire naturelle ; le musicien Philippe de GESLIN. auteur de plusieurs écrits didactiques sur l'harmonie, MM. FACQUET et LAPOSTOLE, pharmaciens à Amiens, admis presque à l'origine de la Société, et M. GUILMOT, bibliothécaire de la ville de Douai.

Ce dernier, né à Douai le 27 novembre 1754, avait été d'abord précepteur des enfants de M. d'Aubers, puis secrétaire de M. de Polinchove, premier président du Parlement de Flandres. Dénoncé comme aristocrate en 1793, il fut obligé de se cacher ; après la tourmente, il fut nommé conservateur de la bibliothèque publique de sa ville natale et se dévoua tout entier, et jusqu'à la fin de sa vie, à l'administration de ce riche dépôt.

Il publia de nombreuses dissertations d'histoire locale et une *Histoire héraldique, généalogique et chronologique* des chevaliers de la Toison d'or.

En 1834 mourut aussi M. le chevalier GILLET DE LAUMOND ; né à Paris, en 1747, il fut d'abord avocat, puis officier dans les grenadiers royaux. Il abandonna en 1784 la carrière militaire pour se livrer à l'étude de la minéralogie et entra dans l'administration des mines. Il fit en qualité d'inspecteur de nombreux voyages dans toutes les parties de la France, et découvrit d'intéressantes espèces ; l'une d'elles, une zéolithe efflorescente, fut désignée par HAÜY sous le nom de *Laumonite.*

En 1793, il fut chargé de l'inventaire des objets d'art et de science provenant des académies supprimées, et, en 1794, de l'organisation, avec FOUCRON, de la nouvelle École des mines. Membre de l'Académie des sciences et d'une foule de sociétés savantes, il fut constamment un de leurs principaux collaborateurs et publia dans leurs recueils un grand nombre de mémoires, d'observations et de rapports.

Il y eut cette année quinze admissions nouvelles : M. A. Frédéric DEGEORGES, littérateur à Arras ; PLOUVIEZ, docteur en médecine à Saint-Omer ; FRANCŒUR, professeur de mécanique à Paris ; LHÉRIC, graveur à Anvers ; VANDERMAELEN, géographe à Bruxelles ; VASSE DE SAINT-OUEN, inspecteur d'académie à Douai ; DUVERNOY, doyen de la Faculté des sciences de Strasbourg ; BIDARD, docteur en médecine à Pas ; ARAGO, professeur d'astronomie à Paris ; MATHIEU, membre du bureau des longitudes à Paris ; LACROIX, professeur de mathématiques à Paris ; GAY LUSSAC, chimiste à Paris ; BABINET, professeur au collège Saint-Louis à Paris ; GUÉRARD, docteur en médecine à Paris et de LACARTERIE, professeur à l'hôpital militaire, membre résidant à Metz.

Pendant les années suivantes la Société continua sa marche régulière, sans incidents notables ; les séances furent remplies par des lectures scientifiques, des rapports de commissions et des comptes rendus d'ouvrages. Les questions agricoles prirent une place de plus en plus grande dans ses préoccupations, et la commission d'agriculture, quoique toujours assez mal secondée par les membres associés agriculteurs, fonctionna avec zèle, se montrant le digne représentant des intérêts agricoles d'un des arrondissements de France les plus heureusement doués de la nature.

Par une décision du 17 février 1837, cette commission, jusqu'alors de six membres, fut composée de huit membres ; sur sa demande on sollicita des fonds pour l'institution d'un Musée agricole et d'un champ d'expériences ; il fut aussi question de la création de comices cantonaux ; mais ces diverses propositions n'eurent pas de suite. Une autre eut plus de succès ; elle amena la publication d'une revue rurale mensuelle qui commença à paraître en 1838 et dura jusqu'en 1854 ; les fascicules portaient pour titre : *Société Royale des sciences, de l'agriculture et des arts de Lille.*

Publications agricoles. — Le but de ce recueil est clairement défini dans un avis suivant placé sur la couverture de chaque numéro : « Cette publication a pour but de propager les bonnes méthodes, de faire connaître les expériences nouvelles et de détruire les préjugés qui s'opposent à l'amélioration et aux progrès de la science agricole. Pour atteindre ce but, la Société a résolu de publier une feuille destinée à reproduire les meilleurs articles des journaux d'agriculture. Elle compte aussi sur le concours de tous les hommes qui font du bien public une étude particulière ; c'est à ce titre qu'elle s'adresse spécialement à MM. les maires de l'arrondissement de Lille, pour les engager à lui transmettre leurs observations sur le perfectionnement de l'agriculture ; la Société accueillera avec empressement les résultats qu'ils voudront bien lui transmettre de leurs essais et de leurs travaux. »

Dans les premières années, les publications agricoles furent surtout composées d'articles tirés des principales revues agronomiques ; les questions d'intérêt local, traitées par des membres de la Société, y prirent place peu à peu et finirent par remplir entièrement le recueil. Ainsi le septième volume, 1848, est formé d'une notice très complète de M. Loiset sur la pleuro-pneumonie épizootique, et de conférences agricoles faites aux membres agriculteurs associés de la Société, par MM. Macquart, sur les applications de la zoologie à l'agriculture ; Demesnay, sur l'économie du bétail ; Meugy, sur la géologie agricole ; Loiset, sur la connaissance de l'âge des animaux domestiques ; Leglay, sur la santé dans les campagnes ; Cazeneuve, sur les assolements.

Dans le huitième volume les conférences continuent : sur le droit rural, par M. Legrand ; sur les plantes parasites, par M. Dailly ; sur les insectes nuisibles, par M. Macquart ; sur la culture du froment, par M. J. Lefebvre ; sur la législation des portions ménagères, par M. Legrand.

Les publications agricoles forment dix volumes parus en 1838, 1839 1840, 1842, 1846, 1847, 1848, 1850 et 1851, et quelques fascicules irréguliers en 1853 et 1854. Elles prirent fin à la création du comice de l'arrondissement de Lille et furent remplacées par les publications annuelles de cette nouvelle institution.

A côté des questions agricoles vint se placer, pendant la période de 1835 à 1840, un sujet d'études qui s'y liait intimement. La culture de la betterave et la fabrication du sucre indigène avaient fait des pas de géant dans le Nord, depuis l'époque où la commission d'agriculture avait refusé de les encourager. Les colonies s'étaient émues de la concurrence et demandaient à être protégées ; d'autre part, le gouvernement voyait dans le développement de cette industrie une source merveilleuse de produits fiscaux et se proposait de la frapper de lourds impôts. La Société prit, cette fois, avec chaleur la défense des intérêts locaux et, après des discussions approfondies, présenta, par l'organe de M. T. Lestiboudois, un rapport très ferme contre toutes charges nouvelles.

Pour la première fois depuis 1825, on reprit, dans la confection du programme des concours de 1836, l'indication de sujets s'éloignant de l'agriculture. Des médailles d'or furent proposées aux meilleurs moyens d'apprécier la valeur des mélasses destinées à la distillation, et d'atténuer les dangers de la fabrication de la céruse ; et aux meilleurs mémoires sur l'histoire scientifique et littéraire de la Flandre française sous les ducs de Bourgogne et sur l'état du commerce et de l'industrie à la même époque. Une seule de ces récompenses fut accordée l'année suivante ; elle échut à M. Lefebvre, fabricant de céruse à Moulins-Lille. En 1839, la dernière question fut traitée par M. Brun-Lavainne qui obtint une médaille d'or de trois cents francs.

Les publications ordinaires suivirent une marche assez régulière : 1835 eut un volume, le 12e de la collection ; le volume suivant contient les années 1836, 1837 et la première partie de 1838 ; le suivant la deuxième partie de 1838 ; le 15e la troisième partie de 1838 ; enfin l'année 1839 produisit deux volumes les 16e et 17e. Les principaux travaux qui y furent insérés sont : une étude sur le chemin de fer de Paris à Dunkerque, par M. Davaine ; des tables barométriques, par M. Delezenne ; commencement du grand travail de M. Macquart : Diptères exotiques nouveaux ou peu connus, accompagné de planches dessinées par l'auteur ; des analectes historiques de M. Leglay ; et un mémoire sur les bibliothèques publiques et privées du département du Nord, par le même.

Le personnel des membres résidants changea peu ; en 1835, il y eut une seule réception, celle de M. Leglay, déjà correspondant à Cambrai, qui venait d'être nommé conservateur des archives départementales.

En 1836, furent reçus MM. Benvignat, architecte et Dujardin, docteur en médecine ; M. Peuvion devint membre honoraire, et M. Charpentier, un des plus anciens sociétaires, fut nommé correspondant à son départ de Lille.

En 1837, deux réceptions, celles de MM. Millot, pharmacien aide-major à l'hôpital militaire, et Poggiale, professeur au même établissement.

En 1838, MM. Mounier, professeur à l'hôpital militaire, Derode, chef d'institution, et Gillet de Laumont, inspecteur du télégraphe, furent reçus titulaires ; la Société perdit MM. Marquet-Vasselot devenu correspondant, et Dambricourt, mort le 19 janvier, à l'âge de 41 ans ; dans le discours prononcé sur sa tombe, le président rappela, en termes émus, la raison froide et rigoureuse, la logique opiniâtre, le cœur affectueux du jeune collègue qui emportait les regrets unanimes de toute la cité.

En 1839, on reçut le docteur Testelin et A. de Contencin déjà une première fois résidant de 1828 à 1830 et qui, après une absence de neuf années, revenait à Lille avec le titre de conseiller de préfecture. La Société perdit le docteur Murville qui donna sa démission le 27 septembre, et M. Hauterive enlevé presque subitement le 11 décembre.

Son passage dans la Société avait été marqué par quelques notices de médecine, mais surtout par sa sollicitude pour tout ce qui se rattachait à l'agronomie. Il fut longtemps secrétaire de la commission d'agriculture à une époque où les hommes pratiques lui faisaient défaut et, si le zèle agricole se perpétua dans la Société, c'est à lui qu'en revient, en grande partie, le mérite. Il fut le promoteur des récompenses accordées aux vieux serviteurs ruraux pour leurs longs services dans la même ferme, et il n'était jamais plus heureux qu'au moment où il les leur distribuait en séance publique.

L'affection foudroyante qui l'enleva fut l'objet d'un rapport médical des docteurs Bailly, Lestiboudois, Dourlen et Testelin (*Mémoires de la Société, 1841, 2ᵉ partie, page 277*).

Le docteur Hauterive avait été sept ans bibliothécaire de la Société, et avait rédigé le premier catalogue imprimé. Jusqu'à lui il n'existait que quelques listes manuscrites très incomplètes, et les relevés des correspondances imprimées, insérés aux procès-verbaux de chaque séance. Le travail de M. Hauterive comprend environ 1200 ouvrages et l'énumération des recueils d'une centaine de Sociétés correspondantes. On verra plus tard qu'il devint, en très peu de temps, insuffisant et que la bibliothèque s'accrut promptement, dans des proportions considérables.

Les mutations dans la liste des membres correspondants furent très nombreuses ; une révision sévère raya un certain nombre de noms que les procès-verbaux ne citent pas, ils furent remplacés par les nominations suivantes

En 1835, MM. Alexandre Lefebvre, entomologiste à Paris ; Dusausoy, lieutenant colonel d'artillerie à Douai ; Michaud, lieutenant au 10ᵉ régiment d'artillerie à Avesnes ; Jacquerye, professeur de mathématiques au collège d'Armentières ; de Larive, professeur de physique à Genève ; Warnkœnig, professeur de jurisprudence à l'Université de Gand.

Parmi les pertes de cette même année 1835, citons Sir John Sinclair, agronome renommé, fondateur, à Londres, d'un bureau d'agriculture dont l'utilité fut si bien reconnue que le gouvernement anglais lui alloua une subvention de 5.500 livres. *Son Code d'agriculture* eut un grand nombre d'éditions ; en 1827, la Société d'agriculture de Boulogne décerna une prime à Mathieu de Dombasle pour la traduction de ce livre qui fut longtemps classique en Angleterre.

Citons encore MM. Mathieu Tondi, minéralogiste, professeur au Muséum, et Félix Potiez, dont la réception datait de l'origine de la Société, 7 janvier 1803. Il était né à Douai en 1779 et y fut employé à la préfecture jusqu'au moment de la translation du chef-lieu à Lille. Tous ses loisirs étaient accordés à l'histoire naturelle et à la physique ; membre de la Société des sciences et arts de Douai, il aida à la création de l'école de botanique du Jardin des plantes qu'il dirigea jusqu'à sa mort ; le Muséum d'histoire naturelle lui doit, en grande partie, sa fondation et l'arrangement de ses collections.

En 1835, on reçut MM. de Chamberet, ingénieur des ponts et chaussées à Lons-le-Saulnier ; de Grateloup, conchyliologiste à Bordeaux ; de Moléon, ingénieur à Paris ; Philippar, professeur d'agriculture à Versailles ; Da Crux-Jobim, professeur de médecine à Rio de Janeiro ; Biosoletto, pharmacien à Trieste ; Cornille, littérateur à Paris ; de Reiffemberg, professeur à l'Université de Liége.

Les principales pertes furent celles de Dubuisson, Persoon, de Jauffret et de l'illustre physicien Ampère.

François-Désiré-André Dubuisson naquit à Nantes en 1761 et fut, dès son plus jeune âge, entraîné vers l'étude de l'histoire naturelle ; il se voua surtout à l'entomologie et à la minéralogie et se plaça bientôt à la tête des amateurs de sa ville natale. Dénoncé comme suspect pendant la Terreur, il dut la vie au témoignage d'un des accusateurs publics qui déclara que c'était un homme pauvre, ne s'occupant que de science.

Ses collections devinrent très riches ; cédées par lui à la ville elles formèrent la base du muséum d'histoire naturelle. Il laissa un catalogue de la collection minéralogique de la Loire-Inférieure.

Persoon était né au Cap en 1760 ; à l'âge de 12 ans il vint en Allemagne finir son éducation et s'attacha surtout à l'étude de la botanique ; ses ouvrages de cryptogamie sont très nombreux et ont fait faire de grands progrès à la science ; surtout son *synopsis méthodica fungorum*, 1801 ; et sa *mycologia europea*, 1822 ; beaucoup de ses travaux ont été publiés par les sociétés académiques de Londres, de Berlin et de Gottingen.

Joseph Jauffret était maître des requêtes au Conseil d'État où il brilla longtemps par son savoir et son impartialité ; presque tous ses écrits roulent sur le contentieux ecclésiastique auquel il avait pris goût en travaillant au Concordat.

Quant à AMPÈRE, mort à Marseille, le 9 juin pendant une tournée d'inspection, ses titres scientifiques sont dans la mémoire de tous.

En 1837, furent reçus MM. WESTWOOD, entomologiste anglais ; QUETELET, membre de l'Académie de Belgique, Henri BOURDON, séricicologue à Paris ; PICARD, naturaliste à Abbeville ; CHOLET, docteur en médecine à Beaune-la-Rolande ; MUTEL, capitaine d'artillerie ; RIBES, professeur de médecine à Montpellier ; THIERS, membre de l'Académie française ; BERKELEY, ministre de l'Évangile et botaniste à Kingscliffe.

La Société perdit le 26 juillet de cette année son premier président, M. BECQUET DE MÉGILLE, qu'on peut, à juste titre, considérer comme son premier fondateur puisque ce fût dans le cabinet physique de ce savant amateur qu'elle tint ses premières séances, et qu'elle se constitua définitivement en 1802.

Pierre-Maurand BECQUET DE MÉGILLE était né à Lille le 13 Janvier 1777, d'une famille appartenant à la magistrature de Douai ; il montra très jeune encore un goût éclairé pour l'étude des sciences physiques, de l'histoire naturelle et de la numismatique. Vers 1805 il quitta Lille pour retourner au berceau de sa famille, fut nommé capitaine de la garde nationale douaisienne et fit la campagne de Flessingue. Successivement administrateur des Hospices, adjoint au maire, puis maire de Douai après les Cent-Jours, il déploya dans toutes ces fonctions un zèle infatigable et un dévouement sans bornes.

Ce fut sous son administration que furent fondés à Douai une école de dessin-broderie, un cours de géométrie et de mécanique appliquée aux arts et métiers, et de brillantes expositions d'art et d'industrie, il fut réorganisateur et président de la Société des amis des arts et ne cessa de se livrer à des recherches de physique ; les quelques opuscules sur l'électricité qu'il a laissés n'ont pas, sans doute, une portée bien haute, mais indiquent un esprit perspicace et sérieux.

Le docteur TARANGET mourut aussi en 1837 ; il était né en 1752 à la citadelle de Lille où son père était chirurgien-major ; après ses études de médecine, il obtint au concours une chaire vacante à l'Université de Douai et y professa avec éclat jusqu'à la suppression ; en l'an V, il fut nommé membre du Conseil des Cinq-Cents et, en 1809, recteur de l'Université de Douai ; ses travaux eurent surtout pour objet la vaccine dont il fut un ardent propagateur et la constitution médicale des contrées du nord de la France. Taranget fut un des membres fondateurs de la Société d'agriculture, sciences et arts, et de la Société de médecine de Douai.

Cette même année mourut Alexandre-Henri Tessier, correspondant depuis 1810. Il était né à Angerville le 16 octobre 1741. Admis comme boursier au collège Montaigne, il y fit de brillantes études et obtint un grand nombre de couronnes. Il prit la tonsure et fut appelé abbé, titre qui lui est resté bien qu'il ne reçut jamais la prêtrise.

Son goût le portait vers les études agricoles, mais il commença par la médecine, qui, à cette époque, était encore le marchepied de toutes les vocations se dirigeant vers les sciences naturelles. Après sa réception au doctorat, il obtint la direction du domaine royal de Rambouillet, et, jusqu'à la Révolution, il en fit le théâtre de nombreuses expériences sur les grains et l'élevage des moutons. Ce fut là que fut reçu le premier troupeau de mérinos envoyé d'Espagne en 1786. Louis XVI, dans ses séjours à Rambouillet, aimait à s'entretenir avec le savant agronome et à suivre ses essais.

A la Révolution, Tessier reprit l'exercice de la médecine et obtint un emploi à l'hôpital militaire de Fécamp ; il fit en Normandie la connaissance du jeune Cuvier, devina son génie et le recommanda à la Société philomathique de Paris. Plus tard, il recommença ses recherches rurales dans un domaine qu'il acquit en Brie et obtint par ses ouvrages un grand renom. *Le Journal des Savants*, *l'Encyclopédie Méthodique*, *le Théâtre d'Agriculture*, *le Cours de l'Abbé Rozier*, insérèrent de lui une foule de notices qui placèrent leur auteur au premier rang dans cet pléiade d'agronomes qui, sous la Restauration, relevèrent si heureusement l'agriculture française.

Citons encore parmi les pertes de 1837 : Nicolas Deyeux, ex-pharmacien de l'Empereur, membre de l'Institut, professeur de pharmacologie à la Faculté de médecine de Paris. On a de lui des travaux chimiques sur le lait et de nombreuses analyses d'eaux minérales.

En 1838, furent reçus MM. Léon Dufour, naturaliste à Saint-Sever ; Fidèle Delcroix, littérateur à Cambrai ; Alfred Mallet, professeur de physique au collège de Saint-Quentin ; Capron, chirurgien aide-major au 4e régiment de chasseurs à Thionville ; Pingeon, docteur en médecine à Dijon ; Leguey, chirurgien aide-major au troisième régiment de ligne ; et Marquet-Vasselot, ex-résidant.

La Société perdit M. Baudet-Lafarge, entomologiste distingué, auteur d'un Essai sur l'entomologie du Puy-de-Dôme ; et M. Hécart, un de ses plus anciens correspondants, le doyen des hommes de lettres du département.

Il était né à Valenciennes, le 24 mars 1755, d'une famille pauvre, ce qui l'obligea à chercher dans des emplois inférieurs une position peu en harmonie avec ses goûts scientifiques et littéraires. Après avoir occupé quelque temps un emploi d'écrivain dans les bureaux d'un fonctionnaire de Valenciennes, il devint greffier, puis secrétaire de la mairie ; il resta à son poste jusqu'à ce que les infirmités l'en aient chassé. Il écrivit toute sa vie et sur toutes choses, et l'on pourrait dire qu'il fut universel, s'il était permis d'appliquer cette qualité à un écrivain qui effleura tous les sujets, sans en approfondir aucun. Histoire naturelle, poésie, beaux-arts, philologie, agriculture, histoire, roman, tout fut abordé dans les centaines d opuscules imprimés ou manuscrits qu'il a laissés ; citons au hasard : *Catalogue des coquilles terrestres et fluviatiles des environs de Valenciennes ; Florula hannonensis ; Traité de perspective linéaire ; Dictionnaire Rouchi-Français ; Recherches sur le théâtre de Valenciennes ; Notice sur les traductions d'Épictète ; Essai sur les arbres que l'on peut cultiver en pleine terre dans le département du Nord ; Mémoire sur les haies ; Anagrammeana ; Bibliographie spéciale des recueils de proverbes*, etc.

Les vers suivants, mis par lui au bas de son portrait gravé par Momal en 1808, peignent bien sa bonhomie :

> « J'ai chanté les bosquets, les grâces, la vertu,
> « Les dons de l'Eternel et sa toute-puissance ;
> « J'ai pratiqué ses lois ; c'est bien assez, je pense,
> « Pour ne pas regretter le temps que j'ai vécu.

En 1839, la Société reçut MM. PAYEN, chimiste, membre de l'Institut à Paris ; LEJOSNE, historien à Paris ; l'abbé BOURLET, curé d'Hébuterne, entomologiste ; LIOUVILLE, professeur d'analyse à l'Ecole polytechnique ; MÉCHIN, ex-préfet du Nord ; DELMAS, chirurgien aide-major au 11e léger ; GENÉ, professeur d'histoire naturelle à Turin ; PHILIPPE, chirurgien aide-major au 11e léger ; LÉGOARANT DE TROMELIN, capitaine du génie en retraite à Lorient ; LARREY, professeur agrégé de la Faculté de médecine de Paris : WESMAEL, naturaliste, professeur à l'Athénée Royal de Bruxelles ; LACORDAIRE, naturaliste, professeur à l'Université de Liége ; BRESSON, économiste à Paris ; BAUDRIMONT. professeur à la Faculté de médecine à Paris. La mort enleva cette année :

M. GAILLON, né à Rouen en 1782, employé de l'administration des douanes, qui s'était attaché toute sa vie à l'étude de la botanique et surtout des plantes marines. Les recherches importantes et nombreuses qu'il publia sur leur organisation et leur classification, lui donnèrent un rang distingué parmi les botanistes de l'époque.

Le docteur PINGEON, Secrétaire de l'Académie des sciences de Dijon, né à Lamergelle-sous-Léry en 1795, avait étudié la médecine à Paris et était venu pratiquer dans sa ville natale, où il fut nommé professeur de médecine. Il publia plusieurs travaux intéressants en tête desquels il faut placer une esquisse des progrès réels de la médecine de 1800 à 1833.

M. HURTREL D'ARBORAL, né à Montreuil, en 1777. Un goût décidé pour l'art vétérinaire le conduisit à l'École d'Alfort, où il fit de brillantes études. Il contribua beaucoup à relever la profession trop longtemps vouée à l'empirisme ; outre de nombreux mémoires spéciaux, il publia le *Grand Dictionnaire de médecine et de chirurgie vétérinaire* qui est son vrai titre de réputation.

VIII

TRAVAUX DES ANNÉES 1840 à 1850.

On a vu que, depuis plusieurs années, la Société avait donné à la partie pratique de son rôle une plus grande extension, en instituant des primes qui ne s'appliquaient plus exclusivement à l'agriculture. Ce progrès était venu lentement, car le niveau de la caisse n'était jamais à la hauteur de la bonne volonté.

Un essai avait été fait en 1825 ; il n'avait pas été continué parce que les subventions obtenues de l'État ayant un objet déterminé, l'encouragement de l'agriculture, ne pouvaient être détournées de ce but. Ce ne fut qu'en 1837 et 1838 que quelques primes industrielles furent accordées pour améliorations salubres ou perfectionnements d'instruments ; en 1839 il s'y joignit des encouragements pour l'élevage des vers à soie dans le Nord et une première prime de littérature historique. L'élan était donné, désormais les programmes et les distributions de prix s'élargiront de plus en plus, et cette expansion sera même un des caractères distinctifs de la période dans laquelle entra la Société vers 1840.

En même temps que les programmes, les propositions et les discussions vont embrasser un champ plus vaste et s'étendre aux applications industrielles, à l'examen des questions de douane et aux plus difficiles problèmes de l'économie sociale. C'était d'ailleurs marcher avec l'époque, car, depuis la création de la Société, jamais le progrès n'avait fait d'aussi grands pas et n'avait fait germer autant de recherches et d'efforts ; jamais l'union de la science et de l'industrie n'avait été aussi féconde, et jamais les idées d'amélioration et de réforme n'avaient autant préoccupé les esprits ; elles envahissaient tout, depuis le plus humble remaniement de tarif, jusqu'au domaine politique, où elles devaient servir de prétexte au renversement d'une dynastie.

« Les Sciences ne sont plus seulement spéculatives, comme nous les

avons vues, disait M. Macquart en montant au fauteuil de la présidence
en 1847, elles ne peuvent plus rester dans leur sphère sublime, étrangères aux intérêts terrestres. Il ne suffirait plus à la gloire de Newton
et de Linné de produire leurs immortels travaux ; ils seraient inces-
samment appelés à fournir à l'industrie humaine des moyens pour
accroître les forces motrices, pour accélérer les vitesses, pour multiplier
les produits de la terre. Le fluide électrique est chargé de la transmis-
sion de la pensée, l'acide nitrique veut ravir au salpêtre son terrible
privilège ; la chimie prépare les engrais, la zoologie accroît à volonté
chez les bestiaux le lait, la chair et les forces musculaires ; la science
doit être à chaque instant à la porte de son sanctuaire pour rendre ses
oracles et venir en aide à tous les besoins qui l'implorent. Ne nous
plaignons pas d'être doublement utiles ; le soleil ne se borne pas à nous
éclairer, il mûrit encore nos moissons. »

Pour pouvoir multiplier ses primes de concours, et combler en
même temps un arriéré assez important, la Société dut se résigner à
des sacrifices. On supprima les abonnements aux recueils périodiques ;
on réduisit au plus strict nécessaire les frais d'impression ; les volumes
ne furent plus donnés gratuitement qu'aux correspondants qui avaient
envoyé un travail dans l'année ; les cotisations annuelles des titulaires
furent augmentées de six francs pour trois ans et un droit de diplôme
de vingt francs fut imposé aux membres résidants et correspondants à
élire dans l'avenir (1) ; enfin une augmentation de cinq cents francs
fut demandée et obtenue sur l'allocation municipale.

Grâce à ce surcroit de ressources la Société put enfin faire sortir
franchement ses primes du cercle agricole où elles avaient été longtemps
enfermées.

En 1840, elle récompensa un traité d'hygiène populaire du docteur
Thouvenin ; plusieurs essais de forages pratiqués dans le but de
procurer à Lille des eaux jaillissantes ; l'emploi perfectionné du bleu de
France dans la teinture, dû aux essais nombreux de M. Gabriel Descat ;
et un appareil de corderie.

En 1841, une mention honorable fut accordée à un plan de machine
muette pour le battage du fil à coudre, et plusieurs médailles à des
essais de production industrielle de la soie dans le Nord.

Jusqu'ici l'industrie seule entrait en lutte ; à partir de 1842, le champ
s'étendit encore ; cette année là deux médailles d'or sont décernées aux

----

(1) Ce droit fut aboli le 19 février 1846.

Beaux-Arts, l'une à M. Baumann pour l'ensemble de ses compositions musicales, l'autre à M. Colas pour deux tableaux de piété. Un concours de poésie avait été ouvert à l'occasion du cinquantième anniversaire du bombardement de Lille ; une seule pièce, parmi seize présentées, fut jugée digne d'une médaille d'argent et le concours fut prorogé.

Dans les années suivantes on trouve parmi les lauréats MM. Edward Leglay ; Arthur Dinaux, Victor Derode, Mme Clément Hemery pour leurs travaux historiques ; MM. Lavainne et Watier pour leurs œuvres musicales ; MM. Dufay pour ses notices sur Wicar et Rolland ; David d'Angers pour une notice sur ce dernier artiste ; Lallou et Bra pour leurs œuvres artistiques, ; Ruelle pour une grammaire latine ; Delecambre pour une machine à distribuer les caractères d'imprimerie.

L'agriculture toutefois n'était pas oubliée ; elle formait toujours la base de toutes les distributions et les discours présidentiels des séances publiques lui étaient toujours consacrés : la culture du houblon, la méthode des semis en lignes, les expériences agronomiques en général, la bonne comptabilité agricole, l'établissement des bibliothèques rurales dans les communes, l'amélioration des bestiaux, la viabilité, la salubrité des constructions rurales et surtout les récompenses aux longs et loyaux services, tels étaient les principaux sujets de primes dans les concours annuels. La commission d'agriculture, stimulée par MM. Loiset, Lestiboudois, Julien Lefebvre, Cazeneuve, travaillait avec zèle ; elle avait fini par réveiller la torpeur des associés agriculteurs dont plusieurs, MM. Demesmay, Taffin-Peuvion, Lecat-Butin se mirent résolument à l'œuvre. Ce mouvement des associés ne tarda pas à se traduire en un besoin d'émancipation qui faillit dès lors amener une rupture avec la Société.

L'article XVII du règlement de 1829, encore en vigueur, ne leur donnait que voix consultative dans les réunions ; cette position inférieure parut trop peu digne à plusieurs d'entr'eux, et, le 18 octobre 1844, M. Taffin-Peuvion déposa une proposition tendant à ce que dorénavant les associés agriculteurs aient voix délibérative dans la commission. Vivement combattue tout d'abord, puis renvoyée à une commission de cinq membres, cette proposition fut l'objet d'un rapport qui, tout en la repoussant, convenait qu'il y avait quelque chose à faire et proposait d'étendre à tout l'arrondissement de Lille le domicile des membres titulaires, ce qui permettrait d'admettre dans la Société des agriculteurs qui se soumettraient à l'élection conformément aux articles VII et suivants du règlement. Cette nouvelle proposition fut adoptée, avec ce sous-entendu que l'ouvrage dont la présentation était imposée aux candidats pourrait uniquement consister pour les agriculteurs en travaux agricoles.

On ajouta ensuite la disposition suivante à l'article du règlement de police intérieure qui réglait les rapports des commissions avec la Société :

La commission d'agriculture nomme, lorsqu'elle le juge convenable, trois de ses membres associés agriculteurs pour exposer et défendre devant la Société les propositions adoptées par ladite commission. Ces délégués auront voix délibérative dans les questions agricoles qu'ils auront été chargés de traiter. Toute proposition d'un associé agriculteur pourra préalablement être portée devant la commission d'agriculture et adoptée par elle.

On fixa ensuite à 36 le nombre des associés agriculteurs

Ces concessions terminèrent le débat pour le moment, mais il contenait en germe la scission qui, neuf ans plus tard, devait amener une séparation complète et aboutir à la création du Comice agricole.

Vers la même époque un autre conflit, dont l'origine remontait à 1819, se réveilla un instant entre la Société de Lille et celle de Douai. Dans sa session de 1841, le Conseil général, à propos de diverses questions posées par le Ministre de l'agriculture et du commerce, eut à délibérer sur la proposition suivante émise par son deuxième bureau : Les lois de douanes ne seront jamais changées sans que la Société centrale d'agriculture ait été consultée par le Ministre et les sociétés d'arrondissement par la Société centrale ; cette proposition étant acceptée, un membre invoqua le droit de la Société de Douai, d'être placée au-dessus des autres, quant au chiffre de la subvention départementale, à cause de son titre de *Centrale* et de l'importance de ses travaux.

Ces prétentions, qui, sans doute, émanaient d'une initiation individuelle, furent fortement repoussées par la Société de Lille dans un rapport très vif de M. T. LESTIBOUDOIS (1) « Lorsque notre Société, dit ce rapport, fut instituée comme Société d'agriculture et qu'on lui parla d'être subordonnée à une Société centrale, elle déclara positivement qu'elle refusait cette condition ; qu'elle voulait la liberté tout aussi indispensable aux sciences qu'à la république des lettres ; que la sujétion devait avoir pour effet immédiat d'anéantir tous les travaux scientifiques qui n'ont pour mobile et récompense que l'honneur de les avoir entrepris.

« La Société de Lille n'accepta donc son titre qu'à la condition de ne

---

(1) 1841. 2ᵉ partie, page 126.

correspondre qu'avec le Préfet et le Ministre ; quand une ordonnance du Roi accorda aux Sociétés de Lille et de Douai le titre de *Sociétés Royales*, elle donna aux deux Sociétés exactement le même titre, elle ne donna pas à celle de Douai la qualification de *Société centrale*. Cette qualification avait été portée sur un règlement présenté pour être annexé à l'ordonnance. L'ordonnance ne la reprend pas et ainsi elle l'efface ; elle approuve ensuite ce règlement dans lequel il n'est question ni de centralisation ni de rapports quelconques de la société de Douai avec celles des autres arrondissements. Ainsi le titre réclamé par la Société de Douai n'a jamais existé, elle n'a jamais exercé les prérogatives qu'elle réclame, elle n'a jamais rien fait pour les sociétés d'arrondissement ; si son titre était réel, il aurait été aboli ; pour le faire revivre il faudrait des ordonnances nouvelles.; alors, et en tout état de cause, nous refuserions plus que jamais de faire partie de son domaine. »

Le rapporteur donne ensuite un tableau statistique prouvant l'infériorité de l'arrondissement de Douai vis-à-vis de celui de Lille, eu égard à la population, à l'étendue territoriale, à la valeur des produits culturaux et au nombre des bestiaux ; puis il compare les travaux imprimés des deux Sociétés, de 1826 à 1840 ; celle de Douai a produit 9 volumes, celle de Lille en a fait paraître 15 et 39 cahiers de publications agricoles. La première a consacré 1108 pages à l'agriculture, la seconde 1275. Aussi, non seulement Douai n'a aucun titre à une augmentation de subvention, mais encore, c'est Lille qui, à raison de l'importance agricole de son arrondissement, devrait obtenir le double et même le triple, et si le total des deux subventions est de 4.800 francs, Lille devrait avoir 3.200 ou 3.600 francs, et Douai 1.600 ou 1.200 francs.»

Le rapport se termine par un tableau comparatif des subventions obtenues par les deux Sociétés depuis 1826 et des primes accordées. D'après ce document, Lille avait reçu annuellement du département 2.300 francs et du gouvernement 3.500 francs seulement en 4 fois, total : 38.000. La Société avait décerné pour 17.535 francs de primes, 118 médailles d'or ou d'argent, et une très grande quantité d'instruments d'honneur.

Le Conseil général avait été saisi d'une autre question assez délicate et qui semblait viser directement la Société lilloise. : Faut-il des publications agricoles ? Non, avait répondu le Conseil, car le cultivateur ne lit pas. Il lit, répondit à son tour la Société, « et les livres faits non par des hommes étrangers à la pratique, mais par ceux qui véritablement savent produire, nous semblent devoir être profitables. La Société s'est trouvée heureuse de pouvoir concourir à fonder des bibliothèques rurales, et elle l'a fait avec empressement. Elle se trouve heureuse de répandre des connaissances dans les campagnes, au moyen de ses publications agricoles, parce qu'elles ont produit un bien qu'on ne saurait nier. Elle met ces publications dans les mains de ses associés, qui, assurément, sont bien capables de les comprendre et de les méditer, et qui savent bien ensuite à qui les confier. Ces petits livrets sont comme les jetons de présence qui attestent l'affiliation des agriculteurs à une Société laborieuse et scientifique, c'est dans ces cahiers que sont décrites les nouvelles cultures que nos associés ont entreprises et qu'ils montrent à leurs voisins ; c'est là que sont mentionnées les distinctions et les récompenses qu'ils ont obtenues.

« Louer et faire connaître ce que les praticiens ont tenté, leur donner un moyen de propager les bonnes méthodes, en leur laissant le mérite, nous semble être ce qui attache le plus fortement à la Société les hommes qu'il importe d'inviter à prendre part à nos discussions. Nous pensons donc qu'il n'est pas possible de proscrire les publications agricoles, nous en avons obtenu les plus heureux résultats. »

S'appuyant sur les doctrines irréfutables, la Société, sans s'inquiéter des chicanes et des objections, poursuivit ses études d'économie rurale et de tous les sujets qui s'y rattachent. Elle renouvela ses démarches en faveur de l'industrie sucrière et établit formellement que tout changement de la relation existant entre les sucres coloniaux, étrangers et indigènes serait la ruine de la production métropolitaine.

La cherté de la viande inquiétait déjà en 1841 les économistes et les agriculteurs. Il est vrai qu'elle ne valait en moyenne que 57 centimes la livre, mais, eu égard à l'époque, ce prix pouvait être considéré comme funeste pour les classes laborieuses et pour la production nationale, puisqu'il avait pour conséquence de restreindre la consommation.

Un très lumineux rapport de M. T. Lestiboudois résumant l'opinion de la Société sur cet objet fut transmis au Gouvernement (1). L'auteur examine successivement le fait en lui-même de la cherté, son influence sur l'alimentation publique et les moyens de faire baisser les prix. Tout en émettant le vœu de voir le prix de la viande plus accessible à la population ouvrière, il fait justice des calculs pessimistes qui représentaient la France comme nourrie moins substantiellement que les contrées voisines, et la meilleure preuve que le régime alimentaire n'y

---

(1) Année 1841. 2ᵉ partie, page 5.

est pas inférieur, il la trouve dans l'accroissement de la population et la diminution de la mortalité.

Sans doute, la baisse est désirable, mais elle ne doit être animée que par des moyens qui ne nuisent point à la production ; qu'on la cherche dans une meilleure organisation de la boucherie, dans le perfectionnement de l'agriculture, dans la formation des prairies artificielles, dans la fondation de fabriques agricoles, dans l'abaissement des droits d'octroi, mais qu'on respecte les tarifs de douane dont la diminution porterait atteinte à l'industrie de l'élevage, la source la plus abondante de la consommation publique.

Cette conclusion du rapport visait directement les doctrines libre-échangistes qui commençaient à se répandre d'Angleterre en France. Elles furent quelques années encore avant de s'y acclimater sérieusement, mais, en 1846, l'alarme des protectionnistes devint générale et la Société fut saisie de la question par un projet de délibération de sa commission d'agriculture qui repoussait de toutes ses forces le nouveau système. La discussion fut une des plus approfondies que la Société ait jamais entamée. Les partisans de la réforme douanière commencèrent par opposer une fin de non recevoir sous prétexte que la proposition était conçue en termes généraux, quand elle aurait dû se restreindre aux intérêts agricoles qui, seuls, étaient du domaine de la commission. Ils cherchèrent à prouver que la Société ne pouvait prendre part à une manifestation dirigée contre des doctrines toutes spéculatives, et devait réserver son opinion pour le cas où elle serait officiellement consultée.

Si l'imminence d'un danger, disaient-ils, a pu réunir dans une commune pensée des intérêts industriels si souvent opposés, la Société, placée dans une sphère plus élevée, doit prévoir le cas où ces intérêts se diviseront de nouveau et conserver libre et intact le droit de défendre efficacement l'agriculture quand elle se trouvera en présence d'un péril réellement sérieux.

Ces arguments qui tendaient à obtenir le *statu quo*, ne furent pas admis et la Société finit par adopter la protestation dans les termes suivants :

La Société royale des Sciences, de l'Agriculture et des Arts de Lille, sur la proposition de sa commission d'agriculture, et de ses associés agriculteurs, a formulé le vœu suivant qui sera adressé à M. le Ministre du commerce et de l'agriculture :

Considérant que les manifestations qui ont été faites dans les derniers temps contre la protection du travail national menacent essentiellement la production agricole ;

Que la production est indispensable à l'agriculture en raison des charges qui pèsent sur la propriété et le travail en France ;

Qu'il n'est pas possible de substituer un autre travail à celui qui est répandu sur la surface de notre sol ;

Qu'il est indispensable d'assurer l'existence et le bien-être des classes agricoles qui constituent la masse de notre population, et qui sont les plus essentielles à la prospérité et à l'indépendance du pays ;

La Société royale, sans pouvoir prétendre qu'il n'y a pas de perfectionnements à introduire dans le tarif des douanes, notamment en ce qui concerne la prohibition, émet le vœu que le Gouvernement maintienne le système qui a suffi au développement de la prospérité de l'agriculture française et que, dans sa conviction profonde, elle croit nécessaire à la conservation du travail agricole (*Séance du 5 décembre 1846*).

Beaucoup d'autres questions d'agronomie furent encore traitées dans la même période ; la maladie des pommes de terre qui a fait noircir tant de pages et que trente années d'études ont à peine expliquée, occupa beaucoup la Société ; il est bon de constater que, dès l'origine, MM. Julien LEFEBVRE et LESTIBOUDOIS lui assignaient la cause qui est restée la plus plausible, c'est-à-dire, la dégénérescence de la plante occasionnée par la lassitude du sol et le manque de sélection.

Le dégrèvement du sel, l'amélioration de la race chevaline, le crédit agricole, la statistique rurale, la culture du tabac, l'établissement de fermes écoles furent l'objet de discussions et de résolutions motivées. Cette dernière question aboutit en 1849 à la création, à Templeuve, d'une ferme école régionale ; elle fut placée sous la direction, et dans la propriété de M. DEMESMAY, l'un des associés agriculteurs qui prenaient part le plus activement aux travaux de la commission d'agriculture. La Société fut chargée de désigner quatre de ses membres pour former le jury d'admission ; elle désigna MM. LEFEBVRE, MEUZY, MASQUELIER et DESMOUTIERS, ces deux derniers associés agriculteurs.

Pendant ce temps, les travaux de science pure, d'histoire et de littérature ne ralentissaient pas. Un relevé succinct des publications suffira pour le démontrer : de 1840 à 1849, 12 volumes furent publiés, formant les tomes 18 à 29 ; ils représentent un volume par an, sauf pour les années 1841 à 1847 qui eurent chacune deux volumes.

L'histoire naturelle y est très largement représentée ; M. Macquart avait commencé, en 1838, un important travail de diptérologie intitulé : *Diptères exotiques nouveaux ou peu connus ;* il le continua par fragments jusqu'en 1850. Depuis l'ouvrage de Wiedemann, *Ankereuropaïsche zweisflugelige Insekten Beschrieben,* une grande quantité de diptères avait été rapportée par des naturalistes voyageurs français ou anglais ; ceux des collections anglaises avaient été l'objet de quelques travaux ; mais le Muséum d'histoire naturelle de Paris conservait inédits, dans ses cartons, tous ceux qui provenaient des explorateurs français. Lalande et Verreaux avaient beaucoup récolté au Cap ; Riche, Bernier et Goudot à Madagascar ; Botta en Nubie ; Jacquemont dans l'Inde ; Dussumier, Macé, Duvaucel au Bengale ; Péron, Quoy et Gaymard en Australie ; Gaudichaud au Brésil ; Leprieur, Leschenault, Doumerc à Cayenne ; Peck, Milbert, Lesueur, Bastard, Noisette dans l'Amérique du Nord. Le Muséum confia ces richesses à M. Macquart qui, dans le travail publié par la Société, détermina près de 1.800 espèces nouvelles, intercalées dans un grand nombre de genres de sa création.

Le même naturaliste offrit à la Société, en 1848, un long mémoire, formant presqu'un volume, intitulé : *Facultés intérieures des animaux invertébrés,* résumé général des preuves d'instinct et de discernement que donnent les insectes.

M. Desmazières produisit plusieurs notes de cryptogamie, contenant la description de nombreuses espèces mycétologiques la plupart inédites, et dont les échantillons en nature paraissaient en même temps dans la belle publication du célèbre botaniste.

M. Lestiboudois, que la politique ne détournait pas entièrement de ses traditions de famille, fournit une note sur la structure florale des musacées, scitaminées, cannées et orchidées, suite d'un premier mémoire paru en 1830 ; il cherche à rattacher au type régulier des Monocotylèdes, ces fleurs bizarrement déformées, dont les organes méconnaissables paraissent s'éloigner de toute symétrie.

Le septième volume des Mémoires de la Société avait inséré un catalogue des oiseaux observés dans le nord de la France par le docteur Degland. Ce même ornithologiste, agrandissant le champ de ses études, publia, de 1839 à 1843, le relevé des oiseaux de l'Europe entière. Calqué sur le manuel de Temminck, ce travail ne fait pas oublier son devancier ; mais il le complète par de bonnes observations et quelques corrections utiles. Ce fut la base du catalogue définitif qui parut en 1849 sous ce titre : *Ornithologie européenne, ou Catalogue raisonné et analytique des oiseaux observés en Europe,* 2 vol. in-8.

La chimie, la physique et les mathématiques eurent pour interprètes MM. Kuhlmann, Delezenne, Davaine, Lamy, Millon et Heegmann. Le premier s'occupa surtout de chimie industrielle ; M. Delezenne de météorologie, d'électricité et d'acoustique ; ses deux mémoires sur l'induction forment la meilleure exposition élémentaire des phénomènes d'influence découverts par Faraday. M. Davaine exposa un nouveau mode de construction de la vis d'Archimède. M. Lamy passa en revue l'histoire de la physique depuis son origine ; M. Heegmann publia une étude sur la trigonométrie avec de nombreuses tables pour la résolution directe du triangle sphérique.

MM. Testelin, Bailly, Parise et Cazeneuve étudièrent plusieurs cas de maladies insolites : le dernier présenta en outre une étude sur la perforation de l'intestin dans la fièvre typhoïde et une autre sur une épidémie de méningite à l'hôpital de Lille.

En passant à l'histoire, on trouve une biographie du cardinal Gattinara, par M. Leglay ; une notice sur les écrits et les doctrines d'Alain de Lille, par M. Dupuis, qui revendiqua hautement pour Lille l'honneur, comme jadis M. Poret, d'avoir vu naître le *Docteur Universel.*

En littérature, il y eut des traductions en vers de poésies espagnoles, portugaises et anglaises, par M. Moulas ; des fables de M. Delerue ; un mémoire sur la diffusion des langues, par M. Derode ; et de spirituels récits de voyages, par M. Legrand.

Dans cet aperçu, très incomplet d'ailleurs, ne sont pas compris les travaux des membres correspondants ; la Société continuait à leur donner l'hospitalité, mais avec bien moins de générosité qu'autrefois. L'importance et le nombre de ceux qui lui étaient offerts par ses membres titulaires ne laissaient aux autres qu'une place restreinte. Aussi leur contingent se borne à six courtes notices entomologiques de M. Léon Dufour ; trois de botanique, par M. Mutel ; deux de météorologie, par M. Maizières ; une traduction annotée de l'*Essai sur les cours d'amour* de Frédéric Diez, par le Baron de Roisin ; une note de M. Vincent sur les cycloïdes et une dissertation du même auteur sur la position du *Vicus helena.*

Il ne faut pas oublier de mentionner, parmi les œuvres qui prirent place à cette époque dans les volumes, des comptes rendus annuels des travaux de la Société par le secrétaire général. On a vu que ces sortes d'états de services périodiques avaient été en usage dans les séances publiques de 1806 à 1819; depuis on les avait supprimés, sauf en 1832, sous prétexte que leur rédaction nécessitait des connaissances trop étendues. On y revint en 1846 ; M. DELERUE, secrétaire général, présenta le compte rendu des années 1844 et 1845, puis il continua chaque année; mais ce n'était encore qu'en séance ordinaire; ils restèrent bannis des solennités publiques, et ce ne fut même qu'avec certaines restrictions que leur impression fut autorisée dans les recueils; ils durent être lus deux fois et soumis, en particulier, à chacun des auteurs dont on citait les travaux. On décida même, en 1847, que l'impression serait restreinte à la mention des ouvrages qui ne paraîtraient pas dans le volume : et cependant ce n'était pas la crainte de la publicité qui guidait ici la Société, puisqu'à la même époque le secrétaire général envoyait aux journaux un extrait des procès-verbaux des séances.

En 1840 le nombre des membres résidants était de 35 ; en 1850 il était de 36, chiffre réglementaire ; dans l'intervalle les mutations suivantes étaient survenues. On avait reçu :

1840 : M. Julien LEFEBVRE, agronome, associé agriculteur depuis 12 ans ; 1841 : SÉON, vétérinaire; CAZENEUVE, professeur à l'Hôpital militaire ; FAUCHER, commissaire adjoint des poudres et salpêtres ; 1842 : CHON, professeur d'histoire au collège communal ; 1844 : DELERUE, juge de paix ; BACHY, agronome, associé agriculteur depuis 4 ans ; BOLLAERT, ingénieur des Ponts et chaussées ; 1845 : MEUGY, ingénieur des mines ; CALOINE, architecte ; VÉRA, professeur de philosophie ; 1847 : CHRESTIEN, docteur en médecine ; LAMY, professeur de physique ; 1848 : LAVAINNE, compositeur de musique ; CORENWINDER, chimiste ; MILLON, pharmacien en chef à l'Hôpital militaire ; DUPUIS, avocat ; LAMARLE, ingénieur des ponts et chaussées ; 1849 : PARISE, docteur en médecine ; DELIGNE, professeur de littérature.

La Société avait perdu MM. BORELLI, MUSIAS, FAUCHER, MILLOT, GILLET DE LAUMONT, SÉON, DE CONTENÇIN, DERODE, BARRÉ, DAVAINE devenus correspondants par suite de leur départ de Lille ; MM. DELATTRE, DUJARDIN, POGGIALE, MOUNIER et MULLIÉ, démissionnaires ; M. DESMAZIÈRES fut nommé membre honoraire, le 18 janvier 1848.

La mort enleva pendant cette période MM. LAFUITE (4 décembre 1842), LIÉNARD (février 1848) et DOURLEN (15 août 1848).

François-Joseph LAFUITE était né à Lille le 17 février 1775 ; il avait été longtemps officier du génie, et il résidait en cette qualité à

Valenciennes lorsqu'en 1803, presqu'à l'origine de la Société, il fut nommé membre correspondant. Il prit sa retraite avec le grade de chef de bataillon et fut nommé juge de paix à Lille, puis bibliothécaire de la ville ; il laissa quelques travaux d'histoire.

M. LIÉNARD était né à Paris en 1779 ; il fit ses études artistiques dans les ateliers de Regnault et d'Isabey et vint à Lille où il fut nommé, en 1823, directeur de l'Académie de dessin. Il acquit une grande vogue comme peintre de portraits, et il est peu de familles lilloises qui ne possèdent de lui quelque toile ou quelque dessin. La fin de sa vie ne fut pas heureuse ; aveugle et sans fortune, il connut les angoisses de la misère ; la Société fut heureuse de soulager sa détresse par quelques offrandes qui furent moins une aumône qu'un témoignage.

Voici maintenant les admissions de correspondants qui eurent lieu de 1840 à 1850 :

1840 : DE NOTARIS, naturaliste à Turin ; PETIAU, docteur en médecine à Saint-Amand ; GARNIER, bibliothécaire adjoint de la ville d'Amiens ; BRAVAIS, enseigne de vaisseau ; DUCORNET, peintre, né sans bras ; COLIN, professeur de chimie à l'Ecole Saint-Cyr ; BORELLI, membre résidant du 2 mars 1832.

1841 : DE MOULON, docteur en médecine à Trieste ; DEVERGIE, docteur en médecine à Paris ; VINGTRINIER, docteur en médecine à Rouen ; baron DE ROISIN, archéologue à Bonn ; MUSIAS, membre résidant du 18 janvier 1822.

1842 : GODDE DE LIANCOURT, fondateur de la Société des naufrages, à Paris ; VIOLLET, ingénieur civil ; PORRET, graveur à Paris ; POTIEZ-DELBOIS, conservateur du Musée d'histoire naturelle de Douai ; FAUCHER, membre résidant du 1er octobre 1841 ; DAVAINE, membre résidant du 3 août 1832.

1843 : TORDEUX (cadet), docteur en médecine à Avesnes ; vicomte DE BARRUEL-BAUVERT, agronome à Paris ; DE NEVILLE, à Rouen ; Marquis DE BRÈME, naturaliste à Paris ; BOGAERTS, professeur d'histoire à Bruxelles ; LEGRAND DE REULANDT, professeur d'histoire à Bruxelles ; vicomte DE KERKHOVE, secrétaire d'ambassade à Paris ; LABUS, docteur en médecine à Milan ; MILLOT, membre résidant du 1er septembre 1837 ; SÉON, membre résidant du 3 février 1841.

1844 : GUASTALLA, docteur en médecine à Trieste ; VANHULTS, avocat à Liége ; CHEVALIER DE LEBIDART DE THUMAÏDE, ancien magistrat, à

Liége ; Comte, ingénieur des mines ; Malherbe, naturaliste à Metz , Janssens, sous-chef au ministère des affaires étrangères à Bruxelles ; Castel, secrétaire perpétuel de la Société d'agriculture de Bayeux ; Dinaux, littérateur à Valenciennes ; Gillet de Laumont, membre résidant du 16 novembre 1838.

1845 : Goret, chirurgien aide-major au 60e de ligne ; Raynal, vétérinaire en chef au 6e régiment de dragons ; vicomte de Caumont, directeur de l'Institut des provinces à Paris ; Derode, membre résidant du 5 janvier 1838.

1846 : Mulsant, entomologiste à Lyon ; Wartmann, recteur de l'Académie de Genève ; Dufay, officier d'administration à Dijon, lauréat de la Société ; Hubert Valleroux, docteur en médecine à Paris ; Bouchard-Chantereaux, malacologiste à Boulogne ; Véra, membre résidant du 4 avril 1845 ; Barré, membre résidant du 7 septembre 1832.

1847 : Perron, professeur d'histoire à Besançon ; Gihoul, propriétaire à Bruxelles ; de Buysscher, littérateur à Gand.

1848 : de Haldat, docteur en médecine à Nancy ; Cambay, docteur en médecine à Lyon ; de Coussemaker, magistrat et archéologue à Douaï ; David d'Angers, statuaire à Paris ; Lamy, résidant du 23 avril 1847.

1849 : Jamet, agronome à Château-Gonthier ; Landouzy, docteur en médecine à Reims ; Durand-Fardel, docteur en médecine à Paris ; Jeanbon, peintre à Paris ; Jusserand, docteur à Paris ; Deville, naturaliste à Paris ; Guérin, docteur en médecine à Paris ; Meersmann, docteur en médecine à Bruges.

Pendant la même période un bon nombre des notabilités qui figuraient sur la liste des correspondants furent enlevées aux sciences et aux arts : il importe d'en conserver ici le souvenir.

M. Jean-Guillaume Garnier, correspondant depuis 1825, était né à Reims, le 13 septembre 1776 ; il se voua de bonne heure à l'étude des sciences exactes et fit d'abord un cours de mathématiques à l'Académie de Reims, puis à l'École militaire de Colmar. En 1791, M. de Prony, son protecteur, l'attacha à la direction du cadastre ; il fut ensuite, successivement, professeur-adjoint de Lagrange, à l'École polytechnique, directeur d'une école préparatoire, professeur de mathématiques au Lycée de Rouen et à l'École de Saint-Cyr. S'étant lié avec le baron de Gagern, attaché à la maison de Nassau, il fut emmené par cet ami dans les Pays-Bas où il obtint, en 1817, une chaire richement rétribuée à l'Université de Gand ; en 1835, à la réorganisation de l'enseignement supérieur en Belgique, il cessa de faire partie du corps professoral et se retira à Bruxelles où il mourut le 20 décembre 1840.

Pendant sa longue carrière, GARNIER avait publié de nombreux ouvrages, qui le placent au rang des savants les plus instruits ; il fut, avec M. QUETELET le fondateur de la *Correspondance mathématique et physique* dont le premier volume parut en 1825. L'école préparatoire qu'il dirigea à Paris et à Versailles fit entrer plus de deux cents élèves à l'École polytechnique.

Le célèbre botaniste DE CANDOLLE mourut le 9 septembre 1841 ; il était né à Genève, en 1778, quelques jours après la mort de Linné ; dès l'âge de 17 ans il se passionna pour la botanique, mais ce fut un premier voyage qu'il fit à Paris en 1796, qui décida de sa vocation ; Dolomieu, chez qui il logeait, le mit en rapport avec les premiers botanistes de France, il devint leur disciple et bientôt leur émule. En même temps il étudiait la médecine, cette sœur aînée de la botanique, et sa thèse de doctorat : *Essai sur les propriétés médicales des plantes* fut justement remarquée. A la même époque, son traité élémentaire de botanique acheva sa réputation. Sa vie s'écoula dès lors dans un travail incessant ; il fut nommé, en 1812, professeur de botanique à la Faculté des sciences de Montpellier, mais la chute de l'Empire ayant rendu son indépendance à la république de Genève, il rentra dans sa patrie et le Conseil d'État le nomma professeur d'histoire naturelle à l'Académie de sa ville natale. Il laissa à sa mort un herbier composé de 80.000 plantes.

L'influence de DE CANDOLLE sur les progrès de la botanique dans la première moitié de siècle a été considérable ; ses nombreux ouvrages introduisirent de plus en plus la philosophie dans l'étude et la méthode naturelle dans la classification ; sa grande facilité de travail lui permit de donner une vive impulsion aux théories physiologiques et organographiques en même temps qu'à la partie descriptive ; il fut le centre de la botanique pendant trente ans, et son école, selon l'expression de de M. Delarive, fit plus d'élèves distingués que beaucoup d'autres n'ont décrit d'espèces.

Jean-Victor AUDOUIN mourut le 9 novembre de la même année ; ses études, commencées au collège Louis-le Grand, furent achevées à Lucques, que gouvernait alors la princesse Elisa Bonaparte. La vue

des Alpes qu'il traversa plusieurs fois et son séjour dans une contrée
favorisée, développèrent son goût pour l'histoire naturelle, mais son père,
qui était avocat, le combattit de tout son pouvoir. Il fut obligé de faire
son droit pendant lequel Linné fit grand tort à Cujas. Les études de
médecine qu'il entreprit ensuite lui plurent davantage ; il fut reçu
docteur, bien résolu toutefois à ne jamais pratiquer. Déjà une dizaine
de mémoires d'entomologie descriptive l'avaient fait connaître ; il devint
membre de plusieurs sociétés savantes, sous-bibliothécaire de
l'Institut, et obtint la suppléance de Lamarck au cours de zoologie du
Muséum.

En 1826, le Gouvernement l'envoya en Egypte pour terminer le
texte des planches du grand ouvrage de l'expédition de 1798, dans la
partie des mollusques et des articulés. A son retour en France, il se
livra avec ardeur aux travaux entomologiques et entreprit en Europe
plusieurs voyages d'exploration, notamment sur les côtes de France,
avec M. MILNE-EDWARDE. Il fut, avec deux de ses amis, le créateur des
Annales d'histoire naturelle, et, en 1832, fonda avec quelques autres
naturalistes la Société entomologique de France.

Ses mémoires d'entomologie appliquée et descriptive furent nombreux ;
l'un d'eux sur la circulation du sang chez les crustacés lui valut le prix
de physiologie expérimentale de l'Institut. La Société le comptait
comme associé depuis le 20 janvier 1829.

Antoiné GUILLEMIN mourut le 15 janvier 1842 ; il était correspondant
de la Société depuis 1828. Né à Poilly (Côte-d'Or), le 20 janvier 1796,
il fut d'abord élève en pharmacie à Dijon ; entraîné vers l'étude de la
botanique, il alla à Genève suivre le cours de Vaucher, le maître de
CANDOLLE. Ce dernier l'eut aussi pour disciple et s'en fit un intime
ami. GUILLEMIN résida ensuite à Paris et se livra à l'enseignement
privé ; Benjamin Delessert le distingua et le choisit pour conservateur
de ses collections, poste qu'il garda jusqu'à sa mort. Il était en même
temps aide naturaliste au Muséum. En 1838, il fut chargé d'une mission
scientifique au Brésil dont il parcourut plusieurs provinces et dont il
rapporta une belle collection de plantes sèches, de bois et de produits
végétaux. Ses notices sont nombreuses, on lui doit beaucoup d'articles
de dictionnaire et de notices dans les *Annales des sciences naturelles.*

Le chimiste belge VAN MONS, correspondant depuis 1803, mourut
en 1842 ; muni à 22 ans du diplôme de pharmacien, il n'embrassa pas
tout d'abord la carrière scientifique, la politique l'entraîna ; après la
conquête de la Belgique, en 1792, il fut nommé représentant du peuple

à Paris, et lorsque la Convention organisa les neuf nouveaux départements, il aida le commissaire Robergeot à y établir l'enseignement public.

Les relations qu'il s'était faites à Paris le firent nommer membre associé de l'Institut de France, et l'attachèrent à la rédaction des *Annales de chimie* où il collabora activement jusqu'à ce que lui-même fonda un journal de chimie et de physique en 1801.

Quelques années après, VAN MONS reprit l'exercice de la pharmacie et fut reçu docteur en médecine ; en 1817, il fut nommé professeur de chimie et d'agronomie à l'Université de Louvain, puis, en 1830, à celle de Gand, poste qu'il refusa d'occuper, préférant rester sans emploi à Louvain près des belles pépinières qu'il y avait établies ; car, en même temps que la chimie, VAN MONS avait toujours cultivé l'horticulture et surtout la pomologie et il s'acquit dans ces deux branches une notoriété qui a fait oublier ses autres travaux.

Ses théories sur la culture des fruits et la production des variétés, reprises et développées par Poiteau, ont servi de base à la plupart des essais d'amélioration tentés depuis. Il les mettait lui-même en pratique dans ses jardins qui ont été longtemps les plus actifs propagateurs des meilleurs espèces.

Le naturaliste bordelais DARGELAS mourut aussi en 1842. Il fut un des amis des sciences qui, en 1797, parvinrent à réunir sous le nom de Société d'histoire naturelle les membres de l'ancienne Académie de Bordeaux dispersés par la Révolution. Il cultiva toute sa vie les sciences naturelles et surtout l'entomologie ; il publia peu, mais son nom est souvent cité par les principaux entomologistes de son temps qui étaient ses correspondants. Il contribua avec Bory-Saint-Vincent, à sauver la vie à LATREILLE, détenu comme prêtre dans les prisons de Bordeaux en attendant le navire qui devait le déporter à la Guyane.

On sait que ce fut au moyen d'un coléoptère *Necrobia ruficolis* trouvé dans une fente du plancher de son cachot que Latreille se mit en relation avec Bory-Saint-Vincent et obtint par l'entremise de celui-ci et de DARGELAS un sursis de départ.

En 1843 la Société perdit son premier membre correspondant, Ives-Louis DUQUESNE, secrétaire de la mairie de Douai, membre de la Société d'agriculture, sciences et arts de cette ville et un des fondateurs de son Musée d'histoire naturelle ; sa modeste existence n'eut de saillant que son zèle pour l'entretien et l'accroissement de cet établissement.

M. Fidèle Delcroix, correspondant depuis 1838, mourut le 17 août de cette année. Il était né à Cambrai en 1789. A la mort de son père qui était receveur municipal de Cambrai il obtint sa place, sans que ces fonctions aient géné en rien son essor poétique. Il était depuis 1814 membre de la Société d'émulation ; au départ de M. Leglay, il en devint secrétaire perpétuel. Ses poésies furent surtout des imitations ou des traductions de littératures étrangères ; leur recueil parut en 1823 et eut une seconde édition en 1829. Il publia en outre : *Fleurs d'Outre-Rhin,* pièces traduites de l'allemand, et une *Notice historique sur le château de Celles* qui lui valut son admission dans la Commission historique du Nord.

Trois autres notabilités disparurent encore en 1843 : M. le vicomte Morel de Vindé, Mathieu de Dombasle et le géomètre Lacroix.

M. Morel de Vindé, agronome distingué, correspondant de l'Institut et pair de France, avait été magistrat avant la Révolution, et n'avait échappé qu'avec peine aux proscriptions. Au retour de l'ordre, il tourna toutes ses facultés vers l'agriculture et établit dans son domaine de La Celle-Saint-Cloud des cultures et des parcs d'élevage où il mettait en pratique les habiles théories développées dans ses ouvrages. Il fut un des grands promoteurs de l'introduction des moutons mérinos et d'une foule d'améliorations dans la construction des bâtiments ruraux. On lui doit d'importants mémoires sur les assolements et sur tout ce qui se rapporte à l'amélioration des races ovines. Il était correspondant de la Société depuis 1811.

Christophe-Joseph-Alexandre Mathieu de Dombasle, naquit à Nancy le 26 février 1777, fit son éducation chez les Bénédictins de Metz et servit quelque temps dans les armées de la République ; mais une maladie grave et son penchant prononcé pour l'étude des sciences l'éloignèrent de l'état militaire. Au moment où la France se releva de la commotion révolutionnaire, les idées se tournèrent vers l'agriculture qui avait été longtemps négligée ; le jeune Dombasle suivit l'impulsion et commença par fonder une fabrique d'instruments aratoires perfectionnés, en même temps qu'il s'efforçait par ses écrits d'ébranler les coutumes rurales surannées et de leur substituer un système rationnel appuyé sur d'irréfutables théories scientifiques.

M. Berlier, propriétaire du domaine de Roville, ayant conçu l'idée de transformer cette propriété en ferme d'instruction, Dombasle l'obtint en bail à des conditions avantageuses et prit en 1822 la direction de l'école qu'il rendit si célèbre et où dès lors il travailla sans relâche à propager par voie expérimentale toutes les améliorations agricoles.

Ses plans et ses systèmes ont été développés par lui-même dans la publication intitulée : *Annales de Roville*, tableau fidèle de toutes les opérations de la ferme et qui forme un véritable code d'économie rurale ; sa correspondance était immense, elle répandit partout les meilleures doctrines et les pratiques les plus utiles et eut une grande influence sur les progrès de l'agriculture.

Dombasle travaillait à un traité général d'agriculture qui devait résumer toute sa doctrine, lorsque la mort le surprit le 27 décembre 1843. La Société le comptait comme correspondant depuis 1827.

Signalons encore la mort de M. Alexandre Coget, qui avait été membre résidant de 1816 à 1819. Il était fils de l'habile arboriculteur dont il a été question au commencement de cette histoire. Après quatre années passées sous les drapeaux, il revint à Thumeries s'adonner aux travaux des champs et fut membre du conseil municipal, du conseil d'arrondissement, en 1831, député à la Chambre, puis membre du conseil général ; dans ces différents postes il montra une grande aptitude pour les questions financières et agronomiques, et se dévoua constamment aux intérêts de ses commettants ; il mourut le 2 juillet, à l'âge de 70 ans.

En 1846, mourut le diptériste allemand Meigen ; M. Macquart, son disciple et son ami, lut à la Société une notice sur sa vie et ses ouvrages qui est restée inédite et dont voici les principaux traits :

Jean-Guillaume Meigen naquit à Solingen, près de Dusseldorf, le 3 mai 1764, de parents pauvres qui ne purent lui donner qu'une instruction très imparfaite ; il dut tout à lui-même. L'entomologie l'attira dès l'enfance ; son esprit observateur lui fit chercher la classe la plus dédaignée, celle par conséquent où il pouvait exercer plus à son aise sa perspicacité naturelle. Aucun entomologiste n'avait encore traité exclusivement des diptères, 700 espèces à peine étaient décrites, réparties dans moins de 20 genres la plupart fort confus.

Meigen s'occupa d'abord de la classification dans un premier ouvrage resté inachevé ; il publia ensuite sa *description systématique des diptères d'Europe,* en 7 volumes, qui parurent de 1818 à 1838, contenant la description de 5.500 espèces européennes et accompagnés de nombreuses planches dessinées par l'auteur. Ce travail plaça Meigen au premier rang des entomologistes monographes, et l'on peut dire qu'il fut le véritable créateur de la diptérologie dont les progrès depuis lors n'ont été que des pierres ajoutées aux fondements impérissables qu'il avait bâtis.

Devenu vieux et infirme, géné par l'établissement de 14 enfants, il s'ouvrit à M. MACQUART du désir de se créer quelques ressources en vendant ses collections et ses dessins. Son ami fut assez heureux pour lui rendre ce dernier service, en faisant faire cette acquisition par le Muséum de Paris qui possède aujourd'hui les types précieux de tant de descriptions. MEIGEN mourut à Stâlberg, le 13 juillet 1843; il était correspondant de la Société du 17 mai 1833.

En 1847 mourut Joseph GÉNÉ, professeur de zoologie, directeur du Muséum de Turin,

Né à Inigo, dans le Milanais, il étudia à l'Université de Pavie et se livra, jeune encore, aux recherches entomologiques et à l'attrait des collections. De nombreuses notices publiées dans les recueils italiens le firent connaître et lui valurent une mission scientifique en Sardaigne qu'il accomplit pendant les années 1830, 1836, 1837 et 1838. Il révéla pour ainsi dire ce curieux pays encore ignoré au point de vue de l'histoire naturelle. Les fatigues de ces voyages lui occasionnèrent une maladie qui l'enleva à l'âge de 47 ans, avant qu'il ait pu terminer une faune générale de Sardaigne dont il avait conçu le plan, et dont quelques portions seulement furent publiées. Il mourut le 13 juillet.

Cette année vit s'éteindre aussi le célèbre minéralogiste Alexandre BRONGNIART, l'ami et le collaborateur de Cuvier, le fondateur du Musée céramique de Sèvres.

Il était né en 1770, d'abord élève de l'École des mines, puis pharmacien militaire, ex-préparateur de chimie, sa vocation de minéralogiste se révéla pendant son séjour à l'armée des Pyrénées. Dès lors, ses travaux, ses recherches et ses voyages furent incessants; il aida beaucoup Cuvier dans ses immortelles découvertes. Ce fut lui qui introduisit la méthode de définir les terrains d'après les débris organiques qu'ils contiennent et qui établit les principales théories sur lesquelles repose l'étude de la paléontologie.

Il fut longtemps directeur de la manufacture de Sèvres et termina sa carrière par le bel ouvrage sur les arts céramiques qui popularisa son nom.

En 1848, la Société perdit MM. JULLIEN et MANGON DE LALANDE. Le premier, né à Paris en 1773, était fils du conventionnel Julien; il fit ses études chez les Jésuites de Lyon et au Collège de Navarre; pendant la Révolution, il fut commissaire des guerres, puis attaché au cabinet particulier du général Bonaparte qu'il suivit en Égypte.

Disgracié à la Restauration pour son opposition républicaine, il se livra à des occupations littéraires, et fonda, en 1818, la *Revue encyclopédique*; parmi ses nombreuses productions philosophiques on distingue : *Esquisse sur la philosophie des sciences* et *Tableau synoptique des connaissances humaines*. Il était correspondant de la Société depuis 1827.

MANGON DE LALANDE, savant antiquaire, avait longtemps fait partie de l'administration des domaines; il mit à profit ses changements de résidence pour étudier les antiquités historiques des départements qu'il habita successivement. Ses dissertations sur les monuments et les anciennes villes romaines dans les Gaules sont nombreuses et intéressantes.

Les pertes de 1849 furent nombreuses ; il faut citer :

1° Le Comte DE HOFFMANNSEG, né à Dresde, le 23 août 1766, qui, après avoir servi quelque temps dans la garde royale de Saxe, s'adonna à l'histoire naturelle et réunit de belles collections d'entomologie et de botanique. Il transforma une partie de son domaine de Rammenau en vaste jardin botanique et fut fondateur du Muséum de Berlin auquel ses collections servirent de première base. Il parcourut longtemps l'Europe à la recherche d'objets d'histoire naturelle et publia, entr'autres travaux, un bel ouvrage sur la flore portugaise; Pauzer consacra sa réputation en donnant son nom à un *Licinus : Licinus Hoffmannseggus ;*

2° Le mathématicien FRANCŒUR, né en 1773, d'un surintendant de la musique du Roi. Après une campagne à l'armée du Nord en 1792, il entra à l'École centrale des travaux publics, depuis École polytechnique, et en sortit ingénieur géographe. Il passa ensuite dans l'artillerie et fut choisi par le Premier Consul comme instituteur de son frère Jérôme. A la création des lycées, il fut nommé professeur de mathématiques transcendantes au Lycée Charlemagne. Il est l'auteur de nombreux travaux de mathématiques, d'astronomie et de géodésie, entr'autres d'un traité élémentaire de mécanique et d'un traité de la figure de la terre et de ses parties ; il mourut le 16 décembre 1849 ;

3° Jean-Louis-Auguste LOISELEUR-DESLONCHAMPS, né à Dreux, le 24 mars 1774. Il s'était voué à l'étude de la médecine, mais la réquisition le fit soldat; pendant quatre ans il servit à l'armée des Alpes, il conçut un goût très vif pour la botanique et en fit dès lors l'étude de toute sa vie. Infatigable collectionneur, il parcourut la France pour se faire un herbier, et publia, en 1806, comme résultat de ses voyages, une *Flora Gallica* à laquelle il ajouta plus tard deux suppléments.

Pendant les guerres de l'Empire il s'attacha à chercher dans les plantes indigènes des succédanés aux remèdes végétaux exotiques que le commerce ne fournissait qu'à grand prix. Plus tard il appliqua à l'horticulture et à l'agriculture ses vastes connaissances, fit de nombreuses expériences sur les plantations de muriers, la culture des céréales et celle de la vigne. Elles furent l'objet de nombreux mémoires qui parurent pour la plupart dans les recueils des Sociétés centrales d'agriculture et d'horticulture ; il mourut accablé d'infirmités, mais sans avoir cessé un instant de se livrer à ses travaux favoris. Son admission dans la Société datait de 1821.

4° François-Akeu PHILIPPAR, né à Vienne, en Autriche, en 1802. Son père, nommé directeur des jardins de Trianon, l'amena en France et en fit un simple ouvrier des pépinières de Versailles. Placé à 20 ans au Jardin des plantes de Paris, il suivit les cours de Thouin et de Jussieu et, y joignant des études personnelles, acquit en botaniqne et en horticulture des connaissances étendues. Son premier ouvrage fut un *Voyage agronomique en Angleterre*, qui fut accueilli avec faveur. Il se voua ensuite à l'enseignement agricole et fut successivement professeur à Grignon, et à l'École normale de Versailles. Cet enseignement fut constamment l'objet de ses occupations, il fit tous ses efforts pour le propager et conçut le plan d'une école nationale d'agriculture à créer à Versailles, et d'un vaste musée agronomique. Une mort prématurée l'empêcha de poursuivre l'exécution de ces projets. Il était correspondant depuis 1836 ;

5° Le baron MÉCHIN, conseiller d'État, ancien préfet du Nord, qui avait désiré, à son départ de Lille, changer son titre de membre honoraire en celui de correspondant ; c'était un politique lettré qui traduisait Juvénal au milieu de ses préoccupations administratives ;

6° Jean-Gabriel-VictorTULEU DE MAULÉON, correspondant depuis1836, né à Agde en 1784. Ancien élève de l'École polytechnique, il avait été ingénieur en chef du cadastre et des domaines de la liste civile. Toute sa vie fut consacrée à l'étude des sciences et surtout des questions industrielles, il rédigea plusieurs recueils importants, entr'autres ; *Annales de la société polytechnique pratique ; Recueil industriel et commercial ; Annales de statistique ; Journal des commissions sanitaires*, etc... La plupart des sociétés savantes de France et de l'étranger le comptaient parmi leurs membres. Il mourut le 25 juillet 1849.

IX

TRAVAUX DES ANNÉES 1850 à 1860.
CRÉATION DE LA FACULTÉ DES SCIENCES
ET DU COMICE AGRICOLE.

Les premières années de la seconde moitié du siècle furent employées par la Société comme les précédentes en travaux nombreux et variés. L'agronomie y occupa encore une place importante. La vulgarisation de l'emploi du drainage, l'amélioration des variétés de froment, la substitution du poids à la mesure dans la vente des céréales, la discussion des mesures propres à sauvegarder l'industrie du sucre indigène, la création et la bonne tenue des concours, la confection des programmes annuels, le rouissage des lins dans ses rapports avec la salubrité publique, la statistique agricole, le monopole des tabacs, la législation des portions ménagères, la maladie des pommes de terre, les impôts sur les sels, furent les principales questions soulevées et discutées à cette époque.

La présence à Lille de M. Dumas, Ministre de l'agriculture et du commerce au mois de mai 1850, fut regardée comme une occasion favorable d'exposer au Gouvernement la situation agricole. Il fut invité à présider une séance extraordinaire, le 20 mai, et M. LEGRAND, vice-président, lui adressa un discours qui résumait les vœux et les plaintes des représentants de l'agriculture du Nord. Il demandait une augmentation de l'élément agricole dans les chambres consultatives d'agriculture qu'on se préparait à établir, le maintien des droits sur les produits algériens, une enquête sur la sucrerie indigène, l'abandon du projet d'impôt sur la chicorée, la révision des règlements de culture du tabac.

M. le Ministre répondit qu'il prenait note des vœux qui venaient de lui être exprimés et qu'ils entreraient en grande considération dans la solution des questions qu'étudiait en ce moment le Gouvernement.

Un compte rendu détaillé de cette séance fut envoyé aux journaux et la commission d'agriculture, par l'organe de M. J. Lefebvre, y ajouta de longs développements qui furent insérés dans les publications agricoles de la Société.

Les principaux travaux de science pure qui prirent place à côté de ces discussions pratiques eurent pour auteurs MM. Delezenne qui traita de la *valeur des notes de la gamme*, Kuhlmann, Corenwinder et Lamy qui produisirent d'importants mémoires de chimie ; Macquart qui passa en revue tous les insectes qui vivent aux dépens des arbres et arbrisseaux d'Europe, Meugy qui présenta sa carte géologique de la Flandre avec un titre explicatif.

La relation très détaillée d'un voyage en Algérie, par M. T. Lestiboudois, une histoire d'*Antoinette Bourignon*, par M. Dupuis, des fables de M. Delerue et quelques traductions en vers de M. Moulas, composèrent la partie historique et littéraire.

Chacune des années 1850, 1851 et 1852 fournirent un fort volume.

Les commissions permanentes fonctionnèrent activement ; celle du Musée d'histoire naturelle travailla aux catalogues demandés depuis plusieurs années par l'administration municipale et pour lesquels des fonds étaient votés. M. Degland commença celui des vertèbrés, M. Macquart acheva celui des insectes qui fut imprimé en 1850.

Un nouveau musée s'ouvrit à cette époque et fut confié, comme les autres, aux soins de la Société. Le 2 janvier 1850 s'éteignait, à Lille, dans un âge peu avancé, Albert-Alphonse-Joseph Moillet, collectionneur passionné d'objets ethnographiques qui avait réuni à grands frais une précieuse galerie résumant l'histoire industrielle de tous les peuples par des spécimens de leurs arts, de leurs instruments de guerre, de ménage ou de travail. Peu de temps avant sa mort, gêné par l'accroissement de ses collections et par le délabrement de sa santé, il avait fait don de son musée à la ville de Lille en stipulant qu'il serait administré par la Société des sciences. Conformément à cette condition, il fut convenu que la Société présenterait au maire de la ville une liste de six membres sur laquelle serait choisie une commission de trois sociétaires, chargés de la surveillance de ces nouvelles richesses. Le choix se porta sur MM. Bachy, Legrand et Benvignat ; ce dernier fut, peu après, remplacé par M. Chrétien. Ils se mirent à l'œuvre et préparèrent la belle installation qui est une des gloires de Lille et qui, depuis ce temps, n'a cessé de s'accroître par des dons généreux et par l'emploi d'une allocation annuelle.

Il serait injuste de ne pas faire remarquer que c'est surtout à M. BACHY, ami du donateur et témoin des accroissements successifs de sa collection, qu'est due la belle organisation des salles et le classement intelligent des objets.

Bien que la Société ait renoncé depuis longtemps à la révision triennale de son règlement qui était de règle autrefois, diverses circonstances l'engagèrent, en 1850, à changer de nouveau plusieurs clauses réglementaires qui avaient été reconnues susceptibles de modifications. Une commission fut nommée à cet effet et présenta son rapport par l'organe de M. LEGRAND dans la séance du 3 octobre 1851 ; la discussion dura plusieurs séances et il en sortit un règlement nouveau qui revenait à la forme adoptée en (1), c'est-à-dire qui ne comprenait qu'une unique série d'articles pour les règles statutaires et les détails de police intérieure.

Cette disposition qui a l'inconvénient de soumettre à l'autorisation administrative des articles de détail en même temps que la constitution même de la Société et qui empêche les changements que la pratique journalière reconnaît utiles, prévalut, pour le moment, par ces raisons que la double série réglementaire était fort embarrassante et que l'on éprouvait souvent des difficultés dans les recherches des articles applicables, qu'il était assez peu aisé de distinguer entre des dispositions tout aussi importantes les unes que les autres au point de vue réglementaire, et que, loin de favoriser les changements auxquels les assemblées se prêtent si facilement, il était bon, au contraire, de les enchaîner pour un certain temps dans les limites du règlement.

Voici les principaux changements qui furent introduits : le général commandant la division fut compris parmi les membres honoraires ; le nombre des membres titulaires, arrêté à 36, fut porté à 48, l'institution du suffrage universel ayant supprimé les privilèges électoraux, aucune raison politique n'empêchait cette extension, qui avait l'avantage d'ouvrir une plus large porte à des agriculteurs éminents qui jusqu'alors devaient se contenter du titre assez peu envié d'associés.

Dans ce même but, l'article 6 décida que la résidence à Lille n'était plus nécessaire pour l'obtention du titre de membre titulaire, il était accessible aux habitants de toutes les communes de l'arrondissement, mais en même temps le mode d'admission fut entouré de nouvelles garanties par les articles 8 et suivants, ainsi conçus :

« Lorsque le nombre des membres est inférieur à quarante-huit, le bureau peut proposer à la Société de déclarer qu'il y a vacance.

---

(1) En blanc dans le manuscrit.

Si la Société adopte cette proposition, sa déclaration est rendue publique et pendant les trois mois qui suivent cette déclaration les candidats peuvent se présenter ou se faire proposer à l'effet d'être admis comme membres titulaires.

« La déclaration de vacance ne peut porter que sur une place à la fois.

« A l'expiration des trois mois on nomme une commission pour examiner les demandes et apprécier les titres des candidats.

« Cette commission est composée de trois membres, s'il ne se présente qu'un candidat ; elle est de cinq membres, s'il y a deux candidats, et de sept, si le nombre des candidats est supérieur à deux.......

« Le rapport est lu à la Société un mois au plus tôt et deux mois au plus tard, après la clôture des trois mois qui ont suivi la déclaration de vacance.

« Immédiatement après la lecture du rapport, il est procédé au scrutin, par bulletin nominatif. En cas de concours de plusieurs candidats, si trois votes successifs n'amènent pas de résultats l'élection est ajournée à la séance suivante....

« Le bureau ne peut proposer une nouvelle déclaration de vacance, avant que les opérations relatives à une proposition précédente ne soient entièrement terminées ».

Le nombre des membres correspondants fut fixé à deux cents, celui des associés agriculteurs à quarante-huit. Cette dernière catégorie dont la position avait toujours été assez mal définie fut l'objet de dispositions assez détaillées sur lesquelles le rapport de M. LEGRAND s'exprimait ainsi :

« C'est la question des associés agriculteurs qui a soulevé le plus de difficultés, cependant, nous n'hésitons pas le proclamer, c'est le point sur lequel le règlement ancien nous a paru parfait. Nous démontrerons facilement que les conflits sont nés surtout de l'inobservation et de la fausse interprétation de ce règlement.

« Un mot sur l'économie de l'ancien règlement à cet égard. Il y a une Société des sciences, de l'agriculture.............................
..................................(1).

« La Commission du nouveau règlement qui a pu observer depuis longtemps les germes de discorde jetés dans la Société par ce malheureux état de choses a cherché à remédier au mal.

« Elle a conservé l'institution des associés agriculteurs, mais elle a

---

(1) Une page manque au manuscrit.

défini ce qu'on devait entendre par cultivateur, de manière à ne faire entrer désormais dans la commission d'agriculture que des hommes pratiques, capables de lui apporter le concours de leur expérience, condition indispensable de leur admission.

« Comme preuve certaine de cette expérience, elle exige que les candidats soient âgés de 30 ans ; il est évident que si avant cet âge on peut trouver des artistes éminents, des littérateurs brillants, des savants hors ligne, on ne trouve pas du moins un cultivateur très expérimenté.

« Nous considérons, par exception, comme cultivateurs les citoyens exerçant les professions utiles à l'agriculture.... ».

Telles furent les principales modifications de l'ancien règlement. Elles révèlent surtout l'intention bien arrêtée de conserver à la Société toute son action agricole, et d'aplanir les difficultés qui entravaient sa marche dans ce sens. Malheureusement un nouvel incident vint lui opposer un dangereux obstacle. Le 20 mars 1851, l'Assemblée nationale vota une loi portant établissement d'un ou plusieurs comices par arrondissement. Elle admettait dans ces comices tous les propriétaires ou fermiers de l'arrondissement ; le mode d'élection était le même qui recrutait le personnel des chambres consultatives d'agriculture, lesquelles étaient composées d'un membre par canton élu pour six ans ; elles se renouvelaient par tiers tous les deux ans.

La loi stipulait que les sociétés existantes pourraient être assimilées au comice, en se conformant à leurs obligations.

La Société ne se laissa pas arrêter par cette menace de concurrence, elle crut pouvoir y parer en s'efforçant d'allier les dispositions de la nouvelle loi avec les exigences de son organisation scientifique et, le 11 octobre 1851, elle arrêtait et faisait approuver par le Préfet du Nord un règlement spécial dans les termes suivants :

Art. 1er. — La Société des Sciences, de l'Agriculture et des Arts de Lille, tout en conservant son organisation actuelle, est comice pour l'arrondissement de Lille.

Art. 2. — Font, en conséquence, partie du comice les membres honoraires, les membres résidants et les associés agriculteurs.

Art. 3. — Peuvent faire partie du comice, en se conformant au présent règlement les propriétaires, fermiers, colons et leurs enfants, âgés de 21 ans, domiciliés ou ayant leurs propriétés dans l'arrondissement de Lille.

Art. 4. — Le comice peut en outre admettre, par des délibérations spéciales, prises à la majorité des deux tiers des votants, des personnes qui ne rempliraient pas les conditions prescrites par l'article 3, jusqu'à concurrence du dixième de ses membres.

Art. 5. — Le bureau de la Société demeure de droit le bureau du comice. Il est cependant institué, indépendamment des fonctionnaires composant le bureau, un secrétaire général spécial pour le comice.

Art. 6. — Cet officier est nommé, à la majorité des voix, par tous les membres du comice, à la première séance de janvier.

Art. 7. — Tout candidat doit être présenté par trois membres du comice.

Art. 8. — La présentation du candidat, faite par écrit à l'une des séances, reste affichée dans la salle ; il est voté à la séance suivante sur l'admission, qui doit réunir la majorité des membres présents.

Art. 9. — Pour subvenir aux frais, il est établi une cotisation annuelle de dix francs, payable par tous les membres, à l'exception de ceux qui déjà sont assujettis à une cotisation.

Art. 10. — Cette cotisation est diminuée par des jetons de présence de 50 centimes, alloués à chaque séance du comice, à laquelle le membre aura assisté, sans qu'elle puisse descendre au-dessous de 5 francs.

Art. 11. — Tout membre qui refuse de payer sa cotisation est réputé démissionnaire.

Les articles suivants réglaient la tenue des dix séances générales et affectait, au siège du comice, le local de la Société.

Cette tentative fut sans succès ; on essaya d'un autre moyen. Le règlement de 1851 qui avait à peine deux ans, fut l'objet d'une révision. Elle divisait la Société en trois sections, savoir : section des sciences, section de l'agriculture, section des lettres et des arts. Chacune de ces sections pouvait s'adjoindre 32 associés ayant voix délibérative dans leurs séances respectives et voix consultative seulement dans les séances de la Société. Les associés agriculteurs devaient être cultivateurs ou professer une industrie agricole, être âgés de 25 ans et domiciliés dans l'arrondissement de Lille.

Chaque section nommait un président et un secrétaire qui devaient être choisis parmi les membres titulaires.

Revenant sur la décision qui avait prévalu en 1851 de ne faire qu'un règlement unique, on décidait cette fois que les dispositions de police intérieure seraient l'objet d'une réglementation spéciale.

Tout fut inutile ; les jours de la Société, en tant qu'association d'agriculture, étaient comptés. Un courant irrésistible entraînait les notabilités agricoles de l'arrondissement vers une séparation radicale qu'elles supposaient être l'émancipation et l'indépendance, et bientôt on prépara la fondation d'un comice spécial.

Les démissions des associés agriculteurs arrivèrent en foule et la Société craignit même un instant de voir se séparer d'elle ses membres titulaires qui s'étaient plus spécialement voués aux études agronomiques. Pour conjurer d'avance le danger de ces pertes, elle résolut de suspendre l'article qui réglait les admissions nouvelles et de faire une adjonction en masse, en vertu, sans doute, de l'axiome qui veut que le salut du peuple prime la loi. Dix nouveaux membres furent admis à la fois dans la séance du 10 décembre 1852 ; ils étaient choisis parmi les notabilités scientifiques et littéraires et donnèrent à la Société une impulsion nouvelle bien propre à lui faire oublier la part qui lui échappait.

Au reste, la crainte des désertions n'était pas fondée ; aucun des membres titulaires n'abandonna la Société, et parmi les principaux fondateurs du comice séparé, on trouve MM. J. Lefebvre et Loiset, le premier président et le premier secrétaire général de la nouvelle association, qui ne crurent pas devoir abandonner les collègues qui représentaient plus spécialement la science pure, en se mettant à la tête d'un mouvement vers l'homogénité pratique.

Le 22 août 1853 le comice agricole de l'arrondissement de Lille fut définitivement créé par l'arrêté préfectoral suivant :

Vu la demande qui nous a été présentée par un grand nombre d'agriculteurs de l'arrondissement pour la formation à Lille d'un comice agricole ayant l'arrondissement pour circonscription ;

Vu le décret du 25 mars 1852 sur les associations ;

Vu l'article 291 du Code pénal et la loi du 10 avril 1834 ;

Arrêtons :

Article 1. — Un comice agricole est institué dans l'arrondissement de Lille, son siège est à Lille.

Art. 2. — Le règlement dudit comice sera soumis à notre approbation.

Art. 3. — M. le secrétaire-général, sous-préfet de l'arrondissement de Lille, est chargé de l'exécution du présent décret.

(Signé) Besson et de Mangeot.

13

Les fondateurs étaient au nombre de 81, le premier règlement qui fut adopté ne différait que sensiblement de celui que la Société avait essayé de mettre en pratique ; les modifications qu'il a subies depuis ce temps n'en ont pas changé sensiblement les bases.

Ainsi fut consacrée la scission agricole. La Société ne l'accepta point sans regrets et ne perdit même pas d'abord tout espoir de se reconstituer une section d'agriculture. Pendant quelque temps ces regrets furent entretenus par des conflits pécuniaires soulevés à l'occasion de la répartition des fonds départementaux destinés à l'encouragement de l'agriculture, mais peu à peu toute aigreur s'apaisa et les deux associations marchèrent côte à côte, avec leurs attributions spéciales, sans que la bonne harmonie ait depuis été troublée.

Pendant les préoccupations de cette séparation, la Société n'éprouva point d'obstacles dans sa marche ordinaire. On a vu quels avaient été ses principaux travaux scientifiques et littéraires ; ses séances annuelles eurent aussi leur cours régulier, mais, en dehors des primes agricoles toujours très nombreuses, les concours furent peu suivis ; les principales récompenses furent accordées à des travaux d'ensemble : M. Blanquart-Evrard reçut, en 1851, une médaille d'or pour ses belles découvertes photographiques ; l'année suivante, M. Dujardin obtint la même récompense pour ses recherches de télégraphie électrique, MM. Mazingue et Lapaux eurent des médailles d'argent, le premier pour ses compositions de musique religieuse, le second pour les perfectionnements introduits dans la construction des instruments à archet.

Un nouveau genre d'encouragement fut institué en 1852 ; la Société délivra en séance publique des livrets de caisse d'épargne à un certain nombre d'ouvriers industriels et d'élèves primaires en récompense de leur bonne conduite et de leur assiduité ; des mentions honorables furent aussi accordées. Le bureau de bienfaisance profita de la solennité pour décerner à ses lauréats les primes qu'il promettait à la meilleure tenue des logements d'ouvriers.

A la fin de 1853, un nouveau stimulant vint s'offrir au zèle de la Société : MM. Gosselet et Bachy proposèrent l'établissement d'un Musée industriel, sorte de conservatoire des arts et métiers qui réunirait, aux yeux du public, la collection méthodique des transformations subies par toutes les productions de l'industrie. Dans l'exposé de son projet M. le docteur Gosselet insista surtout sur la différence qu'il faisait entre son musée permanent et les expositions des produits industriels.

Destinées à assouvir la curiosité publique, à entretenir l'émulation entre les producteurs, elles viennent contenter la curiosité, exciter la rivalité, mais, il faut bien le reconnaître, l'esprit n'est pas entièrement satisfait.

« Ces pompeux étalages d'étoffes brillantes, de tapis inimitables, de produits d'un fini et d'une perfection que rien ne semble devoir surpasser, s'ils représentent assez fidèlement, à un jour donné, le degré où a pu s'élever le génie de la fabrication, ils ne disent rien des efforts qui les ont précédés ; ils ne montrent point tout ce qu'il faut de labeurs pour atteindre le but ; ils ne préviennent point les tâtonnements nouveaux des hommes inexpérimentés, ils ne disent rien du passé, ils n'instruisent pas, ils ne parlent pas à l'avenir.

« Comme des jalons, posés à de grandes distances et que le vent renverse à mesure, ils ne laissent pas même de traces de leur existence ; et cependant les cultures, les industries se transforment sans cesse ; tantôt elles reviennent à leur point de départ sous le couvert de la nouveauté, sans qu'on puisse apprécier ce qu'il y a de positif et de mensonges dans la découverte du moment ; tantôt elles s'effacent ou même s'anéantissent complètement ».

Les auteurs du projet concluaient en demandant à la Société de s'entendre avec l'administration municipale, d'appeler les matières à collectionner, en s'adressant directement aux producteurs ; d'arrêter les bases d'une classification, enfin, d'assurer par tous les moyens possibles la création et l'organisation d'une exposition permanente de l'agriculture et de l'industrie sous la direction de la Société.

La proposition fut renvoyée à l'examen d'une commission qui l'appuya chaleureusement ; elle fut adoptée dans la séance du 1er novembre 1853. On décida que la publicité la plus large serait donnée à cette création et que le concours de tous les industriels serait immédiatement sollicité. Il fut même question, à cette occasion, de créer dans la Société une section industrielle, mais l'idée en fut repoussée comme offrant, en germe, une rivalité analogue à celle qui venait de séparer les associés agriculteurs.

MM. Gosselet, Bachy et Violette furent nommés commissaires pour l'organisation des collections qui dotèrent, en peu d'années, la ville de Lille d'un Musée digne de prendre place auprès des legs si précieux de Wicar et de Moillet.

Après quelques tâtonnements au sujet du local qui devait leur être affecté, l'administration, municipale désigna la galerie de l'Hôtel de ville, précédemment occupée par le Muséum d'histoire naturelle, transporté depuis quelque temps au second étage du Lycée ; en remerciant l'administration, la Société lui dit qu'elle serait heureuse, après avoir achevé son œuvre, d'offrir à la ville un Musée qui aurait le double avantage d'honorer la cité et de faciliter les études industrielles, par la connaissance et la représentation des procédés de fabrication. Il fut solennellement inauguré le 3 août 1856.

Pendant qu'un nouveau musée venait se mettre ainsi sous la direction de la Société, un autre lui échappait. Le Musée d'histoire naturelle, sa plus ancienne création, qui, depuis 30 ans, s'était accru sous son impulsion, passait entre les mains de la Faculté des sciences qu'un décret du 22 août 1854 avait fondée à Lille.

Cette institution qui avait besoin de collections pour ses cours, avait mis la ville en demeure de lui fournir les objets d'histoire naturelle nécessaires à l'enseignement. La ville, dont les dépenses étaient déjà considérables, ne crut pas pouvoir y ajouter encore l'acquisition de nouvelles collections, et affecta à l'usage de la Faculté le musée dont elle était propriétaire. Par le règlement qui intervint à ce sujet, le professeur d'histoire naturelle devint conservateur du musée, il eut près de lui une commission de surveillance dont furent membres de droit, le maire de la ville, le doyen de la Faculté, le président et un membre de la Société des Sciences ; les autres membres étaient nommés par le recteur de l'Académie sur la présentation du maire.

La Société vit avec regret se terminer une mission qui lui avait toujours semblé un de ses plus utiles privilèges ; elle s'en consola en pensant que ces collections dont elle perdait l'administration allaient servir plus directement les intérêts de la science et les besoins d'un enseignement que ses sollicitations avaient contribué à appeler à Lille.

Pendant les années 1853 et 1854 les principaux travaux furent : une continuation du travail de M. MACQUART sur les insectes phytophages. Il avait traité, précédemment, de ceux qui vivent aux dépens des arbres et arbrisseaux, il s'occupait, cette fois, des ennemis des plantes herbacées ; un mémoire de MM. BOLLAERT et A. GOSSELET sur l'hygiène de la ville de Lille au point de vue de l'assainissement des rues et des canaux ; un mémoire sur les archives de l'abbaye de Cysoing par M. LEGLAY ; quelques mémoires de chimie par M. CORENWINDER et d'acoustique par M. DELEZENNE ; un travail sur les monnaies de Lille et de Douai aux XIV, XV et XVIe siècles par DE LA FONS DE MELICOCQ ; le récit d'une excursion à Mons-en-Pévèle par M. LEGRAND ; un Essai sur l'analyse et la synthèse des éléments phonétiques des langues par M. CANNISSIÉ.

La commission d'agriculture, bien que privée des éléments pratiques que lui donnaient les anciens associés agriculteurs, continua de s'occuper activement des sujets agronomiques ; elle poursuivit l'examen de la question des sucreries indigènes, elle s'occupa de la propagation du drainage, de la culture du lin et du commerce de la boucherie au point de vue de l'alimentation publique.

L'activité générale semblait entrer dans une phase nouvelle ; la Société reconnaîssait déjà que sa séparation du comice l'avait débarrassée d'entraves qui surchargeaient ses travaux ; la science spéculative y gagnait ; elle allait désormais s'y livrer tout entière, et, comme lui disait M. MACQUART en prenant, pour la quatrième fois, la présidence en 1854, elle rentrait dans le domaine qui lui fut si cher, lorsque, dès son berceau, elle comptait parmi ses membres l'émule de Newton, MALUS qui, préludant à son immortelle découverte, lui inspira l'heureuse vocation à laquelle elle put longtemps se livrer tout entière.

Les concours prirent à cette époque le caractère qu'ils n'ont plus quitté ; la poésie, l'histoire, les arts, les sciences y eurent une part de plus en plus grande.

En 1854, quatre agents agricoles furent encore primés pour leurs longs et fidèles services ; mais, à côté d'eux, commencent à paraître les ouvriers de l'industrie qui, depuis ce moment, ont toujours occupé une si large place dans la répartition des primes.

En 1853, un travail très intéressant pour la Société fut entrepris et mené rapidement à bonne fin par M. DUPUIS, membre titulaire. Un très grand nombre de documents manuscrits, de rapports, de comptes rendus, de pièces de correspondance et de notes financières, s'étaient accumulés pendant 50 ans et formaient un amas inextricable ou les recherches étaient impossibles, M. DUPUIS tria ces papiers, les rangea et en fit un dépôt d'archives disposé dans un ordre parfait.

Il dressa en même temps deux tables des travaux imprimés, l'une par ordre de dates sous les noms d'auteurs, l'autre par lettre alphabétique de matières renvoyant aux pages des 34 volumes alors publiés, index indispensable à tous ceux qui sont appelés à faire dans cette importante série des recherches de bibliographie ou de science.

Les changements du personnel pendant ces cinq années furent

nombreux. La Société reçut, en 1850, un membre titulaire, M. Molroguier, directeur des contributions indirectes; en 1852 : MM. Blanquart-Evrard, Colas, Henri Violette, directeur de la raffinerie de salpêtre ; Charié-Marsaines et Charet de la Frémoire, ingénieurs des ponts et chaussées ; Dureau, conseiller de préfecture ; Brauwers et Garreau, chimistes; Tissandier, professeur de philosophie ; Bruneel, littérateur ; A. Gosselet, docteur en médecine, Meurein, maître en pharmacie ; en 1854 : MM. Cox et Fiévet, industriels ; Cannissié, littérateur, de La Fons de Mélicocq, archéologue ; de ces 17 membres, 4, MM. Charet de la Frémoire, Dureau. Molroguier et Brauwers, quittèrent Lille peu après leur admission. MM. Millon, Lamarlé et Meugy devinrent aussi correspondants par suite de leur départ.

La mort enleva MM. Théodore Barrois, Romain Peuvion et le docteur J.-B. Lestiboudois.

M. Barrois était né à Lille, le 29 septembre 1793. Industriel émérite doublé d'un savant, il passa sa vie à chercher les applications pratiques des règles du calcul et de la mécanique, à perfectionner les machines à vapeur, à atténuer leurs dangers. Il présenta à la Société de nombreux mémoires traitant tous de mécanique appliquée ou de théories mathématiques. Il mourut le 11 avril 1851.

La carrière de M. Peuvion avait eu avec celle de M. Barrois plus d'un point de ressemblance ; comme lui il avait mis la science au service de l'industrie. La physique, la chimie et la mécanique occupaient tous ses loisirs ; voici en quels termes, M. Bailly, président de la Société, résumait sur sa tombe sa longue carrière : « Peuvion ne perdit pas un seul jour de sa vie ; le temps que ne réclamaient pas sa famille ou ses affaires, il le consacrait au travail ; il avait toujours un instrument ou une machine à faire. Toutes les pièces de son beau cabinet de physique sont sorties de sa tête ou de ses mains... Le besoin, l'habitude du travail étaient si puissants chez lui qu'il limait, tournait ou écrivait pour peu que ses souffrances ne s'y opposassent pas complètement et, peu de jours avant sa mort, il travaillait à un instrument destiné à porter l'action de l'électricité sur la vessie paralysée. »

Il mourut le 14 août 1852, âgé de 73 ans. Il était un des dix fondateurs de la Société.

Le docteur Jean-Baptiste Lestiboudois, un des plus éminents praticiens de la ville de Lille, était né le 3 septembre 1796 ; ses études médicales faites à Lille et à Paris furent brillantes. Quand il revint dans sa ville natale vers 1820 une nombreuse clientèle absorba promptement tous ses loisirs et lui laissa trop peu de temps pour qu'il put l'employer à des productions scientifiques. En 1852, il fut nommé professeur à l'École secondaire de médecine, créée à Lille à cette époque, mais il fut enlevé par une cruelle maladie dès le début de son professorat, le 28 janvier 1853.

Parmi les membres correspondants qui furent choisis dans cette période, il convient de citer : le fécond agronome Conrad DE GOURCY, MM. MONNY DE MORNAY, duc d'ALBERT DE LUYNES, Charles DE LINAS, comte Achmet D'HÉRICOURT, le docteur DAVAINE, le mathématicien CATALAN, l'astronome Yvon VILLARCEAU, tous noms dont la notoriété est suffisamment établie.

Les plus connus de ceux qui disparurent dans cette période furent : le baron DE REIFFENBERG, le pharmacien LABARRAQUE, MM. BOGAERTS, MÉRAT, BAILLON, DEHOLDAT, BONAFOUR, DE PROUVILLE, Alban et François DE VILLENEUVE, ARAGO, LEVY, LAIR et BOTTIN.

Le baron DE REIFFENBERG fit ses études à Mons et à Bruxelles et embrassa d'abord la carrière militaire ; il assista avec le grade de lieutenant à la bataille de Waterloo ; mais la chute de l'Empire changea sa vocation. Il entra dans l'enseignement et fut successivement professeur de littérature ancienne à Anvers et à l'Athénée de Bruxelles, professeur de philosophie à l'Université de Louvain, puis à Liége et enfin conservateur de la Bibliothèque de Bourgogne. Son extrême facilité au travail lui permit d'effleurer tous les sujets ; il publia de nombreuses poésies, fit représenter les pièces de théâtre de tous genres, s'adonna à la philologie, à la bibliographie, à l'histoire, à la politique, à la philosophie. Il collabora à tous les journaux littéraires, scientifiques ou politiques de l'époque et inséra dans les bulletins et les mémoires de l'Académie de Belgique une foule de travaux divers. Il ne se passait guère de séances qu'il ne fit quelque communication.

Une telle abondance ne pouvait être exempte de légèreté ; il la poussa parfois jusqu'au plagiat ; mais quels que soient les griefs qu'attira sur lui la trop grande activité de son caractère et de son travail, il n'en fut pas moins un des auteurs les plus éminents du réveil littéraire et scientifique de la Belgique. Il mourut le 18 avril 1850.

M. Félix BOGAERTS fut une personnalité moins bruyante, mais sa carrière scientifique eut plus d'un rapport avec celle de son compatriote. Né à Bruxelles, le 2 juillet 1805, il prit ses grades à l'Université de Gand et fut nommé, en 1828, professeur au collège de Menin. En 1834, il fut appelé à la chaire d'histoire et de géographie de l'Athénée d'Anvers et l'occupa jusqu'à sa mort arrivée le 16 mars 1851. Ses œuvres littéraires se composent d'un drame, *Ferdinand Alvarez*, de romans historiques dont le meilleur est celui qui a pour titre *Lord Straffort*, de poésies épigrammatiques.

Ses principales productions historiques sont : *Histoire du culte des saints en Belgique, Iconographie chrétienne de la Belgique, Histoire de la colombe, Dissertation sur les pyramides d'Egypte* et plusieurs notices biographiques. Ses œuvres complètes ont été recueillies en 1850, dans un volume de 400 pages. Il laissa des collections artistiques importantes où figuraient de nombreuses compositions du célèbre peintre de Keyser son intime ami.

M. François-Victor MÉRAT naquit à Paris, le 15 juillet 1780 ; il étudia la chimie et la botanique chez le professeur Nachet et la médecine dans les salles de Corvisart. Reçu docteur en 1803, il obtint au concours la place de chef de clinique de la Faculté de Paris et y resta dix ans pendant lesquels il assembla les matériaux d'un traité d'anatomie pathologique qui ne fut pas édité, mais qui lui servit dans la rédaction du *Dictionnaire des sciences médicales*, publié sous sa direction.

Il se tourna ensuite vers l'étude de la botanique, envisagée surtout sous le rapport thérapeutique. Il publia une *Nouvelle flore des environs de Paris* et de nombreuses notices spéciales. Son principal ouvrage fut le *Dictionnaire universel de matière médicale et thérapeutique générale*, vaste recueil en six volumes ne contenant pas moins de 50.000 mots, qui obtint un prix de l'Académie des Sciences.

Plus tard, MÉRAT s'occupa beaucoup d'applications horticoles et agricoles, et devint un membre assidu de la Société centrale d'agriculture. Il avait été un des correspondants les plus fidèles de la Société des Sciences de Lille, qui inséra, dans ses Mémoires, une notice envoyée par lui sur le nouveau genre : *Duriena spicata* (1827-1828, p. 432).

Louis-Antoine-Joseph BAILLON naquit à Montreuil-sur-Mer en 1778. Il était fils du correspondant de Buffon et de Daubanton, Emmanuel Baillon d'Abbeville, qui contribua par tant d'observations à l'exactitude des œuvres de ces illustres naturalistes. Il hérita de son père, avec une volumineuse correspondance, un goût très vif pour l'histoire naturelle.

Après avoir été quelque temps aide-naturaliste au Jardin des plantes à Paris, il revint à Abbeville qu'il ne quitta plus. Il se fit de riches collections d'oiseaux et de poissons qu'il aimait surtout à étudier sur nature. Sa correspondance avec Geoffroy-Saint-Hilaire, Cuvier, Valenciennes, fut aussi suivie que l'avait été celle de son père avec Buffon ; mais il ne publia rien que l'ébauche d'un catalogue des oiseaux de l'arrondissement d'Abbeville. Savant laborieux, mais trop modeste, il oublia de faire participer les autres aux fruits de ses travaux et son beau cabinet, négligé après sa mort, a été perdu pour la science.

Mathieu BONAFOUS naquit à Lyon, le 7 mars 1793, d'une famille de très ancienne noblesse dont une branche s'était livrée à l'industrie au siècle dernier. Il commença ses études au collège de Chambéry et les acheva à Paris où ses relations dirigèrent son goût vers l'agronomie. Dès lors, il étendit ses recherches à toutes les questions importantes de cette branche des connaissances humaines, mais plus particulièrement à la culture du mûrier, du maïs, du riz et de la vigne. Ses mémoires de sériciculture firent une véritable révolution dans l'art de cultiver le mûrier et d'élever le ver à soie, surtout en introduisant en France les méthodes italiennes encore trop peu répandues.

Son *Histoire naturelle, agricole et économique du maïs* n'eut pas un moindre succès ; c'est, de l'aveu de tous les hommes compétents, l'ouvrage le plus remarquable qui ait paru sur cette plante. Il composa ensuite une histoire naturelle du riz et fonda à l'Académie royale de Turin un prix pour la meilleure dissertation ayant pour sujet : *l'Influence de la culture des rizières sur la santé de l'homme.*

Ses autres mémoires d'agriculture pratique et de zootechnie sont aussi variés que nombreux. Dans une note sur le ricin, il signale le papillon séricigène, *Bombyx cynthia*, que nourrit cette plante aux Indes, et les avantages qu'on pourrait retirer en Europe de son acclimatation. On sait de combien de tentatives cette idée est devenue le point de départ.

Non seulement, M. BONAFOUS contribua par ses idées théoriques à l'amélioration des cultures industrielles, il y aida encore puissamment de sa fortune, en instituant dans les Académies et les Sociétés savantes des prix de concours, en fondant des écoles, en formant des collections et des champs d'expériences, en pourvoyant à l'éducation de jeunes gens capables et appliqués.

La littérature charmait les loisirs de cette vie si occupée ; il traduisit en vers français le poème latin de Vida, le *Bombyx*, que des critiques n'ont pas craint de placer près des Géorgiques de Virgile. Les vers sont faciles et rendent très fidèlement la pensée de l'original ; Bonafous accompagna sa traduction de notes qui, en éclaircissant le texte, le mettent en harmonie avec les notions de l'art moderne.

Il mourut le 23 mars 1852, et eut la bonne fortune de rencontrer un biographe digne de lui. M. Cap, l'éminent panégyriste que la Société est fière de compter aussi parmi ses correspondants, présenta son éloge à l'Académie des sciences de Lyon qui le couronna dans sa séance du 11 juillet 1854.

M. Mairesse de Pronville, né dans le département du Nord, passa la plus grande partie de sa vie à Versailles où il s'adonna avec passion à l'étude de la botanique et à l'horticulture. Il s'était voué surtout à la culture des roses sur laquelle il publia plusieurs notices. Son meilleur travail est une traduction annotée et augmentée de la *Monographie du genre rosier* de Lindley.

Il s'occupa aussi beaucoup d'agronomie et la Société d'agriculture et des arts de Seine-et-Oise le compta plus d'un demi siècle parmi ses membres les plus assidus. A son retour de ses voyages à Lille où l'appelaient des relations de famille, il ne manquait jamais de faire part à ses collègues des observations les plus intéressantes que lui inspirait l'état si avancé de l'agriculture flamande.

Il mourut le 18 avril 1852 dans un âge très avancé.

Le marquis de Villeneuve, correspondant depuis 1828, publia une histoire estimée de René d'Anjou, une histoire de Saint Louis, un travail sur les tombeaux des grands maîtres de l'Ordre de Saint-Jean de Jérusalem et plusieurs autres notices sur les monuments de Nancy. Il était frère jumeau du comte Alban de Villeneuve qui mourut à la même époque. Ce dernier, aussi correspondant de la Société, avait laissé, à la préfecture de Lille, à la fin de la Restauration, le souvenir d'un parfait gentilhomme et d'un administrateur éclairé.

Le docteur de Haldat du Lys, médecin à Nancy, mourut le 26 novembre 1852 ; il était correspondant de la Société depuis peu de temps, mais les travaux qu'il lui avait communiqués étaient très nombreux. Presque tous roulent sur la physique et surtout sur le magnétisme et l'aimantation. On lui doit encore des notices d'acoustique, des recherches de chimie et d'histoire naturelle, dispersées dans le *Journal de physique*, dans les *Annales de chimie* et dans les Mémoires de l'Académie de Nancy.

Il était correspondant de l'Institut. Ce fut à M. Delezenne qu'échut l'honneur de le remplacer dans la section de physique.

M. Marc Lévy était né à Rouen le 16 novembre 1791, il mourut le 11 février 1853. Après d'excellentes études à l'École centrale de Rouen, il entra très jeune dans le corps enseignant et fut professeur de mathématiques aux collèges de Bédarrieux, de Lunel, de Nevers, puis revint dans sa ville natale fonder une institution qui obtint bientôt une grande vogue et fournit à l'armée et aux administrations publiques beaucoup d'hommes distingués.

Malgré les soins que nécessitait l'administration d'un grand pensionnat, M. Lévy trouvait encore le temps de se livrer à des études scientifiques qu'il communiquait à la Société d'émulation de Rouen ou à l'Académie des sciences, belles lettres et arts de la même ville ; elles traitent surtout de mécanique, d'astronomie, de météorologie et de considérations générales sur les sciences.

Ce ne fut pas seulement comme instituteur et comme savant qu'il rendit à sa ville natale des services signalés. Il provoqua la création des salles d'asile, et contribua, avec plusieurs de ses honorables concitoyens, à conserver à Rouen l'institution des frères des écoles chrétiennes. Une notice nécrologique qui retrace avec émotion les principaux traits de son caractère et de sa carrière scientifique fut offerte à l'Académie de Rouen par M. Girardin, son ami et son collaborateur.

Pierre-Noël-Aimé Lair, correspondant de la Société depuis 1808, mourut en 1853. C'était un savant modeste et un homme de bien qui personnifia pendant plus de 50 ans la Société d'agriculture de Caen, objet continuel de ses préoccupations ; il en dirigea les expositions et concours et y fonda de nombreux prix pour l'encouragement des arts, de l'industrie ou de l'agriculture.

Son testament légua cent mille francs aux institutions charitables et scientifiques de Caen ; sa chère Société d'agriculture y figurait pour 12.000 ; ses collections artistiques et d'histoire naturelle enrichirent les cabinets de la ville.

M. Sébastien Bottin, ancien religieux capucin était secrétaire général de la préfecture du Nord à Douai, lorsqu'en 1804 elle fut transférée à Lille ; il y suivit le préfet avec le même titre, et entra dans la Société des sciences dont il fut pendant dix ans le plus infatigable travailleur et, presque chaque année, le président. Il eut, avec M. Drapiez, une part importante, sinon à la création de la Société, du moins à l'impulsion des premières années, et, quand on constate la tiédeur qui accompagna les débuts, on se demande si ce n'est pas lui qui empêcha la jeune association de s'éteindre dans son berceau.

Ses premiers travaux furent presque tous archéologiques ou historiques, puis il y mêla l'agronomie. Beaucoup sont restés manuscrits dans les archives de la Société qui, comme on l'a vu, ne commença ses publications régulières qu'en 1823. On peut citer surtout : *sur la pierre Brunehaut ; sur la population du département du Nord ; sur divers tombeaux antiques trouvés dans le département du Nord ; fête des Nieulles à Armentières ; sur le Mont Van Oile ; sur les monuments celtiques du département du Nord ; l'héroïne de Lomme ; les cachots d'Anchin ; sur la culture de l'orme dans le département du Nord ; de la gadoue considérée comme engrais ; de la culture du pastel, de l'indigo, de la pomme de terre ; culture du chanvre du Piémont ; sur un dépôt de béliers mérinos ; sur la culture du blé de mai,* etc...

Ce fut Bottin qui fournit à M. le préfet Dieudonné, en 1804, tous les matériaux nécessaires pour la *Statistique du département du Nord* (Douai, Marlier, an XII, 3 vol. in-8°). En 1802, il commença la publication de l'*Annuaire statistique du département du Nord* qui fut continué par MM. Demeuninck et Devaux.

En 1816, Bottin alla s'établir à Paris où il continua ses travaux d'archéologie ; il fut secrétaire de la Société royale des antiquaires de France et publia une notice historique sur cette Société ; mais l'ouvrage qui contribua le plus à répandre son nom fut l'*Almanach du commerce et de l'industrie* ou *Almanach des cinq cent mille adresses*, qu'il commença en 1819 et dont la publication a été continuée depuis par divers éditeurs.

Bottin mourut en 1853.

Il resterait à rappeler le souvenir du plus célèbre des correspondants de la Société mort à cette époque : Dominique-François Arago ; mais la biographie de ce savant a été faite tant de fois, ses titres scientifiques sont si connus qu'il semble inutile de les retracer ici. Il avait été reçu par acclamations dans la séance du 19 septembre 1834.

Les années qui suivirent furent une des périodes les plus actives de la Société ; pendant que la commission du musée industriel provoquait les dons et les disposait dans son vaste local, que la commission du musée Wicar dressait son catalogue et surveillait la reproduction des dessins par la gravure et la photographie, les travaux scientifiques abondaient alimentés surtout par les Professeurs de la Faculté des sciences.

Cette nouvelle institution avait été composée dès son début de savants éminents, féconds, travailleurs qui étaient venus renforcer les rangs de la Société et lui infuser un sang nouveau : MM. Pasteur, Lamy, Mahistre, Lacaze-Duthiers laissaient passer peu de réunions, sans y apporter quelques communications importantes qui, jointes à celles de MM. Kuhlmann, Corenwinder, Cazeneuve, A. Gosselet, Chon et Leglay et de beaucoup d'autres, donnaient aux séances un haut intérêt. Malheureusement une crise financière, amenée par la réduction des allocations qui avait suivi la séparation du comice, pesait alors sur la Société ; forcée de restreindre les frais de publication, elle ne pouvait grossir autant qu'elle l'eut désiré ses volumes annuels et n'y admettait qu'avec une extrême réserve les travaux qu'on lui présentait.

M. Pasteur préludait alors à ses belles recherches sur les ferments qui lui ont fait une si remarquable spécialité; à cinq ou six reprises différentes il communiqua à la Société ses observations sur la fermentation des jus de betterave, et sur la fermentation alcoolique en général et les globules de levure.

M. Lacaze-Duthiers entretint la Société de recherches helminthologiques ; il résuma ses travaux sur la fécondation des dentales, sur la substance colorante du murex, sur la génération des infusoires.

M. Lamy produisit plusieurs notes sur le magnétisme terrestre, sur la conductibilité électrique du potassium et du sodium, sur l'équivalent mécanique de la chaleur.

M. Mahistre ne fournit pas moins de vingt-cinq mémoires de mécanique appliquée, presque tous relatifs aux machines à vapeur.

M. Kuhlmann fit part à la Société de ses recherches sur la silicatisation des pierres servant aux constructions; il commençait alors à faire passer dans la pratique les résultats de plusieurs années d'études sur les silicates solubles.

M. Chrétien inaugura à cette époque ses longues et patientes recherches sur le mouvement périodique de la population de la ville de Lille, et M. Meurein ses observations météorologiques qu'aucun obstacle n'a pu, depuis ce temps, lui faire abandonner un seul jour.

En 1857, sur la proposition de M. A. Gosselet, la Société décida la création, à Lille, d'une école gratuite de chauffeurs, destinée à répandre les notions pratiques et théoriques les plus indispensables à la manipulation de la vapeur. Elle fut organisée par une commission composée de MM. Cox, Fiévet, A. Gosselet, Mathias, Mahistre, Lamy et Violette. Les fonds nécessaires aux frais des cours furent souscrits par les principaux industriels de Lille ; ils furent ouverts le 29 janvier 1858.

La première année compta 40 leçons ou conférences suivies par 149 chauffeurs ou aide-chauffeurs ; 43 se présentèrent aux examens de fin d'année, 16 obtinrent le brevet de capacité.

Depuis cette époque le cours a continué régulièrement. Les grands centres manufacturiers des environs de Lille, Roubaix, Tourcoing et Armentières, reconnaissant l'incontestable utilité de l'instruction pratique donnée aux hommes qui tiennent entre leurs mains la fortune des patrons et la vie de milliers d'ouvriers, imitèrent l'exemple de Lille, et la Société put être fière d'avoir ouvert une nouvelle voie au progrès et aux garanties de sécurité publique.

Elle ne croit pas indigne d'elle d'appeler, chaque année, dans sa séance solennelle, les chauffeurs qui se sont distingués dans leurs examens, à venir chercher leur diplôme, en même temps que les lauréats des concours de littérature, d'histoire ou de science et ceux de ses primes de moralité, honorant ainsi du même coup trois grands mérites de l'humanité : l'intelligence, le travail et la vertu.

De 1855 à 1859 ces séances de distribution de prix furent tenues tantôt au mois d'août, tantôt au mois de décembre. Les primes suivantes furent obtenues : MM. Wattier de Lille, et Boubert de Saint-Omer, eurent des médailles d'argent pour des compositions musicales ; M. Théophile Semet eut une médaille d'or en mémoire des brillants succès de ses deux opéras : *Les Nuits d'Espagne* et la *Demoiselle d'honneur ;* M. Théodore Huidiez, une médaille de vermeil pour ses sculptures décoratives, et M. Brébar, une médaille d'argent, pour application de la peinture siliceuse à la décoration des appartements. MM. Vuiton, Vandewéghe, Bernier, Thierry, Béghin, obtinrent des médailles pour divers perfectionnements industriels ; MM. Ponchard, Cornée, Deletombe, de la Chapelle, furent des lauréats des concours de poésie ; MM. Callaud et Derville, ceux des concours de physique, enfin MM. Bergerot et Diegerick, auteurs d'une *Histoire du château et des seigneurs d'Esquelbecq,* obtinrent pour cette œuvre une médaille d'argent

Les primes de moralité aux agents industriels progressèrent lentement, il est vrai, mais sûrement ; en 1859, elles furent au nombre de huit.

Deux pertes sensibles affligèrent la Société à peu d'intervalle l'une de l'autre : M. MACQUART s'éteignit le 25 novembre 1855, à la suite d'une maladie douloureuse, mais qui lui permit de conserver jusqu'à la fin l'usage de toutes ses facultés et l'ardeur du travail ; le docteur DEGLAND mourut le 1er janvier 1856.

Ces deux naturalistes, qui avaient si longtemps résumé en eux seuls la commission d'histoire naturelle et la direction du musée, disparaissaient précisément au moment où cette direction échappait à la Société et où la tâche qu'ils avaient si bien remplie passait en d'autres mains.

La vie de M. MACQUART peut être regardée comme le type de l'existence douce et calme du savant indépendant qui cherche, dans les travaux de cabinet et dans la contemplation de la nature, les jouissances d'un goût satisfait. Il naquit à Lille en 1778. Son père, qui faisait partie du Magistrat de Lille, se retira pendant la tourmente révolutionnaire dans une maison de campagne qu'il possédait à Hazebrouck, et y forma un jardin paysagiste qui réunissait la plupart des arbres et plantes exotiques qu'on commençait à introduire en France. Ce fut en cultivant de ses mains les massifs et les plates-bandes que le jeune Justin contracta un goût très vif pour l'histoire naturelle ; ses premières observations datent de cette époque, elles eurent pour objet un hémiptère regardé alors comme appartenant à la famille des psyllides, le psylle du mélèze, mais qui est aujourd'hui rangé parmi les aphidiens : *Enephalodes laricis ;* la note qui décrit les mœurs et les métamorphoses de cet insecte a été depuis insérée dans les publications de la Société (*Cinquième cahier des séances publiques, page 81*).

En 1798, MACQUART dut payer sa dette à la patrie ; il fut incorporé dans le troisième bataillon de sapeurs de l'armée du Rhin, mais il en fut presqu'aussitôt détaché comme secrétaire du général Marescot et fit en cette qualité la campagne de Suisse qui se termina par la bataille de Zurich.

Pendant les marches de l'armée sur les bords du Rhin et dans le Nord de la Suisse, le jeune naturaliste ne perdit aucune occasion d'observer et de collectionner, et lorsqu'il revint dans sa famille, après deux années passées sous les drapeaux, il rapporta beaucoup plus d'insectes et d'oiseaux que d'enthousiasme pour les glorieuses tueries des combats.

Ses premières études ne furent point spécialisées ; la botanique et l'arboriculture y eurent une grande part. Ce fut sur la présentation d'un mémoire relatif aux plantations dans le département du Nord qu'il fut admis, le 16 juillet, dans la Société des sciences. Il lui fournit, dans les premières années, un travail d'ornithologie sur les oiseaux du nord de la France, la traduction d'une notice du comte Lizanni sur les sauterelles et un tableau des orthoptères, névroptères et hémiptères du nord de la France ; ces ouvrages restés inédits n'étaient que les essais d'un naturaliste qui cherche sa vie ; elle lui fut révélée par la lecture des écrits de Meigen sur la diptérologie.

Parmi tous les insectes que MACQUART récoltait dans ses courses incessantes et qu'il cherchait à déterminer avec les traités entomologiques trop rares alors, les diptères étaient ceux dont la classification lui paraissait la plus facile, grâce aux excellents travaux de Meigen. Il se mit à les collectionner avec ardeur, les décrivit, les classa d'après Meigen d'abord, puis modifia assez sensiblement la classification de l'auteur allemand d'après ses propres vues, s'attachant davantage aux caractères génériques et spécifiques des nervures alaires, et il publia l'ensemble de ses observations dans les Mémoires de la Société sous le titre de : Monographie des insectes diptères du nord de la France (*Tomes 2, 3, 4, 5, 6 et 10*).

Comme toutes les œuvres locales, datant d'une époque où les recherches étaient encore rares et superficielles, cette monographie est nécessairement incomplète et ne peut plus suffire aujourd'hui à donner une idée exacte de nos richesses en diptères, mais elle eut le grand mérite d'indiquer aux naturalistes français une nouvelle voie, de leur faire connaître les travaux des diptérologistes étrangers et de donner le signal des monographies fauniques locales à peine ébauchées en France.

Les grands généralisateurs Duméril, Cuvier, Lamarck, Latreille, venaient de tracer les lignes principales, de créer les cadres dans lesquels les recherches patientes de leurs disciples devaient faire entrer peu à peu les innombrables formes spécifiques qui n'avaient pas encore été observées, mais qui, chaque jour, s'accumulaient dans les collections. Les étrangers nous devançaient dans cette œuvre : Clairville, Donovan, Illiger, Panzer, German, Fallen, Gyllenhall, Paykult, Zetterstedt, et beaucoup d'autres travaillaient à l'entomologie de la Suisse, de l'Angleterre, de l'Allemagne, de la Suède, il importait que la France ne restât pas en arrière.

C'est l'honneur de MACQUART d'avoir imprimé le mouvement qui s'accentua bientôt et amena la création de la Société entomologique (1832) et les travaux des Godard, Duponchel, Dejean, Boisdurat, Léon Dufour et de tous les entomologistes contemporains.

La monographie des *diptères du nord de la France* mit son auteur en relation avec la plupart des naturalistes qui s'occupaient alors des insectes; LATREILLE l'accueillit très favorablement et proposa à MACQUART de traiter la partie des diptères dans un grand ouvrage collectif d'entomologie dont il avait conçu le plan.

La mort empêcha LATREILLE de mettre ce projet en exécution, mais il fut repris sur une plus vaste échelle par l'éditeur Roret qui en fit sa grande *Série* des *suites à Buffon*.

MACQUART fut chargé des diptères; ils parurent en 1835 sous le titre de *histoire naturelle des insectes diptères*, 2 vol. in-8°. Cet ouvrage a le défaut inévitable de tous' les travaux faisant partie d'un ensemble général où la spéculation de librairie entre pour une part au moins aussi large que l'utilité scientifique. Le terrain manque presque toujours à l'auteur, qui commence, sans s'en apercevoir, sur un plan trop vaste pour l'espace qui lui est concédé et se trouve obligé d'écourter les dernières parties de son travail pour le faire tenir dans les limites imposées; c'est ainsi que le second volume de MACQUART ne répond pas au début, et qu'il lui fallut laisser sans emploi beaucoup de matériaux qu'il possédait. Cependant l'*Histoire des diptères* est resté l'ouvrage français le plus important sur cette branche de l'entomologie et sa classification a été généralement adoptée.

De nombreuses notices de diptérologie suivirent ces grandes publications, dans les Annales de la société entomologique de France ou dans les Mémoires de la Société de Lille; les principales sont : *Description de quatre espèces de diptères des genres Scatophaga et Medeterus ;* note relative à quatre diptères d'espèces nouvelles trouvés par MACQUART sur les fucus des soubassements de la jetée de Dunkerque.

Notice sur un nouveau genre de diptères dolichopodes ; description du *Sybistroma Dufourii*, diptère des Landes communiqué à MACQUART par M. DUFOUR.

Description d'un nouveau genre d'insectes diptères ; c'est le genre *Blepharicera* fondé sur un diptère français : *Blepharicera limbipennis.*

Notice sur les différences sexuelles des diptères du genre Dolichopus.

Observations sur les insectes diptères de la tribu des Tachinaires.

Description d'un nouveau genre d'insectes diptères de la famille des Notacanthes ; fondé sur une espèce africaine *Phyllophora nigra.*

14

Description d'un nouveau genre d'insectes diptères de la famille des Créophiles ; c'est le genre *Tamiclea* fondé sur une espèce des environs de Liége : *Tamiclea cinerea.*

De 1838 à 1850, Macquart publia dans les Mémoires de la Société des sciences une série de dix mémoires intitulés : *Diptères exotiques nouveaux ou peu connus* ou il décrivit près de dix-huit cents espèces nouvelles ou indéterminées, réparties dans un très grand nombre de genres dont cent quarante de sa création. Elles provenaient presque toutes des explorations faites dans le monde entier par les voyageurs du Muséum de Paris et lui avaient été confiées par cet établissement. C'est là, sans contredit, son meilleur ouvrage. Les descriptions sont sobres et précises, la classification tient un juste milieu entre la surabondance des genres poussée si loin par certains auteurs, et la timidité des divisions qui nuit à l'étude. Il est accompagné de planches au trait, dessinées par l'auteur, qui donnent une idée suffisante des principaux types génériques ; en un mot, on peut le regarder comme un des plus louables efforts qui aient été faits pour débrouiller l'immense amas des diptères exotiques dont un dixième à peine est suffisamment connu.

Parmi les travaux communiqués par Macquart à la Société entomologique de France il ne faut pas oublier ses pièces de polémique avec M. Robineau-Desvoidy, diptériste zélé, auteur de l'*Essai sur les myodaires de l'histoire naturelle des diptères des environs de Paris.* Cet entomologiste novateur avait adopté le singulier système de faire table rase du passé et de ne s'occuper en rien des travaux qui avaient précédé les siens, pas même pour en établir la synonymie ; toutes ses divisions, tous ses noms sont nouveaux, et rien n'indique les rapports qui existent entre sa classification et celle qui était adoptée avant lui. Dans cette classification il se sert, pour une grande part, des mœurs des espèces soit à l'état de larve, soit à l'état de reproduction, cherchant à les faire concorder tant bien que mal avec l'organisation extérieure. De cette double source de caractères sort un nombre infini de genres tellement multipliés que chacun ne contient en moyenne que trois espèces et celles-ci sont elles-mêmes formées avec une telle facilité que quelques-unes reposent uniquement sur la différence de nourriture ou d'habitation.

Macquart, naturaliste classique, ne pouvait admettre un tel écart des règles, de là une polémique où l'attaque et la riposte furent vives de part et d'autre, mais qui ne convainquit pas les adversaires. La science se chargea de désigner le vainqueur en n'adoptant pas la classification de Robineau-Desvoidy et en restant fidèle aux règles de la saine tradition.

Dans les intervalles de ses travaux spéciaux, MACQUART s'occupait souvent d'entomologie appliquée. A l'époque où la Société s'attachait surtout aux questions agronomiques, il l'entretint, à plusieurs reprises, de ses observations sur les insectes nuisibles aux cultures. Il fit aux associés agriculteurs des conférences sur les applications de la zoologie à l'agriculture, sur les insectes nuisibles aux végétaux et sur les parasites des bestiaux. On lui doit aussi une note sur les ravages de l'*Elater segetis* et du *Cryptophagus (Atomaria) linearis*. Enfin il présenta à la Société, qui s'empressa de les publier dans ses Mémoires, deux travaux considérables intitulés : *Les plantes herbacées d'Europe et leurs insectes,* et les *arbres et arbrisseaux d'Europe et leurs insectes,* formant, réunis, un volume de plus 900 pages. Ce n'est pas seulement une compilation de tous les insectes phytophages ou lignivores placés en regard des arbres et des plantes dont ils se nourrissent ; l'auteur a su le rendre original par les considérations générales qui forment les avant-propos, par des notices botaniques qui accompagnent l'énumération des principales espèces, et par d'intéressants détails sur les insectes dont les mœurs offrent des particularités les plus remarquables.

Cette étude des mœurs des insectes était, dans les dernières années de sa vie, sa préoccupation constante ; il consigna ses recherches et celles des autres naturalistes dans un ouvrage inséré au vingt-huitième volume des Mémoires de la Société, intitulé : *Facultés intérieures des animaux invertébrés,* et dans un *Mémoire sur les harmonies entomologiques,* lu à la Séance générale du Congrès scientifique de France à (1), en (1). Il s'y élève aux plus hautes considérations philosophiques ; son âme profondément religieuse s'y révèle tout entière et les mille observations qu'il recueille deviennent, sous sa plume, un hymne de gloire au Créateur.

En 1853, MACQUART atteignit la cinquantième année de son entrée dans la Société ; celle-ci voulut célébrer ce jubilé académique et lui vota une adresse de félicitations qui contenait le sincère hommage de ses sentiments de sympathique vénération. Il y répondit par le don de sa collection entomologique et de toute la partie de sa bibliothèque qui concernait l'histoire naturelle. Ce dernier don était d'une importance capitale ; il comprenait environ 800 volumes et un très grand nombre de brochures. On y trouve tout ce qui a été publié sur les diptères, les

(1) En blanc dans le manuscrit.

ouvrages principaux d'entomologie générale et spéciale et un très grand nombre de mémoires, notices ou dissertations des auteurs contemporains de Macquart avec lesquels il était en relation, portant tous une dédicace autographe.

La collection de diptères avait, de l'aveu même du donateur, une importance moindre qu'on n'aurait pu le supposer ; elle ne comprenait qu'une faible partie des types décrits par Macquart et la conservation en laissait beaucoup à désirer. La Société songea d'abord à la garder dans son local et chargea du soin de sa surveillance un entomologiste de Lille, mais, peu à peu, elle préféra la confier au Muséum d'histoire naturelle où elle est restée depuis cette époque.

Macquart mourut au milieu de sa très nombreuse famille dans les sentiments d'une foi ardente et en se proclamant heureux de n'avoir jamais fait servir l'étude de la nature qu'à la glorification de Dieu et d'y avoir cherché avant tout la manifestation du créateur suprême dans la création.

Côme-Damien Degland, le savant ornithologiste, était né à Armentières, le 6 septembre 1787. Après ses études médicales et son admission au doctorat, il se fixa à Lille où il se fit une nombreuse clientèle que lui attirèrent surtout ses études spéciales d'obstétrique. Tout le temps qu'il pouvait dérober à sa pratique journalière était consacré par lui à des travaux d'ornithologie, à la direction du Musée d'histoire naturelle de Lille et à la formation d'une collection particulière qui devint une des plus riches que comptât la France en oiseaux européens.

Admis dans la Société dès 1814, il lui communiqua d'abord quelques observations de médecine et de chirurgie et, en 1830, un tableau des oiseaux observés dans le nord de la France. C'était un premier pas encore timide et mal assuré ; ce travail fut suivi, dans les années 1839 à 1843, d'un *Catalogue des oiseaux observés en Europe, principalement en France* et surtout dans le nord de ce royaume ; beaucoup plus détaillé, accompagné de nombreuses observations puisées dans la correspondance de l'auteur, ce catalogue avait le mérite de résumer Temminck et de le compléter en certains points ; mais le véritable titre scientifique de Degland fut son *Ornithologie européenne* (1849, 2 vol. in-8°). Il suffira pour faire apprécier cet ouvrage de citer le Prince Ch. Bonaparte, qui, après l'avoir critiqué trop sévèrement, disait de lui : « Malgré mes nombreuses remarques et mon insistance à relever, dans le seul intérêt de la science, les petites fautes de cet ouvrage, il résultera de ma critique même (et du seul fait que j'ai cru devoir l'entreprendre) que c'est un livre bien fait et que surtout en France où les travaux des grands ornithologistes allemands, de ces astres lumineux de notre science, sont si peu connus, il peut être comparé à une comète destinée à populariser l'ornithologie et à en marquer l'état à la moitié de ce siècle du progrès...

Degland avait recueilli, après la publication de son livre, beaucoup de documents nouveaux et les indications de nombreuses améliorations, il se disposait à les utiliser pour une seconde édition, quand il fut atteint de sa dernière maladie. Jugeant sa fin prochaine, il légua à son ami, M. Gerbe, préparateur du cours d'embryogénie au Collège de France, toutes ses notes en le priant de veiller à la publication de cette seconde édition ; elle parut en 1867. Après sa mort sa riche collection d'oiseaux d'Europe fut acquise par le Muséum d'histoire naturelle de Lille ; elle y figure avec honneur dans une salle spéciale, et constitue la partie la plus importante de ce bel établissement. Un catalogue raisonné en a été dressé en 1857 par M. Maquet sur les notes laissées par M. Degland, avec les modifications de classement qu'avait adoptées l'auteur de l'Ornithologie européenne.

Les membres correspondants les plus notables que perdit la Société, de 1855 à 1859, furent MM. Monheim, pharmacien à Aix-la-Chapelle, connu par de nombreuses recherchés sur les eaux minérales ; l'antiquaire italien Grovanni Labus, continuateur de Visconti, auteur d'une foule de dissertations sur les antiquités historiques de l'Italie ; les naturalistes français Haime et Dessalines d'Orbigny ; Comarmond, le savant conservateur du Musée lapidaire de Lyon ; le chimiste cambraisien Tordeux ; le célèbre statuaire David d'Angers que la Société avait été fière de compter au nombre de ses lauréats, lorsqu'il lui présenta, en 1846, un éloge historique de Roland ; le médecin-botaniste Lejeune de Verviers ; et enfin le peintre Ducornet qui mérite de fixer un instant l'attention par sa qualité de lillois et la singularité de sa constitution.

César Ducornet était né à Lille de parents pauvres, le 10 janvier 1806. La nature en avait fait un monstre, il n'avait ni bras ni fémurs, mais les jambes qui s'attachaient directement au bassin étaient douées d'une facilité de mouvements qui lui permettait de se servir de ses pieds comme des mains. Il apprit aisément à écrire et à dessiner, et montra de telles dispositions pour la peinture que peu après son admission aux Écoles académiques il y emportait le premier prix.

Beaucoup de personnes s'intéressèrent à lui, il obtint une pension

de la ville de Lille, une autre de la liste civile et put aller à Paris
achever ses études artistiques. De l'atelier de Lethiere, il passa à l'École
des Beaux-Arts où il eut successivement des médailles de troisième et
de deuxième classe et une première mention en 1828. A partir de 1830,
il exposa à Paris et dans plusieurs villes de province et fut partout
honoré de distinctions. Il mourut à Paris, le 27 avril 1856, sans avoir
pu assurer l'existence de son vieux père : la Société contribua par une
offrande à soulager sa misère. Parmi les nombreux tableaux de
DUCORNET on peut citer : *Adieux d'Hector et d'Andromaque* exécuté
pour un concours de l'Ecole des Beaux-Arts, aujourd'hui au Musée de
Lille ; *Joseph refusant de livrer Benjamin* qui balança le second prix
de Rome en 1829 ; *le Tasse et Éléonore ; Saint-Louis rendant la justice*,
qui est au Tribunal de Lille, et la *Mort de la Madeleine*, à l'église
Saint-André à Lille.

X

LISTE ALPHABÉTIQUE DES MEMBRES TITULAIRES

A

ALAVOINE, Louis-Adrien-Joseph 1803

B

BACHY, Charles-Joseph 1844
BAILLY, Aimé-Augustin-Placide 1825
BARNI 1803
BARRÉ, Louis 1836
BARROIS, Théodore-Joseph 1825
BECQUET DE MÉGILLE, Pierre-Maurand-Valéry-Joseph 1803
BÉCU, François-Joseph 1803
BENVIGNAT, Charles-César 1836
BIS, Hippolyte 1817
BLANQUARD-ÉVRARD, Louis-Désiré-Joseph 1852
BOLLAERT, Edouard 1844
BOIRE, Emile 1868
BONARD, Joseph-Antoine-René 1828
BORELLI 1832
BOS, Henri-Ennemond-Étienne 1860
BOSSEY, Adolphe-Edmond 1859
BOTTIN, Sébastien 1804
BOULET, Jean-Baptiste-Josse 1803
BOUTRY 1803
BRAUWERS, Jean-Eugène 1852
BRONNER 1830
BRUNEEL, Henri 1852
BRUNET 1803
BURETTE-MARTEL 1807

C

D

E

F

G

M

N

O

P

R

S

LISTE CHRONOLOGIQUE DES MEMBRES TITULAIRES

1803
7 janvier.
BECQUET DE MEGILLE, Pierre-Maurand-Valéry-Joseph, propriétaire, né à Lille, le 13 Janvier 1777, mort au château de Roucourt, le 26 juillet 1837. Premier président de la Société. Correspondant en 1804.

1803
7 janvier.
DRAPIEZ, pharmacien, secrétaire général en 1803, 1804, 1805, 1806, 1807, 1808, 1809. 1811. Démissionnaire le 14 février 1817. Membre correspondant en 1835.

1803
7 janvier.
TESTELIN, Louis-Stanislas-Joseph, professeur de mathématiques à l'École centrale, né à Annappes en 1780, mort à Lille, le 19 août 1805.

1803
7 janvier.
LAMBERT, Louis - François - Marie, commissionnaire des poudres et salpêtres. Trésorier en 1803 et 1804. Membre honoraire le 22 décembre 1816.

1803
7 janvier.
JUDAS, pharmacien à l'Hôpital militaire. Correspondant en 1804.

1803
7 janvier.
TRACHEZ, François-Joseph, chirurgien, né à Lille en 1776, mort à Lille, le 15 avril 1856. Vice-président en 1819. Secrétaire de correspondance en 1819, 1820, 1821. Correspondant en 1808 et en 1825.

1803
7 janvier.
MAQUET, négociant. Renommé après un intervalle d'absence le 28 Février 1809.

1803
7 janvier
DEHAU, Louis, propriétaire. Correspondant le 22 juin 1804.

1803
7 janvier.
MALUS, Étienne-Louis, commandant du génie, né à Paris, en 1775, mort à Paris, le 23 Janvier 1812. Vice-président en 1803. Président en 1804. Correspondant le 29 mars 1804.

1803
7 janvier.
PEUVION, Joseph-Romain, industriel, né à Lille, le 31 juillet 1779 ; mort à Lille, le 14 Août 1852. Trésorier en 1817, 1819, 1820. Membre honoraire le 22 Janvier 1836.

1803
21 janvier.
SALADIN, Nicolas-Joseph, professeur de mathématiques, bibliothécaire de la ville, né à La Bassée, le 5 Avril 1733, mort à Strasbourg, en 1829. Correspondant en 1804.

1803
21 janvier. HERMAN, ex-commissaire des guerres.

1803
21 janvier. FÉRON, Jean-Baptiste, docteur en médecine, attaché à l'Hôpital militaire, né à Martigny, en 1757, mort à Lille, le 3 février 1819. Secrétaire de correspondance en 1803, 1804 et 1805.

1803
21 janvier. ALAVOINE, Louis-Adrien-Joseph, industriel, né à La Bassée, le 30 juillet 1761, mort à La Bassée, le 6 Décembre 1840. Président en 1819. Vice-président en 1822. Correspondant en 1826.

1803
21 janvier. BÉCU, François-Joseph, médecin en chef à l'Hôpital militaire, né à Esquermes en 1756, mort à Lille, le 19 août 1805.

1803
4 février. DUHAMEL, Omer-Bertin-Joseph, pharmacien, né à Lille, le 17 juin 1773, mort à Lille, le 11 décembre 1853. Secrétaire général en 1820. Secrétaire de correspondance en 1821 et 1823. Trésorier en 1822. Vice-président en 1824, 1825 et 1828. Président en 1826. Démissionnaire le 3 septembre 1830.

1803
4 février. LEFEBVRE, Amédée-André-Joseph, notaire, né à Lille, en 1755, mort à Lille, le 6 avril 1817. Président en 1808. Vice-président en 1809 et en 1811.

1803
4 février. BARNI, opticien. Démissionnaire en 1804.

1803 MALLEBRANCQ, pharmacien.

1803 BOULET, Jean-Baptiste-Josse, docteur en médecine, né à Mouriez (Pas-de-Calais, en 1759, mort à Lille, le 23 juin 1835. Démissionnaire le 6 octobre 1804.

1803
4 février. LEROY, pharmacien. Démissionnaire le 6 mars 1807.

1803 LANCEL-SCHEPPERS, négociant. Démissionnaire le 7 janvier 1811.

1803
4 février. DEFOSSEUX-VIRNOT, adjoint au maire.

1803
4 février. DECROIX, Louis-Joseph, pharmacien, né à Seelin, le 16 août 1725, mort à Lille, en mai 1816. Membre honoraire en 1803.

1803
4 février. DOURLEN, médecin en chef à l'Hôpital-civil. Démissionnaire le 6 octobre 1816.

1803
4 février. CAVALIER, docteur en médecine.

1803
4 février.   LENGLART fils, négociant. Démissionnaire le 6 octobre
             1816.

1803
4 février.   CHARPENTIER, pharmacien en chef à l'Hôpital militaire.
             Vice-président en 1818 et 1819. Correspondant le
             19 octobre 1804 et le 22 juillet 1836.

1803
4 février.   VANBAVIÈRE, professeur d'histoire. Secrétaire général en
             1805 et 1806. Correspondant le 26 mars 1806.

1803
4 février.   PIONNIER, chirurgien, membre du jury médical.

1803
25 février.   SCHEPPERS, Albéric, négociant. Démissionnaire le 5 février
             1810.

1803
25 février.   BOUTRY, docteur en médecine.

1803
25 février.   SACHON, Louis-Joseph, receveur municipal, né à Montaigu,
             le 26 juin 1761, mort à Lille, le 18 septembre 1830.
             Président en 1804, 1805, 1818, 1822, 1823. Vice-président
             en 1817, 1820, 1821. Membre honoraire le 3 mars 1826.

1803
25 mars.   DEMORTAIN, docteur en médecine. Démissionnaire en
             septembre 1804.

1803
25 mars.   WAELÉS, professeur à l'École communale.

1803
8 avril.   LENGLART père, négociant. Vice-président en 1808. Membre
             honoraire le 22 août 1815.

1803
8 avril.   PETIT, Jean-Baptiste, ancien officier du génie. Démission-
             naire le 3 avril 1804.

1803
8 avril.   TRIBOUT, chirurgien militaire. Correspondant en 1804.
             Redevint titulaire en 1813.

1803
8 avril.   BRUNET, médecin-vétérinaire.

1803
24 juin.   LESTIBOUDOIS, François-Joseph, docteur en médecine,
             professeur d'histoire naturelle, né à Lille, le 20 janvier
             1759, mort à Lille, le 25 juillet 1815.

1803
16 juillet.   MACQUART Pierre-Justin-Marie, propriétaire, né à Lille, en
             1778, mort à Lille, le 25 novembre 1855. Secrétaire de
             correspondance en 1818. Vice-président en 1820, 1826,
             1840, 1846, 1853. Président en 1827, 1841, 1847, 1854.

1803
16 juillet.   COMÈRE, avocat, secrétaire du sous-préfet, mort à Lille, en
             1836. Démissionnaire le 14 octobre 1811.

1803
16 juillet.   DURIEZ, professeur de physique.

1803   PORET, Philibert-Joseph, archiviste communal, né à Tournai,
5 août.   mort à Lille, le 29 septembre 1817. Trésorier en 1808,
                1809, 1811. Membre honoraire le 6 décembre 1816.

1804
8 février.   POIRETTE, professeur à l'école communale.

1804
8 février.   RAMONET, chirurgien militaire. Correspondant en 1808.

1804   BOTTIN, Sébastien, secrétaire général de la Préfecture,
21 décembre.   mort à Paris, en 1853. Président en 1806, 1809 et
                1811. Il avait été correspondant une première
                fois le 25 février 1803, il le redevint le 17 juillet
                1816.

1804   DE RÉCICOURT, officier du génie, directeur des fortifications.
                Devint correspondant, puis une seconde fois titulaire en
                1813.

1805   DRAPPIER, ingénieur en chef des Ponts et chaussées. Il était
                correspondant du 27 mai 1803.

1805
14 juin.   MOUCHERON, employé à la Préfecture.

1805   SILVY, littérateur, mort à Lille, en 1810. Il avait été corres-
                pondant le 25 février 1803.

1806   VOETS, Jean-Baptiste, professeur de musique. Il devint
                correspondant à Amiens vers 1810.

1806   MACORS, général de division, commandant le département
29 août.   du Nord.

1806   ROHART, secrétaire de la mairie.

1806   MARLIER-VIDAL, bibliothécaire. Démissionnaire le 5 avril
                1816.

1806   DELEZENNE, Charles, professeur à l'école communale, né à
2 décembre.   Lille, le 8 Octobre 1776, mort à Lille, le 20 Août 1866.
                Secrétaire de correspondance en 1820 et 1827. Vice-
                président en 1833 et 1834.

1807   DURIG, Jean-Joseph, graveur, né à Strasbourg, en 1750,
                mort à Lille, en 1816. Démissionnaire le 5 octobre 1813.

1807   DUCELLIER, capitaine du génie. Correspondant le 9 janvier
19 juin.   1808.

1807 14 août.	BURETTE-MARTEL, propriétaire, commandant des canonniers sédentaires. Correspondant le 21 mai 1830.
1808 9 janvier.	TONNELIER, Aimable-François, docteur en médecine, né à Tournai, le 15 mai 1773, mort à Lille, le 11 juillet 1809.
1808 8 avril.	LEGROS, Félix, avocat, chef de bureau central de police.
1808 19 décembre.	DE NORGUET, Louis-Ferdinand-Joseph, propriétaire, né à Lille, le 21 mars 1779, mort à Lille, le 7 janvier 1850. Démissionnaire le 13 novembre 1810.
1808	SAINT-SAUVEUR, inspecteur de la loterie. Démissionnaire en 1810.
1809 27 novembre.	MALLET, inspecteur des poudres, mort à Lille, en 1830. Bibliothécaire en 1820, 1821, 1822, 1823, 1824, 1825, 1826, 1827, 1828, 1829, 1830.
1809	LELORRAIN, juge au Tribunal civil. Devint correspondant.
1813 5 octobre.	CORDIER, ingénieur en chef des ponts et chaussées. Démissionnaire le 9 janvier 1818.
1814 7 octobre.	FAILLE, docteur en médecine. Démissionnaire le 8 mars 1816.
1814 20 décembre.	DEGLAND, Come-Damien, docteur en médecine, né à Armentières, le 6 septembre 1787, mort à Lille, le 1er janvier 1856.
1815 29 décembre.	OBEUF, docteur en médecine.
1816 12 janvier.	SCALBERT, Jean-Baptiste-Auguste, secrétaire de la mairie, né à Lille, le 7 octobre 1777, mort à Lille, le 7 juillet 1818. Vice-président en 1818.
1816 3 mai.	ROUX, médecin en chef à l'Hôpital militaire. Démissionnaire le 19 Août 1821.
1816	LAFUITE, François-Joseph, bibliothécaire de la ville, né à Lille, le 17 février 1775, mort à Lille, le 4 décembre 1842. Il avait été correspondant le 25 février 1803. Président en 1820.
1816 6 septembre.	DE CHAUVENET, officier du génie. Correspondant le 2 mai 1817.
1816 6 décembre.	COGET, Alexandre, propriétaire, décédé à Thumeries, le 2 juillet 1844. Trésorier en 1818. Correspondant le 20 août 1819.

1817
2 mai.

Bɪs, Hippolyte, littérateur, né à Douai en 1791. Démissionnaire le 16 septembre 1822.

1817

Hay, François, littérateur, né à Lille, en 1792. Démissionnaire le 1er octobre 1824.

1817
22 août.

Desmazières, Jean-Baptiste-Henri-Joseph, botaniste, né à
Lille, le 1er juillet 1786, mort à Lambersart, le 23 juin
1862. Secrétaire de correspondance en 1819. Vice-
président en 1832. Président en 1833. Membre honoraire
le 28 janvier 1848.

1817
5 septembre.

Liénard, Jean-Auguste-Édouard, professeur à l'Académie
de dessin, né à Paris, le 13 janvier 1778, mort à Lille,
en février 1848.

1817
21 novembre.

Macquart, Henri, propriétaire, né à Lille, en 1774, mort à
Lille, le 1er décembre 1822.

1818
17 avril.

Pihorel, Louis-Emmanuel, chirurgien à l'Hôpital-militaire,
né à Falaise. en 1783, mort en 1855. Correspondant le
27 juillet 1818.

1819
3 décembre.

Loiset, Benoit-Joseph, médecin vétérinaire, né à Valenciennes, le 18 février 1797, mort à Lille, le 26 septembre
1868. Vice-président en 1847. Président en 1848.

1819
3 décembre.

Vaidy, Jean-Vincent-François, médecin en chef et premier
professeur à l'Hôpital militaire, né à La Flèche, le
28 juillet 1776, mort à Lille, le 7 décembre 1830.
Président en 1820, 1821, 1822, 1824, 1825 et 1829.

1819
3 décembre.

de Chamberet, Jean-Baptiste-Joseph-Auguste, médecin à
l'Hôpital-militaire, né à Limoges, le 17 septembre 1779.
Secrétaire général en 1821. Démissionnaire le 16 janvier
1829.

1821
3 février.

Duthillœul, H. R., Correspondant le 7 décembre 1831.

1821
6 avril.

Rousseau, Alexandre-Henri-Joseph, chirurgien à l'Hôpital
militaire, né à Cambrai, le 29 janvier 1796, mort le
13 février 1824. Secrétaire général en 1823.

1821
4 mai.

Roussel, Louis-Joseph-Marie, littérateur, ne à Saint-Esprit
(Gard), en 1793.

1821
15 juin.

Dupré, Antoine, capitaine d'artillerie, né à Honfleur
(Calvados). Secrétaire général en 1822. Démissionnaire le
le 1er octobre 1824.

1821 15 juin.	Lorain, Pierre-Charles-Eugène, avocat né à Lille, le 2 juillet 1795. Démissionnaire le 21 mai 1830.
1821 7 septembre.	Lestiboudois, Thémistocle, professeur de botanique, né à Lille, en 1797. Secrétaire de correspondance en 1826. Vice-président en 1837 et 1845. Président en 1832, 1838 et 1846. Correspondant le 16 octobre 1857.
1821 19 octobre.	Pallas, Emmanuel, pharmacien à l'Hôpital-militaire, né à Peyrehorade (Landes), le 29 mars 1791. Correspondant le 19 juillet 1822.
1822 18 janvier.	Musias, Louis, avocat, né à Ostende, en 1798. Correspondant le 8 janvier 1841.
1822 18 octobre.	de Montgarny, Hermand-Tite, docteur en médecine, né à Verdun, le 4 janvier 1794, mort à Paris, en mai 1823.
1823 18 avril.	Verly, Charles-Narcisse, architecte, né à Lille, le 21 juin 1794, mort à Lille, le 27 juillet 1871. Trésorier en 1825, 1826, 1827, 1828, 1829, 1830, 1831, 1832, 1833, 1834, 1841, 1842, 1843, 1844, 1845, 1846, 1847, 1848, 1849. Membre honoraire le 28 mai 1868.
1823 6 juin.	Moulas, Paul-Louis, propriétaire, né à Lille, le 11 juin 1795, mort à Lille, le 4 juin 1875. Secrétaire de correspondance en 1836, 1842, 1843. Démissionnaire le 20 mai 1825. Renommé le 29 avril 1831. Membre honoraire le 1er mai 1863.
1823 17 octobre.	Merlin, Louis, littérateur, né à Lille, en 1790. Démissionnaire le 28 septembre 1824.
1824 19 mars,	Kuhlmann, Charles-Frédéric, professeur de chimie, né à Colmar, le 22 mai 1883. Vice-président en 1839, 1858, 1872. Président en 1836, 1840, 1859, 1873.
1825 18 février.	Murville, François-Joseph, professeur à l'Hôpital militaire, né à Boismont (Moselle), le 5 janvier 1801, mort à Lille, le 18 février 1861. Secrétaire général en 1825. Secrétaire de correspondance en 1830. Démissionnaire le 27 Septembre 1839.
1825 21 octobre.	Bailly, Aimé-Augustin-Placide, docteur en médecine, né à Lille, le 17 juillet 1797, mort à Lille, le 4 février 1864. Secrétaire général en 1826. Président en 1834 et 1852.
1825 2 décembre.	Heegmann, Alphonse-Adrien, négociant, né à Lille, le 13 février 1802. Correspondant le 21 juin 1861.

1825
2 décembre. MARCHAND DE LA RIBELLERIE, sous-intendant, né à Tours, Correspondant en 1827.

1825
9 décembre. VEYSSIÈRE, Alexandre-Pierre, littérateur, né à Rouen, en 1789.

1825
5 décembre. MARTEAU, Louis-Auguste-Éloi-Joseph, secrétaire de la mairie, né à Saint-Pol. Démissionnaire le 21 mai 1830.

1825
16 décembre. BARROIS, Théodore-Joseph, négociant, né à Lille, le 29 septembre 1793, mort à Fives, le 11 avril 1851. Secrétaire général en 1827 et 1828.

1825
16 décembre. DEMESMAY, Étienne, négociant, agriculteur, né à Lille, le le 25 novembre 1797, mort à Templeuve, en janvier 1869. Démissionnaire en janvier 1830.

1825
16 décembre. DELEBECQUE, Jean-Baptiste, architecte, né à Lille, le 28 février 1788. Démissionnaire le 21 mai 1830.

1825
16 décembre. LETHIERRY, Urbain, juge au Tribunal de commerce, né à Lille, le 28 février 1790, mort à Fives, en 1867. Démissionnaire le 20 octobre 1826.

1826 LEBONDIDIER, Charles-François, pharmacien, né à Senon (Meuse), le 25 mars 1798. Correspondant en 1827.

1826
13 janvier. VANDERHAGHEN, Pierre-Joseph, docteur en médecine, né à Lille, en 1790. Démissionnaire le 24 novembre 1826.

1826
13 janvier. LEGAY, Floride, professeur de réthorique au Collège, né à Arras, le 15 janvier 1796.

1826
13 janvier. KUHLMANN, Théodore, architecte, né à Colmar, le 15 novembre 1801, Correspondant le 3 novembre 1826.

1826
13 janvier. LACARTERIE, Joseph-Hyacinthe-André, professeur de pharmacie à l'Hôpital Militaire, né à Poitiers, le 3 Août 1791. Correspondant le 18 Avril 1834.

1826
20 janvier. LESTIBOUDOIS, Jean-Baptiste, docteur en médecine, né à Lille, le 3 septembre 1796, mort à Lille, le 30 janvier 1853.

1826
20 janvier. FÉE, Antoine-Joseph-Apollinaire, pharmacien à l'Hôpital militaire, né à Issoudun, en 1789, mort en 1874. Vice-président en 1827. Président en 1828. Correspondant le 26 juillet 1832.

1826
17 février. DAMBRICOURT, Alexandre, négociant, né à Lille, en 1793, mort à Lille, le 19 janvier 1838.

1826
3 mars.

DELATTRE, Théodore, instituteur. Démissionnaire le 18 juin 1841.

1826
2 juin.

DESBRIÈRES, Jacques-Paul, pharmacien à l'Hôpital militaire. Correspondant en 1830.

1828
1er février.

GILGENCRANTZ, Philippe, sous aide-major à l'Hôpital militaire. Correspondant le 3 juillet 1829.

1828
1er février.

SOUDAN, Jacques-Numa, chirurgien major, professeur à l'Hôpital militaire, Secrétaire général en 1829, 1830, 1831, Correspondant le 14 mars 1831.

1828
21 mars.

JAUFFRET, Joseph-Stanislas, professeur adjoint à l'Hôpital Militaire, né à Aix (Bouches-du-Rhône), en 1793. mort en 1830. Vice-président en 1829.

1828
4 avril.

BONARD, Joseph-Antoine-René, chirurgien major au 5e dragons, né Auxerre en 1786. Correspondant en 1829.

1828
4 avril.

NOUEL-MALINGIÉ, pharmacien militaire. Correspondant le 17 Juillet 1829.

1828
16 mai.

SEMET, Louis-Toussaint, littérateur, né à Lille, le 29 janvier 1805, mort à Lille, le 28 mai 1857. Démissionnaire le 16 janvier 1829.

1828
6 juin.

LONGER, Simon-Alexandre, vérificateur des domaines, né au Havre en 1768. Vice-président en 1830. Président en 1831. Correspondant le 18 avril 1831.

1828
5 septembre.

LEFEBURE, J.-T., pharmacien major. Secrétaire de correspondance en 1831. Démissionnaire le 31 mars 1834.

1828
7 novembre.

HAUTERIVE, Aimé-Adolphe, docteur en médecine, né à Lille, le 29 janvier 1800, mort à Lille, le 14 janvier 1839. Bibliothécaire en 1831, 1832, 1833, 1834, 1835, 1836, 1837, 1838, 1839. Il fut correspondant le 19 décembre 1828 et redevint titulaire peu de temps après.

1828
21 novembre.

DE COURCELLES, Auguste, propriétaire, né à Douai, mort à Froyennes, le 17 août 1860.

1828
21 novembre.

GUILLOT, chef de bataillon d'artillerie, sous-directeur de l'arsenal. Secrétaire de correspondance en 1829. Président en 1830. Correspondant le 5 novembre 1830.

1828
21 novembre.

DE CONTENCIN, secrétaire particulier du préfet. Vice-président en 1843. Correspondant de 1830 à 1839. Correspondant de nouveau le 18 juillet 1845.

1828
5 décembre.

DANEL, Louis-Albert-Joseph, imprimeur du roi, né à Lille, le 2 mars 1789, mort à Lille, le 11 avril 1875. Trésorier en 1843, 1844, 1845, 1846.

1830 19 novembre.	BRONNER, libraire, né à Paris. Démissionnaire le 17 février 1832.
1830 19 novembre.	PELOUZE, Jules, chimiste, né à Cherbourg, en 1805, mort à Paris, en 1867. Correspondant en 1832.
1830 19 novembre.	MARMIN, inspecteur des postes, né à Poitiers, en 1792. Correspondant le 19 octobre 1832.
1830 3 décembre.	DOURLEN, Auguste-Charles-Aimé-Joseph, docteur en médecine, né à Lille, le 30 novembre 1804, mort à Wazemmes, le 15 août 1848. Secrétaire général en 1831, 1832, 1833, 1838. Secrétaire de correspondance en 1844. Vice-président en 1844. Vice-président en 1841. Président en 1842.
1830	LEMAN, professeur à l'Académie de dessin.
1831 6 avril.	VAILLANT, professeur à l'Hôpital-militaire, né à Nancy en 1800. Secrétaire de correspondance en 1832. Bibliothécaire en 1836, 1837.
1832 3 février.	LEGRAND, Pierre, avocat, né à Lille, le 12 juin 1804, mort à Lille, le 13 avril 1859. Secrétaire de correspondance en 1833, 1834, 1838, 1839, 1840. Vice-président en 1842, 1850, 1859. Président en 1843, 1851.
1832 2 mars.	MARQUET-VASSELOT, directeur de la maison centrale de Loos. Correspondant le 16 février 1838.
1832 2 mars.	BORELLI, inspecteur des douanes. Trésorier en 1836, 1837, 1838, 1839, 1840. Correspondant le 3 juillet 1840.
1832 20 avril.	MULLIÉ, Charles, chef d'institution. Démissionnaire le 28 janvier 1848.
1832 6 juillet.	JUDAS, Auguste-Célestin, chirurgien aide-major. Secrétaire de correspondance en 1833. Correspondant le 20 septembre 1833.
1832	DAVAINE, Napoléon-Emmanuel, ingénieur des Ponts et chaussées, né à Saint-Amand, le 30 décembre 1804, mort à Arras, le 3 mars 1864. Secrétaire général en 1836 et 1837 ; Vice-président en 1838 ; Président en 1839. Correspondant le 27 Avril 1842, titulaire de nouveau du 15 novembre 1844 au 21 décembre 1849.
1832 7 septembre.	BARRÉ, Louis, professeur de philosophie. Correspondant le 11 décembre 1846.
1835 19 juin.	LEGLAY, André-Joseph-Ghislain, conservateur des archives départementales, né à Arleux, le 29 octobre 1785, mort

à Lille, le 14 mars 1863. Vice-président en 1836, 1844, 1852 ; Président en 1837, 1845, 1853. Il avait été correspondant à Cambrai le 4 mai 1827,

1836
1er juillet.

BENVIGNAT, Charles-César, architecte, né à Boulogne, le 24 décembre 1806. Vice-président en 1866, Président en 1867.

1836
4 novembre.

DUJARDIN, Henri-Antoine-Joseph, docteur en médecine, né à Seclin, le 3 mars 1809. Bibliothécaire en 1840, 1841. Démissionnaire le 16 avril 1841.

1838
1er septembre.

MILLOT, Dominique-Bonaventure-Joseph-Léon, pharmacien aide-major à l'hôpital militaire. Secrétaire général en 1838, 1839, 1840, 1841, 1842. Correspondant le 21 juillet 1843.

1837
1er décembre.

POGGIALE, Antoine-Baudouin, professeur à l'hôpital militaire. Démissionnaire le 4 mars 1842.

1838
5 janvier.

MOUNIER, Adolphe, professeur d'anatomie à l'hôpital militaire, né à Joncquières (Vaucluse) le 24 janvier 1811. Démissionnaire le 3 juin 1842.

1838
5 janvier.

DERODE, Victor-Henri-Joseph, chef d'institution, né à Lille, le 27 septembre 1797, mort à Rosendaël-lez-Dunkerque le 6 août 1867. Secrétaire général en 1843, 1844. Il avait été correspondant le 24 novembre 1826, il le redevint le 28 mars 1845.

1838
16 novembre.

GILLET DE LAUMONT, aîné ; inspecteur des Télégraphes. Correspondant le 5 avril 1844.

1839
5 avril.

TESTELIN, Achille-Arthur-Amand, docteur en médecine, né à Lille, le 6 février 1814. Bibliothécaire en 1842. Correspondant du 20 mars au 20 novembre 1840, redevint titulaire à cette dernière date.

1840
31 janvier.

LEFEBVRE, Julien-Charles-Joseph, agronome, né à Lille, le 21 janvier 1786, mort à Paris, le 13 juillet 1868. Correspondant le 19 juillet 1861.

1841
3 février.

SÉON, Jean-Baptiste, médecin vétérinaire, né à Corps (Isère) en 1794. Correspondant le 20 octobre 1843.

1841
5 mars.

CAZENEUVE, Bertrand-Valentin, docteur en médecine, né à Seyssel (Haute-Garonne) le 20 juin 1810.

1841
1er octobre.

FAUCHER, Eugène, commissaire-adjoint des poudres et salpêtres, né à Alais (Gard) le 23 novembre 1815. Correspondant le 18 février 1842.

1842
21 janvier.
CHON, François, professeur d'histoire au lycée, né à Laval, le 14 novembre 1812. Bibliothécaire en 1843. Secrétaire de correspondance en 1846, 1847, 1848, 1849, 1853, 1854, 1855. Vice-président en 1862, 1868. Président en 1856, 1863, 1869.

1844
19 avril.
BACHY, Charles-Joseph, propriétaire, né à Lille, le 3 décembre 1800. Bibliothécaire de 1844 à 1849 ; trésorier de 1853 à 18....

1844
21 juin.
DELERUE, Erasme-Auguste-Victor, juge de paix, né à Lille, le 4 septembre 1793, mort à Lille, le 11 septembre 1871. Secrétaire général de 1845 à 1853.

1844
21 juin.
BOLLAERT, Edouard, ingénieur des ponts et chaussées, né à Bailleul en 1802. Correspondant le 25 avril 1856.

1845
3 janvier.
MEUGY, Jules-Alexandre-Alphonse, ingénieur des mines, né à Rethel, le 8 janvier 1816. Correspondant le 17 décembre 1852.

1845
19 novembre.
CALOINE, Pierre-Joseph, architecte, né à Lille, le 14 septembre 1818, mort à Lille, le 10 février 1859.

1845
4 avril.
VERA, Philippe-Nicolas-Olympiade-Auguste, professeur de philosophie au collège, né le 5 mai 1804. Correspondant le 16 janvier 1846.

1847
CHRESTIEN, Jules-Antoine-Marie, docteur en médecine, né à Saint-Omer, le 11 octobre 1816, mort à Lille, le 8 juin 1875. Bibliothécaire de 1853 à 1866.

1847
24 avril.
LAMY, Claude-Auguste, professeur de physique, né à Ney (Jura) le 15 juillet 1820. Secrétaire général en 1854 et 1855 ; Vice-président en 1861, Président en 1857 et 1862. Correspondant du 22 mars 1848 au 18 octobre 1850, résidant de nouveau à cette dernière date, correspondant pour la seconde fois en 1866.

1848
7 janvier.
LAVAINNE, Ferdinand-Joseph, compositeur de musique, né à Lille, le 21 octobre 1814.

1848
7 janvier.
CORENWINDER, Benjamin-Norbert-Eugène, chimiste, né à Dunkerque, le 2 juin 1820. Vice-président en 1871, Président en 1872.

1848
21 janvier.
MILLON, Auguste-Nicolas-Eugène, pharmacien en chef à l'hôpital militaire, né à Châlons, le 24 avril 1812, mort le 12 octobre 1867. Vice-président en 1849 ; Président en 1850. Correspondant le 20 décembre 1850.

1848 17 mars.	Dupuis, Albert, avocat, né à Arras, le 2 mars 1817. Secrétaire de correspondance en 1856. Correspondant le 9 janvier et le 17 mars 1869.

1848 — 17 mars. — Dupuis, Albert, avocat, né à Arras, le 2 mars 1817. Secrétaire de correspondance en 1856. Correspondant le 9 janvier et le 17 mars 1869.

1848 — 20 octobre. — Lamarle, ingénieur des ponts et chaussées, correspondant le 2 juillet 1852.

1849 — 6 avril. — Parise, Jean, docteur en médecine.

1849 — 6 avril. — Deligne, Jules-César, professeur de littérature, né à Cambrai, le 9 juin 1816.

1850 — 18 janvier. — Molroguier, directeur des contributions indirectes, mort en 1854. Correspondant le 7 janvier 1853.

1852 — 30 janvier. — Blanquart-Evrard, Louis-Désiré-Joseph, propriétaire, né à à Lille, le 2 août 1802, mort à Lille, le 26 avril 1872. Vice-président en 1870. Président en 1871.

1852 — 20 mai. — Colas, Alphonse-Victor, peintre, professeur à l'Académie, né a Lille, le 25 septembre 1818.

1852 — 10 octobre. — Violette, Jules-Michel-Henri, directeur de la raffinerie de salpêtre. Vice-président en 1854, 1857, 1863 ; Président en 1855, 1858, 1864. Correspondant le 29 novembre 1872.

1852 — 10 décembre. — Charié-Marsaines, ingénieur des ponts et chaussées. Vice-président en 1855. Correspondant le 25 janvier 1856.

1852 — 10 décembre. — Charet de la Frémoire, ingénieur des ponts et chaussées, né à Maubeuge. Correspondant le 7 avril 1854.

1852 — 10 décembre. — Dureau, Louis, conseiller de préfecture, né à Hergt (Dordogne) en juin 1821, mort à Paris, le 30 août 1875. Correspondant le 4 novembre 1853, résidant de nouveau le 21 janvier 1859, redevint correspondant le 3 mai 1861.

1852 — 10 décembre. — Brauwers, Jean-Eugène, pharmacien militaire, né à Saint-Maixent, le 8 mai 1816, mort à Lille, le 30 novembre 1860. Correspondant le 13 janvier 1854, redevint résidant le 21 janvier 1859.

1852 — 10 décembre. — Garreau, Lazare, pharmacien, né à Autun en 1812.

1852 — 10 décembre. — Tissandier, Jean-Baptiste, professeur de philosophie au lycée, né à Lyon en 1822. Correspondant en 1870.

1852 — 10 décembre. — Bruneel, Henri, littérateur, né à Courtrai, le 9 juillet 1807, mort à Courtrai le 9 juillet 1858. Vice-président en 1858.

1852 — 10 décembre. — Gosselet, Auguste-Napoléon, docteur en médecine, né à Anvers, en 1810, mort à Lille, le 18 septembre 1859.

1852
10 décembre. MEUREIN, Victor, maître en pharmacie, né à Lille, le 10 mai 1818.

1854
18 juillet. Cox, Edmond - Godefroid, industriel, né à Gand, le 10 janvier 1805.

1854
4 août. CANNISSIÉ, Jean-Georges, littérateur, né à Landau (Bavière) le 24 novembre 1801. Secrétaire de correspondance de 1857 à 1862.

1854
4 août. FIÉVET, Auguste-Henri-Joseph, constructeur mécanicien ; né à Wazemmes le 2 avril 1820 ; mort à Lille le 14 novembre 1863.

1854
4 août. DE LA FONS, baron DE MÉLICOCQ, François - Joseph - Alexandre, archéologue, né à Noyon, le 2 novembre 1802, mort à Raismes, le 8 juin 1867. Démissionnaire le 16 mai 1856.

1855
2 mars. LACAZE DU THIERS, Henri, professeur d'histoire naturelle à la faculté. Correspondant le 23 novembre 1860.

1855
2 mars. PASTEUR, Louis, doyen de la Faculté, professeur de chimie, né à Dôle, le 27 décembre 1822. Vice-président en 1856. Correspondant le 1er novembre 1857.

1855
2 mars. MAHISTRE, Gabriel-Alcippe, professeur de mathématiques, né à Ganges (Hérault) en 1811, mort à Lille, le 22 juin 1860.

1855
2 novembre. FROSSART, Charles-Louis, pasteur de l'église réformée ; né à Nîmes, le 22 octobre 1827. Secrétaire général en 1856, 1857, 1858, 1859. Correspondant le 15 octobre 1859.

1856
7 mars. GISCLART, Léon, inspecteur d'académie, né à Albi le 1er février 1811. Correspondant le 6 novembre 1856.

1856
25 avril. CHASLES, Emile, professeur au Lycée, né à Paris, le 28 février 1827. Correspondant le 18 octobre 1856.

1856
25 juillet. PAEÏLE, Charles-Louis-Eusèbe, bibliothécaire de la ville, né à Flêtre, le 27 novembre 1823.

1857
20 mars. PORTELETTE, Constant-Louis-Joseph, professeur de seconde au Lycée, né à Paris, le 26 février 1816. Correspondant le 18 octobre 1861.

1858
8 janvier. VIOLLETTE, Charles, professeur de chimie à la faculté, né à Quivy (Somme) le 14 juin 1823.

1858
15 janvier. GUIRAUDET, Paul-Alexandre-Emile, professeur de mathématiques à la Faculté, né à Paris, le 2 mai 1826, mort à

Paris, en novembre 1874. Secrétaire général en 1863, 1864, 1865, 1866 ; Vice-président en 1867 ; Président en 1868. Correspondant le 24 octobre 1873.

1858
7 mai.

MATHIAS, Ferdinand, ingénieur de la traction du chemin de fer du Nord, né à Dessau (Allemagne) le 6 juin 1814.

1858
7 mai.

GIRARDIN, Jean - Pierre - Louis, doyen de la Faculté, professeur de chimie, né à Paris, le 16 novembre 1803. Vice-président en 1859, 1865. Président en 1860-1866. Il avait été correspondant à Rouen, le 5 août 1829, il le redevint le 6 novembre 1868.

1859
21 janvier.

DE COUSSEMAKER, Edmond-Charles-Henri, juge au Tribunal civil, né à Bailleul, le 19 avril 1805. Vice-président en 1860 ; président en 1861. Il avait été correspondant, le 5 mai 1848.

1859
4 mars.

DE MELUN, Anatole - Louis - Joseph, propriétaire, né à Brumetz (Aisne), le 24 décembre 1807. Vice-président en 1864 ; Président en 1865.

1859
20 mai.

RODET, Léon-Jean-Isidore-Prosper, contrôleur de la fabrication de la manufacture de tabac, né à Toulouse, le 4 janvier 1832. Secrétaire général en 1859. Correspondant le 5 octobre 1860.

1859
20 mai.

BOSSEY, Adolphe-Edmond, ingénieur des mines, né le 3 novembre 1820. Correspondant le 1er février 1861.

1860
3 février.

ESCHENAUER, Auguste - Frédéric, pasteur de l'église réformée ; né à Cette, le 24 novembre 1827. Correspondant le 6 novembre 1864..

1860
16 mars.

BOS, Henri-Ennemond-Etienne, professeur de mathématiques au Lycée, né à Grenoble, le 19 février 1830. Secrétaire général en 1860, 1861. Correspondant le 3 octobre 1862.

1860
16 mars.

HOUZÉ DE L'AULNOIT, Alfred - Parfait - Désiré, docteur en médecine, né à Esquermes, le 15 mai 1827.

1860
16 novembre.

VANHENDE, Edouard-Henri, chef d'institution, né à Lille, en 1819. Secrétaire de correspondance de 1867 à 1872 ; Vice-président en 1875.

1861
18 janvier.

HINSTIN, Gustave, professeur de rhétorique au Lycée, né à Paris, le 8 octobre 1834. Correspondant le 10 novembre 1863.

XI

LISTE ALPHABÉTIQUE DES MEMBRES CORRESPONDANTS
1803 - 1860

A

ADVENIEZ-FONTENILLE, Hippolyte-Antoine	1803
AJASSON DE GRANDSAGNE, J.-B.	1828
ALAVOINE, Louis-Adrien-Joseph	1826
AMPÈRE, Marie-André	1833
AMYOT, C.-J.-B.	1852
ARAGO, Dominique-François	1834
ARBORIO-BIAMINO, Pierre	1807
ARTAUD, Nicolas-Louis-Marie	1830
AUDOUIN, Jean-Victor	1829

B

BABINET, Jacques	1834
BACKER (DE), Louis	1853
BAGOT	1807
BAILLON	1814
BAILLY DE MERLIEUX, C.	1827
BALBIS, J.-B.	1803
BALLIN, Amand-Gabriel	1860
BARRÉ, Jean-Louis	1818
BARRÉ, Louis	1846
BARRÈRE	1809
BARRUEL-BEAUVERT (DE)	1843
BAUDET-LAFARGE, J.-A.	1806
BAUDRIMONT, Alexandre	1839
BECKMANN, Jean	1807
BECQUET DE MÉGILLE, Pierre-Maurand-Valéry-Joseph	1804
BÉGIN, Emile-Auguste	1827
BELLARDI, Louis	1855
BERGMANN, Frédéric-Guillaume	1854
BERKELEY, Milas-Joseph	1837
BERTRAND (DE), Raymond	1853
BIASOLETTO, B.	1836
BIDARD, A.	1834
BLAISE	1804

D

F

G

H

M

N

O

P

Q

R

S

T

LISTE CHRONOLOGIQUE DES MEMBRES CORRESPONDANTS

1803

7 janvier. DUQUESNE, Ives-Louis, propriétaire à Douai.

7 janvier. POTIEZ, Jean-Louis-Félix, employé de la préfecture, à Douai.

7 janvier. HÉCART, Gabriel-Antoine-Joseph, naturaliste, à Valenciennes.

25 février. LAFUITE, François-Joseph, capitaine du génie, à Valenciennes. Il devint titulaire en 1816.

25 février. BOUVET, ingénieur géographe, à Aix-la-Chapelle.

25 février. MANGON DE LALANDE, inspecteur des domaines, à Douai.

25 février. BOTTIN, Sébastien, secrétaire général de la préfecture, à Douai. Il devint titulaire en 1805 et correspondant de nouveau le 17 juillet 1816.

SILVY, littérateur à Douai. Il devint titulaire en 1805.

8 avril. VANMONS, Jean-Baptiste, chimiste, à Bruxelles.

8 avril. DE VILLARMOIS, Martial-Arthur, naturaliste, à Rennes.

8 avril. REYNARD, pharmacien militaire, à Amiens.

8 avril. LENDORMI, docteur en médecine, à Amiens.

8 avril. LAPOSTOLE, pharmacien, professeur de chimie, à Amiens.

22 mai. POIRET, J.-L.-M., naturaliste, à Paris.

22 mai. FAUBERT, Pierre-Eloi-Joseph, curé de Verlinghem.

22 mai. PLET, pharmacien, à Hesdin.

27 mai. DRAPPIER, ingénieur en chef des ponts et chaussées, à Douai. Il devint titulaire en 1805.

16 juillet. HÉCART, aîné, littérateur, à Valenciennes.

16 juillet. LOUET, avocat, à Paris.

16 juillet. THIBAUT, Pierre-Joseph-Willebald, docteur en médecine, à Dunkerque.

16 juillet. TARANGET, André-Etienne-Louis, docteur en médecine, à Douai.

22 juillet. DE RÉCICOURT, officier de génie, à Paris. Il devint titulaire en 1804, puis en 1813

1803

5 août.   MARET, Hugues, secrétaire d'État, à Paris.

5 août.   LÉONE, professeur de chimie, à Turin.

5 août.   BALBIS, J.-B., professeur d'histoire naturelle, à Turin.

5 août.   DEKIN, professeur d'histoire naturelle, à Bruxelles.

5 août.   FACQUET, chimiste, à Amiens.

5 août.   PALISOT DE BEAUVOIS, Ambroise-Marie-François-Joseph, naturaliste, à Paris.

19 août.   VOETS, père, professeur de musique, à Dunkerque.

19 août.   MOUCHERON, employé de la préfecture, à Douai.

13 octobre.   LEROY, commissaire des poudres, à Montpellier.

13 octobre.   ADVENIEZ-FONTENILLE, Hippolyte-Antoine, capitaine du génie, à Paris.

13 octobre.   LEMAITRE, L.-F., inspecteur général des poudres, à Paris.

13 octobre.   VANDENSANDE, professeur de chimie, à Luxembourg.

1804   BECQUET DE MÉGILLE, Pierre-Mauran-Valéry-Joseph, propriétaire à Douai, membre titulaire du 7 janvier 1803.

8 février.   DE WAVRECHIN, Charles-Joseph, propriétaire, à Douai.

19 février.   BLAISE, chirurgien major, à Laon.

19 février.   COTTIN, chirurgien major aux armées.

29 mars.   MALUS, Etienne-Louis, commandant du génie, membre titulaire du 7 janvier 1803.

22 juin.   DEHAU, Louis, propriétaire à Douai, membre titulaire du 7 janvier 1803.

24 août.   WORBE, J., docteur en médecine, à Roanne.

19 octobre.   CHARPENTIER, pharmacien militaire, membre titulaire du 25 février 1803. Il redevint titulaire, puis correspondant de nouveau le 22 juillet 1836.

26 octobre.   VAUDIER, docteur en médecine, à Douai.

26 octobre.   DEQUEUX-SAINT-HILAIRE, sous-préfet, à Hazebrouck.

26 octobre.   GOWERS, chimiste, à Dunkerque.

21 décembre.   LAMBERT, Carlos, receveur des droits réunis, à Lannoy.

21 décembre.   COUPRANT, officier de santé, à Seclin.

21 décembre.   VAN WYN, archiviste de la république batave, à La Haie.

1804   SALADIN, Nicolas-Joseph, professeur de mathématiques, à Strasbourg, membre titulaire du 21 janvier 1803.

1804   TRIBOUT, chirurgien militaire, membre titulaire du 8 avril 1803, il redevint résidant en 1813.

1804   JUDAS, pharmacien militaire, membre titulaire du 7 janvier 1803. Il redevint titulaire, puis correspondant de nouveau en 1825.

1804   MASCLET, ancien sous-préfet de Lille, ancien membre honoraire.

1805
26 décembre. DARGELAS, naturaliste, à Bordeaux.

26 décembre. LEMAIRE, César-Ferdinand-Joseph, ingénieur des mines, à Pezai.

26 décembre. MABRU, Auguste, naturaliste, à Clermont-Ferrand.

1805   DURAND, conservateur du Jardin des plantes, à Montpellier.

1806   VANBAVIÈRE, secrétaire général de l'Ecole de droit de
26 mars.   Bruxelles, membre titulaire du 25 février 1803.

30 mai. LABOULÉE, docteur en médecine, à Bordeaux.

30 mai. BAUDET-LAFARGE, J.-A., naturaliste à Maringe (Puy-de-Dôme).

30 mai. LUCAS, Jean-André-Henri, garde des galeries du Muséum, à Paris.

30 mai. BONVOISIN, membre de l'Académie de Turin.

30 mai. DEBAZOCHES, naturaliste, à Séez.

29 août. HENNET, Albert-Joseph-Ulpien, chef de division au ministère des finances, à Paris.

29 août. HAÜY, René-Just, minéralogiste, membre de l'Institut, à Paris·

14 novembre. LATREILLE, Pierre-André, naturaliste, membre de l'Institut, à Paris.

14 novembre. TONNELIER, J., garde du cabinet du Conseil des mines, à Paris.

12 décembre. DOUETTE-RICHARDOT, propriétaire, à Langres.

1806   LIÉGEARD, Edme, professeur au lycée de Douai.

1806   MICHÉ, Georges-Alexandre, ingénieur des mines, à Mons.

1806   Coget, J.-B., arboriculteur, à Thumeries (Nord).

1807
23 janvier.   Chaudruc, C.-A., secrétaire perpétuel du conseil d'agriculture de l'Athénée du Gers, à Auch.

23 janvier.   Dumont de Courset, G.-L.-M., propriétaire, à Courset (Pas-de-Calais), correspondant de l'Institut.

6 mars.   Corbet, sculpteur, à Paris.

6 mars.   Verly, François, architecte, à Anvers.

6 mars.   Guilbert, Ph.-J.-Et.-V., littérateur, à Rouen.

10 avril.   Bagot, cultivateur, à Champigny (Seine).

10 avril.   Pictet, Marc-Auguste, président de la Société des sciences de Genève, membre du Tribunal.

10 avril.   Bonelli, François-André, professeur d'histoire naturelle, à Turin.

19 juin.   Moissier, naturaliste, à Clermont-Ferrand.

19 juin.   Liégeard, aîné, littérateur, à Audenarde.

19 juin.   Clavery, littérateur, à Paris.

19 juin.   Bechmann, Jean, professeur de philosophie à l'Université de Gœttingue,

24 juillet.   Jurine, Louis, professeur d'histoire naturelle, à Genève.

24 juillet.   Jockisch, Christian-Fredrick, naturaliste, à Nurenberg.

24 juillet.   Von Schreïbers, Charles-François-Antoine, naturaliste, à Vienne (Autriche).

27 novembre.   Michel, Claude-Louis-Sanson, procureur à la Cour impériale de Douai.

27 novembre.   Duponchel, chimiste à Liège.

1807   Arborio-Biamino, Pierre, préfet du département de la Stura à Coni, ancien membre honoraire.

1808
29 janvier.   Ducellier, capitaine du génie à Valenciennes, membre titulaire du 19 juin 1807.

29 janvier.   Thouin, André, professeur d'arboriculture au Muséum de Paris, membre de l'Institut.

29 janvier.   Millin, Aubin-Louis, conservateur des médailles de la Bibliothèque impériale, membre de l'Institut.

29 janvier.   Leschevin de Précour, Philippe-Xavier, commissaire des poudres à Dijon.

1808

8 avril.   PREVOST, Benédict, naturaliste à Genève.

8 avril.   COTTE, Louis, météorologiste à Montmorency, correspondant
           de l'Institut.

8 avril.   LAIR, Pierre-Noël-Aimé, agronome à Caen.

8 juillet. CHENEVIX, Richard, membre de l'Académie de Londres.

8 juillet. MAC LEAY, secrétaire de la Société linnéenne de Londres.

8 juillet. KIRBY, naturaliste à Londres.

23 août.   GRIVEAU, littérateur à Paris.

1808   RAMONET, chirurgien militaire, membre titulaire du
           8 février 1804.

1808   DEYEUX, Nicolas, pharmacien, membre de l'Institut à Paris.

1808   Comte DE HOFFMANSEG, naturaliste à Berlin.

1808   Comte DE LACÉPÈDE, Bernard-Germain-Etienne, grand
           chancelier de la Légion d'honneur à Paris.

1808   VAUQUELIN, Louis-Nicolas, chimiste, membre de l'Institut
           à Paris,

1808   LUCE DE LANCIVAL, Jean-Charles-Julien, littérateur à Paris.

1808   TRACHEZ, François-Joseph, chirurgien militaire, membre
           titulaire du 7 janvier 1803, il redevint résidant, puis
           correspondant de nouveau en 1825.

1809

28 février. Comte DE LOUXBOURG, naturaliste à Francfort.

28 février. MARCEL DE SERRES, Pierre-Toussaint, agronome à Mont-
             pellier.

28 février. BARRÈRE, chirurgien-major, au 5e régiment de hussards.

26 mai.   DE ROSNY, Joseph, contrôleur de la navigation à
           Valenciennes.

26 mai.   VON LÉONHART, Charles-César, professeur de minéralogie à
           Heidelberg.

26 mai.   GAERTNER, de la Société des sciences de Hanau.

26 mai.   Baron DE DELVIESENHAÜSEN, ancien colonel, à Francfort.

26 mai.   NEUBOURG, docteur en médecine à Francfort.

26 mai.   BOCKING, docteur en médecine à Deux-Ponts.

26 mai.   FAVIER, Mathieu, ordonnateur en chef des armées d'Espagne.

1809 27 avril.	Portevin, secrétaire de l'Académie des jeux floraux, à Toulouse.
27 avril.	Rodrigues, naturaliste, à Bordeaux.
30 juin.	Garassini, Hyacinthe, docteur en médecine, à Tocrano (département de Montenotte).
11 août.	Petersen, naturaliste suédois.
27 novembre.	Lescallier, Daniel, géologue, préfet maritime, au Havre.
27 novembre.	Roland, Philippe-Laurent, statuaire, membre de l'Institut, à Paris.
27 novembre.	Wicar, Jean-Baptiste-Joseph, à Florence ; renommé le 15 février 1833.
27 novembre.	Masquelier, Louis-Joseph, graveur à Paris.
27 novembre.	Duhamel, ingénieur en chef, directeur de l'Ecole pratique des mines, à Saarbruck.
27 novembre.	Farez, secrétaire perpétuel de la Société d'émulation de Cambrai.
27 novembre.	Coq, commissaire des poudres, à Clermont-Ferrand.
1810 5 février.	Bruloy, pharmacien en chef de l'armée du Nord.
2 avril.	Noël, membre de l'Université, à Paris.
4 juin.	Comte Gillet de Laumont, conseiller d'Etat, directeur général des mines, à Paris.
4 juin.	Chabrier, naturaliste, à Montpellier.
6 août.	François de Neufchateau, sénateur, à Paris.
20 août.	Tessier, Henri-Alexandre, membre de l'Institut, à Paris.
3 septembre.	Tilman, chirurgien major à l'armée d'Espagne.
3 septembre.	Guilmot, Pierre-Joseph, bibliothécaire à Douai.
3 septembre.	Tordeux, Auguste, chimiste à Avesnes.
3 septembre.	Sprongli, naturaliste à Berne.
1810	Voëts, Jean-Baptiste, professeur de musique à Amiens, il avait été titulaire en 1806.
1811 1er avril.	Morel de Vindé, agronome à La Celle Saint-Cloud (Seine-et-Oise).
1er avril.	Crouzet, Pierre, directeur des études au Prytanée français, à Paris.

1811

3 juin. BRUN-NEERGARD, minéralogiste, à Paris.

6 août. SCHERER, Emile, officier d'Etat-major, naturaliste, à Saint-Gall.

6 août. ZOLLICOFFRE, docteur en médecine, à Saint-Gall.

6 août. GRAFFENAUER, docteur en médecine, à Strasbourg.

4 novembre. GRÉTRY, André-Ernest-Modeste, compositeur, membre de l'Institut, à Paris.

4 novembre. GRÉTRY (Neveu), André-Joseph, littérateur, à Paris.

4 novembre. CRÉPEL, professeur au collège d'Arras.

4 novembre. RICHARD (Fils), à Epinal.

1812

6 janvier. VERNIER, comte de Mont-Orient, Théodore, sénateur, à Paris.

6 janvier. TONDI, Mathieu, professeur de minéralogie au Muséum de Paris.

6 janvier. DELARUE, docteur en médecine, à Evreux.

6 janvier. ZEITTER, docteur en médecine, à Hanau.

9 mars. PATRIN, bibliothécaire de la direction générale des mines, à Paris.

15 juillet. MONHEIM, Jean-Pierre-Joseph, pharmacien, à Aix-la-Chapelle.

1813

5 octobre. DEMARQUOY, docteur en médecine, à Saint-Omer.

5 octobre. GOUAN, Antoine, professeur honoraire, correspondant de l'Institut, à Montpellier.

5 octobre. DUQUESNE, agronome, à Mons.

1814

3 janvier. MONESTIER, minéralogiste, à Clermont-Ferrand.

6 septembre. BOSC, Louis-Augustin-Guillaume, naturaliste, membre de l'Institut, à Paris.

7 octobre. DUFRESNE, Louis, conservateur des collections du Muséum de Paris.

20 décembre. FAYET, docteur en médecine, à Paris.

20 décembre. DESSAUX-LEBRETHON, L., propriétaire, à Saint-Omer.

20 décembre. BAILLON, naturaliste, à Abbeville.

17

1814   Boinvillers, J.-E.-J.-F., correspondant de l'Institut.

1814   Laugier, André, professeur de chimie, à Paris.

1814   Comte Chaptal, Jean-Antoine, membre de l'Institut, à Paris.

1816
7 juin.   Temminck, C.-J., ornithologiste, à Amsterdam.

31 juin.   Dubuisson, François-René-André, professeur de géologie, à Nantes.

31 juin.   Hurtrel d'Arboval, Louis-Henri-Joseph, médecin-vétérinaire, à Montreuil-sur-Mer.

1817   de Chauvenet, officier de génie, à Valenciennes, membre
2 mai.   titulaire du 6 septembre 1816.

4 juillet.   Conhaire, N., littérateur, à Liége.

1818
23 janvier.   Barré, Jean-Louis, officier d'artillerie, à Douai.

20 février.   Rodenbach, Constantin, docteur en médecine, à Roulers.

1er mai.   Yvart, Victor, naturaliste, membre de l'Institut, à Paris.

27 juillet.   Pihorel, Louis-Emmanuel, chirurgien militaire, membre titulaire du 27 avril 1818.

18 septembre.   Clerc, J.-F., ingénieur des mines, à Anzin.

6 novembre.   Sinclair, John, baronnet, conseiller privé de Sa Majesté Britannique, à Londres.

20 novembre.   Vitalis, Jean-Baptiste, professeur de chimie, à Rouen.

1818   Masqueliez, commandant d'artillerie légère, à Loos.

1819
8 janvier.   Charpentier, D., docteur en médecine, à Valenciennes.

20 août.   Coget, Alexandre, agriculteur à Thumeries, membre titulaire du 6 décembre 1816.

1820
16 juin.   Leroy, Onésime, littérateur, à Valenciennes.

15 septembre.   Lejeune, Alexandre-Louis-Simon, docteur en médecine, à Verviers.

5 octobre.   Peyre (Neveu), architecte, à Paris.

1821

1er juin. DELISLE, Pierre, capitaine de génie, à Dunkerque.

20 juillet. VANHOOREBECK, C.-J., pharmacien, à Gand.

7 septembre. LOISELEUR-DESLONGCHAMPS, Jean-Louis-Auguste, docteur en médecine, à Paris.

5 octobre. BURGOT, Arcade, officier d'administration, à Calais.

5 octobre. VILLERMÉ, Louis-René, docteur en médecine, à Paris.

19 octobre. DASSONNEVILLE, P.-J., docteur en médecine, à Aire.

7 décembre. DUTHILLŒUL, H.-B., bibliothécaire, à Douai, membre titulaire du 3 février 1821.

1822
15 février. DEVILLY, Jean-Baptiste, secrétaire de la Société des sciences de Metz.

15 mars. DE SAYVE, Auguste, propriétaire, à Paris.

3 mai. DESRUELLES, Henri-Marie-Joseph, docteur en médecine, à Paris.

1er mars. PALLAS, Emmanuel, docteur en médecine, à Dunkerque, membre titulaire du 19 octobre 1821.

19 juillet. NILO, docteur en médecine, à Lisbonne.

1822 SCOUTTETEN, Henri-Robert-Joseph, docteur en médecine, à Metz.

21 janvier. POIRIER-SAINT-BRICE, ingénieur des mines, à Valenciennes.

17 octobre. CARETTE, Antoine-Michel, officier du génie, à Paris.

3 octobre. DESSALINES D'ORBIGNY, Charles-Marie, docteur en médecine, professeur d'histoire naturelle, à La Rochelle.

5 décembre. RODET, J.-B.-C., médecin-vétérinaire aux hussards de la Garde royale.

1824
18 juin. BRISSET, Jacques-Joseph, officier de santé, à Wavrin.

1825
7 janvier. HENSMANS, Pierre-Joseph, docteur en médecine, à Louvain.

15 avril. LEVY, Marc, professeur de mathématiques, à Rouen.

7 septembre. DE PRONVILLE, Philippe-Auguste-Joseph, propriétaire, à Versailles.

21 octobre. GARNIER, Jean-Guillaume, professeur de mathématiques à l'Université de Gand.

21 octobre. DESMYTTÈRE, P.-J.-E., docteur en médecine, à Cassel.

1826 20 janvier.	DUMORTIER, B.-C., directeur du Jardin botanique de Tournay.
3 février.	Vicomte DE LAROCHEFOUCAULD, Sosthène, directeur du département des Beaux-Arts au Ministère de la Maison du Roi, à Paris.
3 février.	BRA, Théophile-François-Marcel, statuaire, à Douai.
14 avril.	COLLADON, Jean-Daniel, professeur de physique, à Genève.
14 avril.	LÉONARD, Louis-Xavier, chirurgien aide-major au 7e régiment de chasseurs.
19 mai.	MOURONVAL DE VALENCOURT, docteur en médecine, à Bapaume.
7 juillet.	GEOFFROY SAINT-HILAIRE, Isidore, aide-naturaliste au Jardin du Roi, à Paris.
7 juillet.	NICHOLSON, ingénieur-mécanicien, à Londres.
3 novembre.	DUMÉRIL, Constant-André-Marie, naturaliste, membre de l'Institut, à Paris.
17 novembre.	ZANDYCK, (Père), docteur en médecine, à Dunkerque.
24 novembre.	DERODE, Victor-Henri-Joseph, chef d'institution ; il devint titulaire le 5 janvier 1838 et fut de nouveau correspondant le 28 mars 1845.
1er décembre.	DUBRUNFAUT, Auguste, chimiste, manufacturier, à Paris.
3 novembre.	KUHLMANN, Théodore, architecte, à Loos, ancien titulaire du 13 janvier 1826.
1er décembre.	BOSSON, A., pharmacien, à Mantes.
15 décembre.	Baron DE GOETHE, ministre d'État, président de la Société minéralogique d'Iéna.
15 décembre.	Baron DE LENZ, conseiller d'État, professeur de philosophie, à Iéna.
15 décembre.	Comte DE KERCKHOVE-VARENT, Joseph-Romain-Louis, docteur en médecine, à Anvers.
1826	ALAVOINE, Louis-Adrien-Joseph, propriétaire, à La Bassée, membre titulaire du 21 janvier 1803.
1827 5 janvier.	JULLIEN, Marc-Antoine, fondateur de la Revue encyclopédique, à Paris,
14 février.	CAMBERLYN D'AMOUGIES, J.-B.-C., littérateur, à Gand.
4 mars.	DE BREBISSON, père, naturaliste, à Falaise.

1827

4 mai. LABARRAQUE, Antoine-Germain, pharmacien, à Paris.

4 mai. LEGLAY, André-Joseph-Ghislain, docteur en médecine, à Cambrai, devint titulaire le 9 juin 1835.

2 juin. TASSAERT, Frédéric, chimiste, à Anvers.

2 juin. DE BREBISSON, Alphonse, naturaliste, à Anvers.

10 octobre. MÉRAT, François-Victor, docteur en médecine, à Paris.

10 octobre. MATHIEU DE DOMBASLE, Christophe-Alexandre, agronome, à Roville.

10 octobre. DE GESLIN, Marc-Antoine-Philippe, professeur de musique, à Paris.

2 novembre. BAILLY DE MERLIEUX, C., agronome, directeur de l'union encyclopédique, à Paris.

21 décembre. BÉGIN, Emile-Auguste, docteur en médecine, à Paris.

21 décembre. LEMAIRE, Pierre-Auguste, agrégé de l'Université, à Paris.

1827 MARCHAND DE LA RIBELLERIE, sous-intendant militaire, à Tours, membre titulaire du 2 décembre 1825.

1827 HOCHART, receveur des contributions, à Roubaix.

1827 LEBONDIDIER, chimiste, à Béthune, membre titulaire en 1826.

1828

18 janvier. VANDERLINDEN, Pierre-Léonard, docteur en médecine, à Bruxelles.

18 janvier. Lecocq, Henri, naturaliste, à Clermont-Ferrand.

1er février. FRIES, Elias, naturaliste, à Lund (Suède).

1er février. Comte DU CHATEL, Ferdinand-Robert-Désiré, agronome, à Versailles.

7 mars. VILLENEUVE, A.-C.-L., docteur en médecine, à Paris.

16 mai. TIMMERMANS, A., officier du génie, à Tournai.

16 mai. GUILLEMIN, J.-B.-A., botaniste, à Paris.

6 juin. GUÉRIN-MÉNEVILLE, Félix-Edouard, naturaliste, à Paris.

8 juillet. RODENBACH, Alexandre, littérateur, à Roulers.

15 septembre. AJASSON DE GRANDSAGNE, J.-B., naturaliste, à Paris.

21 novembre. Marquis DE VILLENEUVE-TRANS, François, littérateur, à Nancy.

1828

17 octobre.   BOUILLET, Jean-Baptiste, minéralogiste, à Clermont-Ferrand.

21 novembre.   OZANEAUX, Jean-Georges, professeur de philosophie au collège Louis-le-Grand, à Paris.

19 décembre.   HAUTERIVE, Aimé-Adolphe, docteur en médecine, à Paris, membre titulaire du 7 novembre 1828, il redevint résidant peu de temps après.

5 décembre.   Mlle LIBERT, Marie-Anne, naturaliste, à MALMÉDY.

1828   LEGAY, Floride, professeur de rhétorique, à Paris, membre titulaire du 13 janvier 1826.

1829

16 janvier.   LIÉBIG, Juste, chimiste, à Giessen.

20 février.   AUDOUIN, Jean-Victor, naturaliste, à Paris.

20 février.   BONAFOUS, Mathieu, directeur du Jardin d'agriculture de Turin.

20 mars.   BRONGNIARD, Alexandre-Adolphe, agrégé à la Faculté de Médecine, à Paris.

20 mars.   DERHEIMS, Jean, pharmacien, à Saint-Omer.

20 mars.   CORNE, Hyacinthe-Marie-Augustin, conseiller auditeur à la Cour royale, à Douai.

20 mars.   LEBLEU, Adrien, chirurgien sous-aide major au Val-de-Grâce, à Paris.

3 avril.   GAILLON, François-Benjamin, botaniste, receveur des douanes, à Abbeville.

1er mai.   PERSOON, Chrétien, docteur en médecine, botaniste.

1er mai.   JAUFFRET, Ad., littérateur, bibliothécaire de la ville de Marseille.

15 mai.   Comte DE VILLENEUVE-BARGEMONT, Christophe, préfet des Bouches-du-Rhône.

5 août.   DE DUMAST, Auguste-Prosper, littérateur, à Nancy.

5 août.   GIRARDIN, Jean-Pierre-Louis, professeur de chimie, à Rouen, devint titulaire le 7 mai 1858, correspondant de nouveau, le 6 novembre 1868.

3 juillet.   GILGENCRANTZ, chirurgien militaire, membre titulaire du 1er février 1828.

3 juillet.   BONARD, Joseph-Antoine-René, chirurgien militaire, membre titulaire du 4 août 1828.

1829

5 août. Vincent, A.-J.-H., professeur de mathématiques, à Paris.

7 juillet. Nouel-Malingié, pharmacien militaire, membre titulaire du 4 avril 1828.

4 septembre. Fontemoing, Joseph, avocat, à Dunkerque.

1830
20 février. Demeuninck, François-Louis, docteur en médecine, à Bourbourg.

2 avril. Wappers, artiste peintre, à Bruxelles.

7 mai. Héré, professeur de mathématiques, à Saint-Quentin.

7 mai. Kunze, Gustave, botaniste, docteur en médecine, à Leipzig.

21 mai. Burette-Martel, propriétaire, à Haubourdin, membre titulaire du 14 août 1807.

21 mai. Martin-Saint-Ange, G.-J., docteur en médecine, à Paris.

2 juillet. Jauffret, Joseph, maître des requêtes au Conseil d'Etat, à Paris.

16 juillet. Mᵐᵉ Clément, née Hémery, littérateur, à Cambrai.

3 septembre. Comte de Villeneuve-Bargemont, Alban, ancien préfet du Nord, ancien membre honoraire, à Paris.

3 septembre. Baron de Lagarde, ancien préfet, à Paris.

1ᵉʳ octobre. Blouet, René-Jacques-Marie, professeur d'hydrographie, à Dieppe.

15 octobre. de Westreenen de Tiellandt, directeur des Musées royaux, à Amsterdam.

5 novembre. Guillot, officier d'artillerie, à Strasbourg, membre titulaire du 21 novembre 1828.

19 novembre. de Contencin, secrétaire particulier du préfet, à Bordeaux, membre titulaire du 21 novembre 1828, il redevint correspondant le 18 juillet 1845.

3 décembre. Artaud, Nicolas-Louis-Marie, inspecteur de l'Université, à Paris.

17 décembre. Tanchou, docteur en médecine, à Paris.

17 décembre. Moreau de Jonnés, Alexandre-César, statisticien, à Paris.

1830 Mionnet, T.-E., conservateur du Cabinet des Antiques, à Paris.

1830 de Candolle, Auguste-Pyrame, botaniste, à Genève.

1830 Desbrières, Jacques-Paul, pharmacien militaire, membre titulaire du 2 juin 1826.

1831

21 janvier. MILNE-EDWARDS, Henri, naturaliste, à Paris.

14 mars. SOUDAN, Jacques-Numa, chirurgien-major, membre titulaire du 1er février 1828.

18 avril. LONGER, Simon-Alexandre, inspecteur des domaines, à Saint-Lô, membre titulaire du 6 juin 1828.

1832

3 février. JACQUEMYNS, Edouard, professeur de chimie, à Gand.

18 mai. JOBART, J.-B.-A.-M., économiste, directeur de l'*Industriel*, à Bruxelles.

20 juillet. FÉE, Antoine-Laurent-Appolinaire, pharmacien, membre titulaire du 20 janvier 1826.

7 septembre. GRAR, Edouard, avocat, à Valenciennes.

28 septembre. GRAVIS, Justin-Agapit, docteur en médecine, à Calais.

19 octobre. MARMIN, inspecteur des postes, membre titulaire du 19 novembre 1830.

28 septembre. COCHARD, Adolphe, pharmacien, à Sedan.

1832 PELOUZE, Jules, chimiste, à Paris, membre titulaire du 19 novembre 1830.

1832 RÉGNAULT, colonel au 66e de ligne, à Ancone.

1833

1er février. LAISNÉ, A.-M., professeur de mathématiques, à Paris.

5 février. DE PRONY, membre de l'Institut, à Paris.

7 mai. MEIGEN, Jean-Guillaume, diptérologiste, à Stolberg.

5 juillet. DESPRETZ, César-Mansuéte, professeur de physique au collège Henri IV, à Paris.

16 août. BOURDON, Louis-Pierre-Marie, inspecteur d'académie, à Paris.

20 septembre. HUOT, Jean-François-Nicolas, minéralogiste, à Versailles.

20 septembre. JUDAS, Auguste-Célestin, chirurgien militaire, à Aire, membre titulaire du 6 juillet 1832.

8 novembre. AMPÈRE, Marie-André, physicien, membre de l'Institut, à Paris.

8 novembre. MAIZIÈRES, Armand, docteur ès-sciences, à Paris.

20 décembre. MALLET, Charles-Auguste, professeur de philosophie, à Amiens.

20 décembre. LELEWEL, Joachim, professeur d'histoire à l'Université de Wilna.

1834

17 janvier. DEGEORGES, Frédéric, littérateur, à Arras.

21 mars. PLOUVIEZ, docteur en médecine, à Saint-Omer.

18 avril. DELACARTERIE, Joseph-Hyacinthe-André, pharmacien militaire, à l'hôpital de Metz, membre titulaire du 13 janvier 1826.

20 juin. FRANCŒUR, Louis-Benjamin, professeur de mécanique, à Paris.

20 juin. LHÉRIC, graveur, à Anvers.

4 juillet. VANDERMAELEN, Philippe-Marie-Guillaume, géographe, à Bruxelles.

4 juillet. VASSE DE SAINT-OUEN, inspecteur d'Académie, à Douai.

9 septembre. DEVERNOY, G.-L.. doyen de la Faculté des sciences de Strasbourg.

19 septembre. BIDARD, A., docteur en médecine, à Pas (Pas-de-Calais).

19 septembre. ARAGO, Dominique-François, professeur d'astronomie, membre de l'Institut, à Paris.

19 septembre. MATHIEU, Claude-Louis, membre du Bureau des longitudes et de l'Académie des sciences.

19 septembre. LACROIX, Sylvestre-François, professeur de mathématiques, membre de l'Institut, à Paris.

19 septembre. GAY-LUSSAC, Joseph-Louis, chimiste, membre de l'Institut, à Paris.

21 novembre. BABINET, Jacques, professeur au Collège Saint-Louis, à Paris.

5 décembre. GUÉRARD, Alphonse, docteur en médecine, agrégé de la Faculté de Paris, à Paris.

1835

23 janvier. LEFEBVRE, Alexandre, entomologiste, à Paris.

23 janvier. DUSAUSOY, Omer-Constant-Joseph, lieutenant-colonel d'artillerie, député du Pas-de-Calais, à Paris.

5 juin. MICHAUD, André-Louis-Gaspard, conchyliologiste, lieutenant au 10e régiment de ligne, à Avesnes.

5 juin. JACQUERYE, professeur de mathématiques au collège d'Armentières.

6 novembre. DE LARIVE, Arthur, professeur de physique, à Genève, correspondant de l'Institut.

18 décembre. WARNKOENIG, Léopold-Auguste, professeur de jurisprudence à l'Université de Gand.

1835
1er avril. — DRAPIEZ, naturaliste, à Bruxelles, membre titulaire du 7 janvier 1803.

1836 — DE CHAMBERET, Charles-Ernest, ingénieur des ponts et chaussées, à Lons-le-Saulnier.

5 avril. — DE GRATELOUP, conchyliologiste, à Bordeaux.

6 mai. — PHILIPPAR, François, professeur d'arboriculture, à Versailles.

20 mai. — TULEU DE MAULÉON, Jean-Gabriel-Victor, économiste, membre de la Société philotechnique, à Paris.

3 juin. — DA CRUX-JOBIM, professeur de médecine, à Rio-Janeiro.

30 septembre. — BIASOLETTO, B., pharmacien, à Trieste.

4 novembre. — CORNILLE, Henri, littérateur, à Paris.

16 décembre. — Baron DE REIFFEMBERG, Frédéric-Auguste-Ferdinand-Thomas, professeur de l'Université de Liége.

1837
3 février. — WESTWOOD, J.-O., naturaliste, secrétaire de la Société entomologique de Londres.

3 mars. — QUÉTELET, Lambert-Adolphe-Jacques, membre de l'Académie royale de Belgique, à Bruxelles.

21 avril. — BOURDON, Henri, à Paris.

5 mai. — PICARD, Casimir, naturaliste, à Abbeville.

4 août. — CHOLET, F., docteur en médecine, à Beaune-la-Rollande (Loiret).

1er septembre. — MUTEL, Pierre-Auguste-Victor, capitaine d'artillerie, botaniste, à Douai.

1er septembre. — RIBES, docteur en médecine, à Montpellier.

1er décembre. — THIERS, Louis-Adolphe, membre de l'Académie française, à Paris.

1er décembre. — BERKELEY, Milas-Joseph, ministre de l'Evangile et naturaliste à King's cliffe (Angleterre).

1838
16 février. — MARQUET-VASSELOT, L.-A., ex-directeur de la maison centrale de Loos, membre titulaire du 2 mars 1832.

16 mars. — DUFOUR, Léon, naturaliste, à Saint-Sever (Landes).

15 juin. — DELCROIX, Fidèle, littérateur, à Paris.

3 août. — MALLET, Alfred, professeur de physique au collège de Saint-Quentin.

1838
1er septembre. CAPRON, Charles, chirurgien aide-major au 4e régiment de chasseurs, à Thionville.

5 octobre. PINGEON, André-Nicolas, docteur en médecine, secrétaire de l'Académie de Dijon.

7 décembre. LEGUEY, Adolphe, chirurgien aide-major au 3e régiment de ligne.

1839
18 janvier. LEJOSNE, Louis-Antoine, littérateur, à Paris.

1er février. L'Abbé BOURLET, curé d'Hébuterne, entomologiste.

15 février. LIOUVILLE, Joseph, professeur d'analyse à l'Ecole polytechnique, à Paris.

15 mars. Baron MÉCHIN, ancien préfet du Nord, ancien membre honoraire.

5 avril. GÉNÉ, Joseph, docteur en médecine, professeur d'histoire naturelle, à Turin.

5 avril. DELMAS, Charles, chirurgien aide-major au 11e léger.

19 avril. PHILIPPE, Félix-François-Prosper, chirurgien aide-major au 11e léger.

19 avril. LEGOARANT DE TROMELIN, Benjamin, capitaine du génie en retraite, à Lorient.

7 juin. LARREY, Félix-Hippolyte, professeur à la Faculté de médecine, à Paris.

7 juin. WESMAEL, Constantin, naturaliste, professeur à l'Athénée royal de Bruxelles.

6 septembre. LACORDAIRE, Jean-Théodore, naturaliste, professeur à l'Université de Liége.

8 novembre. BRESSON, Jacques, économiste, à Paris.

8 novembre. BAUDRIMONT, Alexandre, professeur agrégé à la Faculté de médecine de Paris.

1839 PAYEN, Anselme, chimiste, membre de l'Institut, à Paris.

1840
17 janvier. DE NOTARIS, Joseph, naturaliste, à Turin.

6 mars. PETIAU, Auguste-Benoît, docteur en médecine, à St-Amand.

20 mars. TESTELIN, Achille, docteur en médecine, membre titulaire du 5 avril 1839, il redevint résidant le 20 novembre 1840.

5 juin. BRONGNIARD, Adolphe-Théodore, professeur au Muséum d'histoire naturelle de Paris, membre de l'Institut.

1840 3 juillet.	BORELLI, inspecteur des douanes, membre titulaire du 2 mars 1832.
7 août.	GARNIER, Jacques-Jean-Baptiste-Adolphe, bibliothécaire, adjoint de la ville d'Amiens, secrétaire de la Société des Antiquaires de Picardie.
4 septembre.	BRAVAIS, Auguste, enseigne de vaisseau.
16 octobre.	DUCORNET, Louis-César-Joseph, artiste peintre, né sans bras, à Paris.
18 décembre.	COLIN, Jean-Jacques, professeur de chimie à l'Ecole militaire de Saint-Cyr.
1840	VAILLANT, médecin militaire à Paris, membre titulaire du 6 avril 1831.
1841 8 janvier.	MUSIAS, Louis, avocat à Paris, membre titulaire du 18 janvier 1822.
3 février.	DE MOULON, Mathieu, docteur en médecine, à Trieste.
5 mars.	DEVERGIE, Marie-Guillaume-Alphonse, docteur en médecine, à Paris.
19 mars.	VINGTRINIER, Artus-Barthélemy, docteur en médecine, à Rouen.
18 juin.	Baron DE ROISIN, Ferdinand, archéologue, à Bonn.
1841	Baron D'HOMBRES-FIRMAS, correspondant de l'Institut, à Alais (Gard).
1842 21 janvier.	Comte GODDE DE LIANCOURT, A., fondateur de la Société des naufrages, à Paris.
18 février.	FAUCHER, Eugène, commissaire des poudres et salpêtres, à Saint-Pons, membre titulaire du 1er octobre 1841.
17 juin.	VIOLLET, Jean-Baptiste, ingénieur civil, à Paris.
27 avril.	DAVAINE, Napoléon-Emmanuel, ingénieur des ponts et chaussées, membre titulaire du 3 août 1832, correspondant de nouveau le 21 décembre 1849.
18 novembre.	PORRET, Henri-Désiré, graveur, à Paris.
16 décembre.	POTIEZ-DELBOIS, Valéry-Louis-Victor, conservateur du Muséum d'histoire naturelle, à Douai.
1843 3 mars.	TORDEUX (cadet), docteur en médecine, à Avesnes.
7 avril.	Vicomte DE BARRUEL-BEAUVERT, agronome, à Paris.
21 avril.	DE NÉVILLE, Hilaire, propriétaire, à Rouen.

1843
21 juillet. MILLOT, Dominique-Bonaventure-Joseph-Léon, pharmacien militaire, à Alger, membre titulaire du 1er septembre 1837.

20 octobre. SÉON, Jean-Baptiste, médecin-vétérinaire, membre titulaire du 3 février 1841.

20 octobre. Marquis DE BRÈME, Ferdinand, naturaliste, à Paris.

1er décembre. BOGAERTS, Félix, professeur d'histoire, à l'Athénée d'Anvers.

1er décembre. LEGRAND DE REULANDT, Simon-Edouard-Victor, professeur d'histoire, à Bruxelles.

1er décembre. Vicomte DE KERKHOVE, Eugène, secrétaire d'ambassade de Belgique, à Paris.

21 décembre. LABUS, Giovanni, docteur en médecine, à Milan.

1844
19 janvier. GILLET DE LAUMONT, inspecteur du télégraphe, à Arras, membre titulaire du 16 novembre 1838.

2 mars. GUASTALLA, Auguste, docteur en médecine, à Trieste.

2 mars. VANHULTS, Félix, avocat, à Liége.

2 mars. Chevalier LEBIDARD DE THUMAÏDE, Alphonse-Ferdinand, ancien magistrat, à Liége.

5 avril. COMTE, L., ingénieur des mines, à Valenciennes.

17 mai. MALHERBE, Alfred, naturaliste, à Metz.

6 septembre. JANSSENS, sous-chef de bureau au ministère des Affaires étrangères, à Bruxelles.

18 octobre. CASTEL, P.-A., secrétaire perpétuel de la Société d'agriculture de Bayeux.

2 novembre. DINAUX, Arthur, littérateur, à Valenciennes.

1845
8 avril. RAYNAL, vétérinaire en chef au 6e régiment de lanciers, à Valenciennes.

20 juin. Vicomte DE CAUMONT, Arcisse, archéologue, directeur de l'Institut des provinces, à Paris.

1845 GORET, Lucien-Frédéric, chirurgien aide-major au 60e régiment de ligne.

1845 TOMMASINI, docteur en médecine, à Ancone.

1846
16 janvier. VÉRA, Philippe-Nicolas-Olympiade-Auguste, professeur de philosophie, à Limoges, membre titulaire du 4 avril 1845.

17 juillet. WARTMANN, Elie-François, physicien, recteur de l'Académie de Genève.

1846

27 juillet. DUFAY, officier d'administration, à Dijon.

4 septembre. VALLEROUX, Hubert, docteur en médecine, à Paris.

6 novembre. BOUCHARD-CHANTEREAUX, Jacques-Nicolas-Robert, malacologiste, à Boulogne-sur-Mer.

11 décembre. BARRÉ, Louis, professeur de philosophie, à Paris, membre
titulaire du 7 septembre 1832.

6 mars. MULSANT, Martial-Etienne, entomologiste, à Lyon.

1847

5 février. PERRON, professeur d'histoire, à Besançon.

19 février. GIHOUL, propriétaire, à Bruxelles.

5 mars. DE BUYSSCHER, Edmond, littérateur, à Gand.

1848
17 mars. DE HALDAT DU LYS, Charles-Nicolas-Alexandre, docteur en
médecine, correspondant de l'Institut, à Nancy.

24 mars. LAMY, Claude-Auguste, professeur de physique, à Limoges,
membre titulaire du 23 avril 1847, redevint correspondant en 1866.

7 avril. CAMBRAY, Charles, docteur en médecine, à Lyon.

5 mai. DE COUSSEMAKER, Edmond-Charles-Louis, archéologue,
devint membre titulaire le 21 janvier 1859.

11 août. DAVID (d'Angers), statuaire, membre de l'Institut, à Paris.

1849

16 février. JAMET, Emile, agronome, à Château-Gonthier.

6 avril. LANDOUZY, Eugène, docteur en médecine, à Reims.

20 avril. DURAND-FARDEL, Max, docteur en médecine, à Paris.

1er juin. JEANRON, Philippe-Auguste, peintre, à Paris.

20 juillet. JUSSERAND, docteur en médecine, à Paris.

5 août. DEVILLE, Emile, naturaliste, à Paris.

5 octobre. GUÉRIN, Jules, docteur en médecine, à Paris.

2 novembre. MEERSMANN, docteur en médecine, à Bruges.

1850

17 mai. MORISSON, docteur en médecine, à Seclin.

19 juillet. ZANDYCK (fils), docteur en médecine, à Dunkerque.

8 novembre. DE GOURCY, Conrad, agronome, à Paris.

22 novembre. DE REUMES, Auguste-Joseph, officier du génie, à Bruxelles.

1850
20 décembre.   MILLON, Auguste-Nicolas-Eugène, pharmacien militaire, à Alger, membre titulaire du 21 janvier 1848.

1851
17 janvier.   LAMBERT, Guillaume, ingénieur des mines, à Mons.

21 février.   PERRIS, Edouard, entomologiste, à Mont-de-Marsan.

2 mai.   MONNY DE MORNAY, Marie-Joseph, chef de division au Ministère de l'agriculture, à Paris.

6 juin.   DE LINAS, Charles, archéologue, à Arras.

1852
21 mai.   GACHET, Emile, paléographe, à Bruxelles.

21 mai.   AMYOT, C.-J.-B., avocat, à Paris.

2 juillet.   LAMARLE, ingénieur des ponts et chaussées, à Douai, membre titulaire du 20 octobre 1848.

3 septembre.   CATALAN, Eugène-Charles, professeur de mathématiques, à Paris.

10 décembre.   D'ALBERT duc DE LUYNES, Honoré, membre de l'Institut, à Paris.

17 décembre.   MEUGY, Jules-Alexandre-Alphonse, ingénieur des mines, membre titulaire du 3 janvier 1845.

24 décembre.   VILLARCEAU, Yvon, astronome, à Paris.

1853
7 janvier.   MOLROGUIER, ancien directeur des contributions indirectes, à Amiens, membre titulaire du 18 janvier 1850.

7 janvier.   Comte D'HÉRICOURT, Achmet, archéologue, à Arras.

4 février.   DE BACKER, Louis, juge de paix, à Bertincourt (Pas-de-Calais).

18 mars.   DE BURGOS, Auguste, agronome, à Madrid.

2 juin.   PONCHARD, Eugène, littérateur, à Valenciennes.

4 juin.   SERRET, Joseph-Alfred, répétiteur à l'Ecole polytechnique, à Paris.

2 septembre.   DAVAINE, C., docteur en médecine, à Paris.

4 novembre.   DUREAU, Louis, sous-préfet, membre titulaire du 10 décembre 1852; il redevint titulaire puis correspondant de nouveau le 3 mai 1861.

4 novembre.   DANVIN, Bruno, docteur en médecine, à Saint-Pol.

1854
13 janvier.   Brauwers, Jean - Eugène, pharmacien militaire, à Dunkerque, membre titulaire du 10 décembre 1852.

13 janvier.   de Bertrand, Raymond, littérateur, à Dunkerque.

7 avril.   Charet de Lafrémoire, ingénieur des ponts et chaussées, à Cambrai, membre titulaire du 10 décembre 1852.

2 juin.   Bergmann, Frédéric-Guillaume, professeur à la Faculté des lettres de Strasbourg.

2 juin.   Mignard, Thomas-Joachim-Alexandre-Prosper, littérateur, à Dijon.

1855
19 janvier.   Liaïs, Emmanuel, astronome, à Paris.

19 janvier.   Faidherbe, Louis-Léon-César, commandant du génie, gouverneur du Sénégal ; il devint titulaire en 1872 et correspondant de nouveau en 1873.

16 février   Deschamps de Pas, Louis, ingénieur des ponts et chaussées, archéologue, à Saint-Omer.

13 avril.   Vallez, P.-J., docteur en médecine, maître oculiste, à Bruxelles.

11 mai.   Comarmond, A., conservateur du Musée archéologique de Lyon.

18 mai.   Mille, Auguste, ingénieur des ponts et chaussées, à Paris.

1er juin.   Lejolis, Auguste, botaniste, à Cherbourg.

15 juin.   Marquis de Godefroy - Menilglaise, Denis - Charles, archéologue, à Paris.

20 juillet.   Laine, Jules, naturaliste, à Paris.

7 décembre.   Bellardi, Louis, naturaliste, à Turin.

7 décembre.   Fretin, Charles, littérateur, maire de Quesnoy-sur-Deûle.

21 décembre.   Lecomte, A., ancien receveur des finances, à Paris.

1856
2 janvier.   Dancoisne, L., juge de paix, numismate, à Hénin - Liétard.

25 janvier.   Charié-Marsaines, inspecteur des ponts et chaussées, à Paris, membre titulaire du 10 décembre 1852.

15 avril.   Bollaert, Edouard, ingénieur des ponts et chaussées, à Lens ; membre titulaire du 21 janvier 1844.

11 juillet.   Franck, Adolphe, professeur de philosophie au Collège de France, membre de l'Institut, à Paris.

1856
11 juillet.   NÈVE, Félix, professeur de langues orientales à l'Université de Louvain.

18 octobre.   CHASLES, Emile, professeur de littérature, à Nancy, membre titulaire du 25 avril 1856.

6 novembre.   GISCLARD, Léon, inspecteur d'Académie, membre titulaire du 7 mars 1856.

1857
15 mai.   VALADE-GABEL, Jean-Jacques, littérateur, à Bordeaux.

7 août.   REYNAUD, Ernest, professeur de mathématiques, à Nancy.

21 août.   SCOUTTETEN, Louis, médecin aide-major de 1re classe au camp d'Oued-Méria (Algérie).

18 octobre.   MASQUELEZ, Alfred-Emile-Alexis-Eugène, capitaine en retraite, à Chemillé (Maine-et-Loire).

7 novembre.   PASTEUR, Louis, chimiste, directeur de l'Ecole normale, à Paris, membre titulaire du 2 mars 1855.

4 décembre.   BRAME, Charles-Auguste-Henri, professeur à l'Ecole préparatoire de médecine, à Tours.

16 octobre.   LESTIBOUDOIS, Thémistocle, conseiller d'Etat à Paris, membre titulaire du 7 septembre 1821.

1858
23 avril.   GUILLEMIN, Jean-Jacques, recteur de l'Académie de Douai.

2 juillet.   LIAGRE, Jean-Baptiste-Joseph, capitaine du génie, à Bruxelles.

16 juillet.   RONDOT, Cyr-François-Natalis, délégué de la Chambre de commerce de Lyon, à Paris.

1859
4 février.   SAINT-LOUP, professeur de mathématiques, à Metz.

3 juin.   FROSSARD, Benoit-Daniel-Emilien, pasteur de l'Eglise réformée, à Bagnères de Bigorre.

5 octobre.   FROSSARD, Charles-Louis, pasteur de l'Eglise réformée, à Paris, membre titulaire du 2 novembre 1855.

4 novembre.   DE ROSNY, Louis-Lucien, orientaliste, à Paris.

1860
3 février.   MARCHAND, Eugène, pharmacien, à Fécamp.

2 mars.   DORVILLE, E., ingénieur des lignes télégraphiques, à Saint-Pétersbourg.

1860
30 mars.   Goubaux, Armand, professeur d'anatomie à l'Ecole vétérinaire d'Alfort.

1er juin.   Parchappe, Max, docteur en médecine, à Rouen.

1er juin.   Colincamp, Ferdinand, professeur de littérature à la Faculté des lettres de Douai.

15 juin.   Warlomont, Evariste, docteur en médecine, à Bruxelles.

7 septembre.   Ballin, Amand-Gabriel, archiviste de l'Académie de Rouen.

21 septembre.   d'Otreppe de Bouvette, Albert, littérateur, à Liège.

5 octobre.   Rodet, Léon-Jean-Isidore-Prosper, employé supérieur de l'administration des tabacs, à Paris, membre titulaire du 20 mai 1859.

23 novembre.   Lacaze du Thiers, Henri, professeur au Muséum d'histoire naturelle de Paris, membre titulaire du 2 mars 1855.

14 décembre.   Cap, Paul-Antoine, pharmacien, à Paris.

XII

LISTE DES ASSOCIÉS AGRICULTEURS

1820. Première commission nommée par le préfet :

LEMESRE, juge de paix, à Armentières.

CHOMBART, propriétaire, à Herlies.

HOCHART, cultivateur, à Allennes-lez-Haubourdin.

CORDONNIER, propriétaire, à Lannoy.

HEDDEBAULT, propriétaire, maire de Fâches.

MARLIÈRE, propriétaire, à Lamhersart.

Vicomte OBERT, maire de Wambrechies.

COGET, Alexandre, maire de Thumeries.

CLAYES, maire de Seclin.

COGET, Jean-Baptiste, propriétaire, à Phalempin.

Comte DE BRIGODE-KEMLANDT, maire de Camphin-en-Pévèle.

LEZAIRE, maire de Cysoing.

LECOMTE, adjoint au maire de Roncq.

DUCROQUET, adjoint au maire de Marcq-en-Barœul.

IMBERT DE LA PHALECQUE, maire de Lompret.

DELESPAUL, cultivateur, à Roubaix.

DESCAMPS, cultivateur, maire de Croix.

DE COURCELLES, propriétaire, à Lille.

BERNARD-DANNIAUX, propriétaire, à Roncq.

1825. DELOBEL, cultivateur, à Sailly.

1826. HEDDEBAULT, Géry.

LORIDAN, cultivateur, à Flers.

BÉGHIN, cultivateur, à Thumesnil.

LEROY, Jean-Baptiste, cultivateur, à Houplines.

WATTELLE, François, cultivateur, à Radinghem.

DELECOURT, Louis, cultivateur, à Lomme.

ADAM, cultivateur, à Aubers.

POTTIER, cultivateur, à Allennes-lez-Haubourdin.

LEPERS, François, à Flers.

1826. DELECOURT, Jean-Baptiste, à Lomme.

BRULOIS, Vincent, cultivateur, à Croix.

DESQUIENS, Jérôme, à Ascq.

MORTREUX, Michel, à Gondecourt.

DEBUCHY, François, à Noyelles.

LEFEBVRE, Alexis-Joseph, cultivateur, à Lezennes.

CORDONNIER, à Anstaing.

CHUFFART, Jean-Baptiste, à Ascq.

DESPATURE, Constantin, cultivateur, à Marcq-en-Barœul.

1827. LIÉNARD, cultivateur, à Annappes.

BONTE, Jacques, cultivateur, à Flers.

MASQUELIER, à Willems.

1828. LEFEBRE, Julien, agronome, à Hem.

1831. CHARLET, à Houplines.

DELBARRE, à Lompret.

HAVEZ, cultivateur, à Ascq.

COLLETTE, Louis, à Baisieux.

DESURMONT, François, brasseur, à Tourcoing.

MASQUELIER, à Sainghin-en-Mélantois.

DHALLUIN, Jean-Baptiste, cultivateur, à Marcq-en-Barœul

1832. DUHAYON, notaire, à Ronchin.

1834. Comte D'HESPEL, propriétaire, à Haubourdin.

1835. WAYMEL, à la Chapelle d'Armentières.

MULLE-LEFEBVRE, à Camphin.

BUTIN-DESCAMPS, cultivateur, à Prémesques.

1838. TAFFIN-PEUVION, à Lesquin.

DELANGRE, cultivateur, à Englos.

1839. LAMBELIN, Isidore, à Bondues.

DEMESMAY, Etienne, à Templeuve.

1840. LECAT-BUTIN, à Bondues.

LECLERCQ, à Hem.

COGET, fabricant de sucre, à Marquillies.

LAMBELIN, à Lesquin.

BACHY, Charles, agronome, à Fives.

1841. LEROY, à Aubers.
     HERBO, cultivateur, à Templeuve.

1842. BAJEUX, à Thumesnil.
     DESQUIENS, à Fives.
     WÉRY, à Hellemmes.
     DENISART, à Lille.
     PLATEL, à Loos.
     BRAQUAVAL, à Hem.
     MASQUELIER, à Wattignies.
     CHUFFART, à Ennevelin.
     LEROY-DUBOIS, à Illies.

1843. VALLOIS, à Mons-en-Pévèle.
     BÉGHIN, à Wattignies.
     BÉHAGUE-CHARLET, à Fournes.

1844. HOCHART, à Loos.

1845. HOCHSTETTER, chimiste, à Loos.

1846. LAMBELIN, Louis, à Bondues.
     HOCEDEZ, à Wattignies.
     COLLETTE, à Seclin.

1847. FROIDURE, propriétaire, à Comines.
     PARENT, à Houplin.
     COISNE, à Lomme.
     BOUCHERY, à Chéreng.
     DES ROTOURS, propriétaire, à Avelin.

1850. LALLEMAND, à Erquinghem-le-Sec.
     CORNILLE, à Marcq-en-Barœul.

XIII

LISTE CHRONOLOGIQUE DES LAURÉATS DE LA SOCIÉTÉ 1825-1875

1825. DUPONT, J.-B., 1re médaille d'encouragement, pour un mémoire d'hygiène publique.

JACQUERYE, 2e médaille d'encouragement, pour le même objet.

COLLADON, Daniel, médaille d'or de 300 francs, pour un mémoire de photométrie.

FLAUGERGUES, Honoré, médaille d'encouragement, pour le même objet.

POIRIER-SAINT-BRICE, médaille d'or de 300 francs, pour un mémoire sur la géognosie du département du Nord. Quatre primes agricoles.

1826. Primes agricoles.

1827. Primes agricoles.

1828. Primes agricoles.

1830. Primes agricoles.

1831. Primes agricoles.

1832. Primes agricoles.

1833. Primes agricoles.

1834. Primes agricoles.

1836. Primes agricoles.

1837. LEFEBVRE, Théodore, médaille d'or de 200 fr., pour amélioration hygiénique dans la fabrication de la céruse.

POELMAN DE MOOR, médaille d'encouragement, pour le même objet.

FROMAGIER, J.-B., médaille d'encouragement, pour un calorifère économique

Primes agricoles.

1838. WERY - COGEZ, médaille d'encouragement, pour un mémoire de statistique agricole.

BAUDON-PORCHEZ, médaille d'argent (g. m.), pour ses succès dans l'art de couler des ornements en fer.

CHARLET, médaille d'encouragement, pour perfectionnements apportés à la machine de Savary.

LALOU, Maximilien, médaille d'encouragement, pour une machine à filer des cordes.

Primes agricoles.

1839. BACHY, Charles, médaille d'or de 200 fr., pour essais d'élevage de vers à soie avec les feuilles de scorsonère.

DUMORTIER, médaille d'argent (g. m.), pour le même objet.

DEROULERS, Aimée (Mlle), médaille d'argent (g. m.), pour le même objet.

BRUN-LAVAINNE, médaille d'or de 300 fr., pour un mémoire sur l'état de l'industrie dans la Flandre française de 1384 à 1477.

Primes agricoles.

1840. THOUVENIN, médaille d'argent, pour un mémoire d'hygiène populaire.

Comte DE ROUVROY, Albert, médaille d'argent, pour essais de forages artésiens.

VANDAMME, mention honorable, pour le même objet.

LEFRANC,	—	—
LESSENS,	—	—
SELBY,	—	—
CHARTIER,	—	—
DEGOUSÉE,	—	—

DESCAT, Gabriel, médaille d'argent, pour introduction des procédés de teinture en *bleu de France*.

LALOU, Maximilien, médaille d'argent, pour une machine à filer les cordes.

1841. FOURCEL, mention honorable, pour un plan de machine muette à battre les fils à coudre.

TAFFIN-PEUVION, médaille d'argent, pour élevage de vers à soie.

DROULERS, Aimée (Mlle), médaille d'argent, pour le même objet.

BACHY, Charles, médaille de bronze, pour essais d'élevage de vers à soie avec les feuilles de scorsonère.

DUMORTIER, médaille de bronze, pour le même objet.

Primes agricoles.

1842. TAFFIN-PEUVION, médaille d'argent, pour éducation de vers à soie.

BACHY, Charles, médaille d'argent, pour éducation de vers à soie avec la feuille de scorsonère.

BAUMANN, Pierre, médaille d'or, pour ses compositions musicales.

COLAS, Alphonse, médaille d'or, pour ses tableaux le *Christ au Tombeau* et le *Martyre de Saint-Laurent*.

BIANCHI, Alphonse, médaille d'argent (g. m.), pour une pièce de poèsie.

1843. Primes agricoles.

LEGLAY, Edward, médaille d'or, pour ses travaux historiques.

CLÉMENT-HÉMERY (Mme), médaille d'encouragement, pour son mémoire : *Recherches sur la fête des trente-un rois à Tournay.*

LAVAINNE, Ferdinand, médaille d'or, pour ses compositions musicales.

1844. Primes agricoles.

DINAUX, Arthur, médaille d'or, pour ses travaux historiques.

DUFAY, médaille d'or, pour sa *Notice sur la vie et les ouvrages de Wicar.*

TAFFIN-PEUVION, médaille d'argent, pour éducation de vers à soie.

1845. Primes agricoles.

DUFAY, médaille d'argent (g. m.), pour sa *Notice sur le statuaire Roland.*

LALLOU, Louis-Casimir, médaille d'or, pour un tableau représentant une descente de Croix.

1846. Primes agricoles.

DAVID D'ANGERS, médaille d'or, pour une notice sur le sculpteur Roland.

RUELLE, Charles, médaille d'or, pour une grammaire élémentaire de la langue latine.

DERATTE, médaille d'argent et 100 fr., pour essai de machine muette à battre les fils à coudre.

ROUSSEAU, médaille d'argent, pour le même objet.

COANET, médaille d'argent, pour le même objet.

DELECAMBRE, médaille d'or, pour une distributeuse de caractères d'imprimerie.

1847. BRA, Théophile, médaille d'or de cinq cents francs, pour ses travaux de sculpture.

1848. Primes agricoles.

DERODE, Victor, médaille d'or, pour l'*Histoire de Lille.*

1849. Primes agricoles.

COLAS, Alphonse, rappel de médaille d'or, pour son tableau, *Élévation de la Croix.*

ISBLED, médaille d'or, pour acte de dévouement.

1850. Primes agricoles.

DESAILLY, Auguste (jeune aveugle), médaille d'argent (g. m.), pour ses compositions musicales.

1851. **Primes agricoles.**

BLANQUART-EVRARD, médaille d'or, pour ses travaux de photographie.

ROUZIÈRE, médaille d'argent, pour sa notice sur Ruyssen.

SCHEERCOUSSE, Edouard, mention honorable, pour le même objet.

1852. **Primes agricoles.**

WACQUEZ et LEROY, médailles commémoratives de leurs travaux de gravure au Musée Wicar.

DUJARDIN, médaille d'or, pour ses travaux de télégraphie électrique.

MAZINGUE, médaille d'argent (g. m.), pour ses compositions musicales.

LAPAIX, médaille d'argent, pour perfectionnements apportés à la construction des instruments à archet.

1854. **Primes agricoles.**

DUBRULLE, médaille d'argent (g. m.), pour perfectionnement à la lampe de sûreté des mineurs.

BRÉBAR, médaille de bronze, pour ses imitations de marbre et de bois.

ROUSSEL-DÉFONTAINE, médaille d'or, pour son *Histoire de Tourcoing.*

DELETOMBE, J.-B., médaille d'argent, pour cinq pièces de poésie.

DELANNOY, V., médaille d'or, pour ses compositions musicales.

1856. **Primes agricoles et primes aux ouvriers de l'industrie.**

WATTIER, médaille d'argent (g. m.), pour une grande symphonie.

BERNIER, médaille d'argent (g. m.), pour perfectionnement à la *clef anglaise.*

1858. **Primes aux agents industriels.**

VANDEWEGHE, médaille d'argent, pour un indicateur de niveau d'eau dans les générateurs.

VUITON, médaille de vermeil, pour un appareil fumivore.

THIERRY, J.-B., médaille d'argent, pour un appareil fumivore.

PONCHARD, Eugène, médaille d'argent, pour une scène, intitulée : *Les Pêcheurs.*

CORNÉE, Ferdinand, médaille d'argent, pour une pièce de vers.

BOUBERT, médaille d'argent (g. m.), pour une composition musicale.

1859. **Primes aux agents industriels.**

CALLAUD, médaille d'or, pour un mémoire intitulé : *Étude sur les piles voltaïques hydro-électriques.*

DORVILLE, médaille d'or, pour un mémoire intitulé : *Essai sur les piles.*

BERGEROT, Alphonse et DIEGERICK, médailles d'argent pour leur *Histoire du château et des seigneurs d'Esquelbecq.*

DELETOMBE, J.-B., médaille d'argent, pour une pièce de vers.

DE LA CHAPELLE, Adrien-Edouard, médaille d'argent, pour une pièce de vers.

SEMET, Théophile, médaille d'or, pour ses opéras *Les Nuits d'Espagne* et la *Demoiselle d'honneur*.

HUIDIEZ, Théodore, médaille de vermeil, pour ses travaux de sculpture.

BRÉBAR, médaille d'argent, pour application de la peinture siliceuse à la décoration des appartements.

BÉGHIN, médaille d'argent, pour introduction de l'industrie des bougies stéariques.

1860. Prime aux agents industriels.

WOCQUIER, médaille de vermeil, pour une pièce de vers.

DELETOMBE, J.-B., médaille de vermeil, pour deux pièces de vers.

DUTILLEUL, Jules, médaille d'or, pour un indicateur du niveau d'eau dans les chaudières.

SEMET, médaille d'or, pour perfectionnements apportés dans le montage des animaux de collection.

BÉNARD, médaille d'or, pour services rendus à l'art musical.

GAUDELET, médaille d'or, pour introduction, à Lille, de l'industrie de la peinture sur verre.

1861. Primes aux agents industriels.

DEBIÈVRE - LESAFFRE, médaille de vermeil, pour construction de machines.

FISCHER et BRICHETEAU, médaille d'or, pour un mémoire sur le croup.

BEAUPOIL, Armand, médaille d'argent, pour le même objet.

PILAT, Ch. et TANCREZ, médailles d'argent (g. m.), pour un mémoire sur l'hygiène de la ville de Lille.

DELETOMBE, J.-B., médaille d'or, pour une pièce de vers.

BONNEFOIS, Melchior, médaille d'argent, pour une pièce de vers.

DESROUSSEAUX, médaille d'or, pour ses chansons populaires.

LEURIDAN, médaille d'or, pour l'*Histoire des seigneurs et de la seigneurie de Roubaix*.

BOURDON (Madame), médaille d'or, pour l'ensemble de ses compositions littéraires.

1862. Primes aux agents industriels.

CHABRIER, Achille, médaille de vermeil, pour un mémoire sur les troubles imprimés à l'organisme par l'emploi exagéré des médications altérantes, antiphlogistiques, purgatives et vomitives.

TELLIER et BOURGEOIS, médailles d'argent, pour un procédé de purification des eaux.

VALDELIÈVRE, médaille de vermeil, pour perfectionnements apportés à la fabrication des métiers à filer le lin.

FAGUET, V., médaille de vermeil, pour une pièce de vers.

CLERC, médaille d'argent, pour une pièce de vers.

LEURIDAN, médaille d'or, pour *son Histoire des institutions communales et municipales de Roubaix.*

NADAUD, médaille d'or, pour ses poésies.

1863. Primes aux agents industriels.

RYO-CATTEAU, médaille d'or, pour construction de machines industrielles.

KOLB, Henry et MENCHE DE LOISNE, médailles d'or, pour les travaux de dessèchement des marais de la Deûle et de l'alimentation d'eaux de Roubaix et Tourcoing.

VARENNES, médaille de vermeil, pour la bonne direction donnée à ce dernier travail.

BUISINE-RIGOT, médaille de vermeil, pour ses travaux de sculpture en bois.

CHAPPE, médaille d'or, pour sa pièce de vers : *Le Lycée.*

CLERC, médaille de vermeil, pour une pièce de vers.

FAGUET, V., médaille de vermeil, pour une pièce de vers.

BOUROTTE, Mélanie (Mlle), médaille d'argent, pour une pièce de vers.

POL, Eugène, médaille d'argent, pour une pièce de vers.

MOUTONNIER, mention honorable, pour une pièce de vers.

DE SEULE, J.,   id.   id.

LECUYER,   id.   id.

RONNEUX, Gaston,   id.   id.

BOLLIER, Désiré, médaille d'argent, pour un mémoire intitulé : *Notice historique sur les moëres.*

PAJOT, Henri, médaille d'argent, pour : *Tableau du notariat de Lille de 1671 à 1861* et *Note sur les historiens de Lille.*

PRUVOST, Le Père Alexandre, médaille d'or, pour son *Histoire des seigneurs de Tourcoing.*

1864. D'AUBIGNY, mention très honorable, pour un mémoire d'acoustique musicale.

LACHEZ, mention honorable, pour le même objet.

D'Henry, médaille de vermeil, pour un projet d'appareil condensateur de lumière.

Jacquemet, médaille d'or, pour un mémoire sur l'influence des découvertes modernes dans les sciences physiques et chimiques sur les progrès de la chirurgie.

Biebuyck, médaille d'or, pour un projet de monument commémoratif de l'agrandissement de Lille.

Derode, V., médaille d'or, pour avoir, le premier, introduit à Lille l'enseignement des sourds-muets.

Blin, père et fils, médaille de bronze, pour une *Histoire de Denain*.

Pruvost, Le Père Alexandre, médaille d'or, pour son *Histoire de Wattrelos*.

Moutonnier, médaille de vermeil, pour une pièce de vers.

Clerc, médaille d'argent, pour une pièce de vers.

Datzeris,   id.   id.

Romieux, Gaston, id.   id.

Millien, Achille, id.   id.

Massé, Alexandre, id.   id.

Pol, Eugène,   id.   id.

1865. Primes aux agents industriels.

Herlin, Théodore, médaille d'argent, pour un mémoire d'acoustique musicale.

Scrive, Auguste, médaille d'or, pour un mémoire sur le rouissage du lin.

De Fontaine de Resbecq, Léonce, médaille de vermeil, pour un mémoire sur la *Coutume de Lille*.

Verly, Hippolyte, mention honorable pour : *Lettres sur le prolétariat*.

Newnham, mention honorable, pour un projet de Palais des Beaux-Arts.

Pol, Eugène, médaille de vermeil, pour une pièce de vers.

Romieux, Gaston, mention honorable, pour une pièce de vers.

Clerc, mention honorable, pour une pièce de vers.

La Bretonnière, Em., mention honorable, pour une pièce de vers.

Massé, Alexandre,   id.   id.

1866. Primes aux agents industriels.

Duval, Amaury, prix Wicar (Beaux-Arts).

Jacquier, mention honorable, pour un mémoire sur la *Théorie mécanique de la chaleur*.

MÈNE, Ch., médaille d'or, pour un mémoire sur la composition des fromages.

WYT, médaille d'argent, pour construction de modèles minéralogiques.

BAUCHET-VERLINDE, médaille de vermeil, pour une machine à régler.

BEERLAND, médaille d'honneur, comme contremaître depuis trente ans chez M. Bauchet-Verlinde.

MERIJOT, médaille d'or, pour une *Paqueteuse mécanique*.

MOREL, Augustin, médaille d'or, pour perfectionnement aux peigneuses mécaniques.

BUISINE-RIGOT, médaille d'or, pour une chaire monumentale.

BONNIER, médaille d'argent, pour un mémoire sur l'assistance publique.

DANCOISNE, l'Abbé, médaille d'or, pour : *Monographie du couvent des pauvres Claires de Lille*.

CLERC, médaille d'argent, pour une pièce de vers.

ROMIEU, Gaston, mention honorable, pour une pièce de vers.

1867. Primes aux agents industriels.

MÈNE, médaille de vermeil, pour un mémoire sur la composition des houilles du Nord.

PAGNOUL, médaille de vermeil (g. m.), pour un mémoire sur la composition des calcaires du Pas-de-Calais.

ROMIEUX, Gaston, médaille d'argent (g. m.), pour ses poésies.

GALLEAU, Henri, mention honorable, pour ses poésies.

WACQUEZ-LALO, médaille de vermeil, pour ses œuvres pédagogiques.

RIVELOIR, médaille d'argent, pour ses travaux d'enseignement primaire.

IGUEL, Charles, médaille d'or, pour ses travaux de sculpture.

LAVAINNE, fils, médaille de bronze, pour ses compositions musicales.

BOULANGER, médaille d'or, pour la bonne direction donnée aux sociétés chorales de Lille.

1868. Primes aux agents industriels.

MÈNE, Ch., médaille d'or, pour un mémoire sur la composition des substances alimentaires végétales.

MÈNE, Ch., prime de 300 fr., pour un mémoire sur la composition des viandes de boucherie.

LEFEBVRE-DUCROCQ, médaille d'or, pour la perfection de ses impressions typographiques.

GRANOWSKI, médaille d'or, pour longs services comme professeur de géométrie.

LEGRAND, Louis, médaille d'or, pour son livre intitulé : *Sénac de Meilhan et l'intendance du Hainaut et du Cambrésis sous Louis XVI.*

DOMBRÉ, médaille d'or, pour ses recherches archéologiques.

ROMIEUX, Gaston, médaille de vermeil, pour une pièce de vers.

DOTTIN, médaille d'argent, pour une pièce de vers.

MILLIEN, Achille, mention très honorable, pour une pièce de vers.

CLERC, mention très honorable, pour une pièce de vers.

1869. Primes aux agents industriels.

ARNOLD, prix Wicar (Beaux-Arts).

CHELLONEIX et ORTLIEL, prix Wicar (Sciences).

LEBLAN, Jules, médaille d'or pour un avertisseur d'incendie.

DESMYTTÈRE, médaille d'argent, pour une *Etude sur Robert de Cassel*.

DELHAYE, médaille d'argent, pour son *Histoire de Bavai*.

DESILVE, l'abbé, médaille d'argent, pour son *Histoire de Noyelles*.

DARCQ, Albert, médaille d'argent, pour sa statue de Jeanne de Constantinople.

TRIBOUT, médaille de vermeil, pour son médaillon : *Les arts, l'industrie et la science*.

NICOLE, Désiré, médaille d'argent, pour un mémoire d'architecture.

CLERC, médaille d'argent, pour une pièce de vers.

DOTTIN, mention honorable, id.

DUTERT, médaille d'or, pour un projet d'architecture.

STEINKUHLER, médaille d'or, pour ses compositions musicales.

1870. Primes aux agents industriels.

SAVOIE, Emile, médaille d'or et 300 fr., pour une étude analytique des calcaires du Nord.

SCRIVE, Auguste, médaille de vermeil, pour un *Mémoire sur les variations des prix de la journée de travail et des objets de première nécessité, à Lille*.

MARTIN, Edouard, médaille de vermeil, pour son *Histoire du lin*.

CARLIER, Jean-Joseph, médaille d'or, pour son *Histoire de Robert de Cassel*.

HOUDOY, Jules, médaille d'or, pour ses travaux historiques sur Lille.

1871. Primes aux agents industriels.

CAFFIAUX, Henri, prix Wicar (Histoire).

COULIER, médaille d'or, pour un mémoire sur la ventilation.

RICHARD, médaille d'argent, pour son : *Livre de lecture*.

COMÈRE, Léon, médaille de vermeil, pour ses succès au concours de peinture pour le prix de Rome.

MANSO, mention honorable, pour ses poésies.

LAC DE BOSREDON,   id.   id.

1872. Primés aux agents agricoles.

BILLET, Charles, prix Wicar (Médecine).

BÉDARD, Paul, médaille d'or et 500 fr., pour un mémoire de thermométrie clinique.

BRETON, médaille d'or, pour une *Etude géologique du terrain houiller de Dourges*.

DEBRAY, Henri, médaille d'or, pour une *Etude géologique des tourbières du nord de la France*.

CHONNAUX-DUBUISSON, médaille de vermeil, pour une *Etude sur l'influence des gaz absorbés par les muqueuses intestinales et pulmonaires*.

CHABRIER, Joseph, médaille de vermeil, pour une statue de Jean Delecambe, dit Ganthois.

GALLEAU, Henri, médaille d'argent, pour une pièce de vers.

DOTTIN, mention honorable, pour une pièce de vers.

CHONNAUX-DUBUISSON, id.   id.

1873. HAUTCŒUR, l'abbé, prix Wicar (Histoire).

FLAMANT, médaille d'or et 500 fr., pour une *Etude sur les procédés pratiques de déverser à la mer les eaux ménagères et industrielles de l'arrondissement de Lille*.

LALOY, médaille d'or, pour deux mémoires sur les eaux sulfureuses et salées du département du Nord.

DELHAYE, médaille d'argent, pour son *Histoire de la principauté de Bavai*.

CELLIER, Louis, médaille d'or, pour ses *Recherches sur les institutions politiques de la ville de Valenciennes*.

WACQUEZ-LALO, médaille d'or, pour ses travaux géographiques.

DEPLANTAY, médaille d'argent, pour des compositions musicales.

TAHON, Félix, médaille de bronze, pour un plat en cuivre repoussé.

MILLIEN, Achille, médaille d'or, pour ses poésies.

1874. HALLEZ, Paul, médaille d'or, pour un mémoire intitulé : *Etude sur les Turbellariées de nos eaux douces.*

RIGAUX, Henri, médaille d'or, pour un mémoire intitulé : *Belges, Romains, Francs, sur le territoire de Lille.*

NICOLE, Désiré, médaille d'argent, pour un mémoire sur les moyens de rendre les bâtiments incombustibles.

DURIEUX, médaille d'argent, pour un mémoire intitulé : *Les artistes cambrésiens du IXe au XIXe siècle.*

MANSO, Charles, mention honorable, pour deux pièces de vers.

X   , mention honorable, pour une pièce de poésie.

Primes aux agents industriels.

LISTE ALPHABÉTIQUE DES LAURÉATS 1825-1875

A

B

Bourgeois, médaille d'argent.. 1862

Bourotte (Mlle), Mélanie, médaille d'argent 1863

Bra, Théophile, médaille d'or.. 1847

Brébar, médaille de bronze,... 1854

   »   médaille d'argent.. 1859

Breton, médaille d'or... 1872

Bricheteau, médaille d'or.. 1861

Brun-Lavainne, médaille d'or.. 1839

Buisine-Rigot, médaille de vermeil...................................... 1863

   »   médaille d'or.. 1866

C

M

N

O

TABLE DES MATIÈRES